Zschenderlein/Meurer/Schüller/Stöber
Lösungen zu
Lernsituationen für Steuerfachangestellte 1

AF815652

Zusätzliche digitale Inhalte für Sie!

Dieses Buch bietet Ihnen mehr als nur eine gedruckte Version! Nutzen Sie die folgenden Möglichkeiten, die Ihnen für dieses Produkt auf mein.kiehl.de zur Verfügung stehen.

Online-Version

Sie haben das gedruckte Exemplar Ihres Buches nicht zur Hand oder möchten etwas schnell recherchieren? Dann nutzen Sie die Online-Version Ihres Buches. Diese steht Ihnen nach Eingabe des folgenden Freischaltcodes direkt zur Verfügung.

Zusatz-Downloads

Weitere nützliche oder ergänzende Inhalte, wie z. B. Checklisten oder Kontenrahmen, stehen als Download zur Verfügung.

Schalten Sie sich Ihre digitalen Mehrwerte direkt frei:

Scannen Sie den QR-Code **oder** rufen Sie die Seite mein.kiehl.de auf.
Geben Sie den Freischaltcode ein und folgen Sie dem Anmeldedialog. Fertig!

Ihr Freischaltcode

CKXX-FEUP-NGZE-XBWQ-IALN-NK

www.kiehl.de

Lösungen zu Lernsituationen für Steuerfachangestellte 1

Erstes Ausbildungsjahr

Von
OStR Dipl.-Hdl. Oliver Zschenderlein
StR' M. Tax Steuerfachangestellte Lena Meurer
StD' i. R. Dipl.-Hdl. Karin Schüller
OStR' i. R. Dipl. Betriebswirtin Roswitha Stöber

3., aktualisierte Auflage

kiehl

Bildnachweis U1: © tomertu – stock.adobe.com
Bildnachweis U4: © Worawut – stock.adobe.com

Bearbeitervermerk

- **Lernfeld 1:**
  OStR Dipl.-Hdl. Oliver Zschenderlein
- **Lernfeld 2:**
  StR‘ M. Tax Steuerfachangestellte Lena Meurer
- **Lernfelder 3 und 4:**
  StD‘ i. R. Dipl.-Hdl. Karin Schüller und OStR‘ i. R. Dipl. Betriebswirtin Roswitha Stöber

ISBN 978-3-470-**10993**-0 · 3., aktualisierte Auflage 2025

NWB Verlag GmbH & Co. KG
Eschstr. 22
44629 Herne
service@nwb.de

Kiehl ist eine Marke des NWB Verlags

Satz: SATZ-ART Prepress & Publishing GmbH, Bochum
Druck: Beltz Grafische Betriebe GmbH, Bad Langensalza

Um eine gute Lesbarkeit zu gewährleisten, verwenden wir in Fachtexten in der Regel geschlechtsspezifische Personenbezeichnungen. Selbstverständlich sind damit alle Menschen gleichermaßen gemeint.

ABKÜRZUNGSVERZEICHNIS

AB	Anfangsbestand
Abs.	Absatz
agB	außergewöhnliche Belastungen
aG	außergewöhnliche Gehbehinderung
AG	Aktiengesellschaft
AO	Abgabenordnung
a LuL	aus Lieferungen und Leistungen
AR	Ausgangsrechnung
BAB	Betriebsabrechnungs-bogen
BBiG	Berufsbildungsgesetz
BGB	Bürgerliches Gesetz-buch
BMF	Bundesministerium der Finanzen
bspw.	beispielsweise
bzw.	beziehungsweise
BUrlG	Bundesurlaubsgesetz
ca.	circa
d. h.	das heißt
DSGVO	Datenschutz-Grund-verordnung
einschl.	einschließlich
EK	Eigenkapital
e. K.	eingetragener Kauf-mann
ESt	Einkommensteuer
EStDV	Einkommensteuer-Durchführungs-verordnung
EStG	Einkommensteuer-gesetz
EStR	Einkommensteuer-Richtlinien
ER	Eingangsrechnung
Fa.	Firma
FVG	Finanzverwaltungs-gesetz
Ford.	Forderungen
GdB	Grad der Behinderung
ggf.	gegebenenfalls
gem.	gemäß
GewStG	Gewerbesteuergesetz
GewStR	Gewerbesteuer-richtlinien
ggü.	gegenüber
GmbH	Gesellschaft mit be-schränkter Haftung
GmbHG	Gesetz betreffend die Gesellschaften mit beschränkter Haftung
GoB	Grundsätze ordnungs-mäßiger Buchführung
GuVK	Gewinn- und Verlust-konto
HGB	Handelsgesetzbuch
i. H. v.	in Höhe von
inkl.	inklusive
i. S. d.	im Sinne des
i. S. v.	im Sinne von
KG	Kapitalgesellschaft
km	Kilometer
KStG	Körperschaftsteuerge-setz
KStH	Amtliches Körperschaft-steuer-Handbuch
KStR	Körperschaftsteuer-Richtlinien
KV	Krankenversicherung
LStR	Lohnsteuer-Richtlinien
LuF	Land- und Forstwirt-schaft
lt.	laut
MuSchG	Mutterschutzgesetz
Mio.	Millionen
Mrd.	Milliarden
MwSt.	Mehrwertsteuer
Nr.	Nummer

o. a.	oben angegeben
OHG	Offene Handelsgesellschaft
p. a.	per annum, pro Jahr
RV	Rentenversicherung
SBK	Schlussbilanzkonto
SE	Europäische Gesellschaft
SKR	Standardkontenrahmen
s. L.	sonstige Leistungen
sog.	sogenannt
u. a.	unter anderem
u. e. Wertabgabe	unentgeltliche Wertabgabe
UK	United Kingdom (Vereinigtes Königreich)
USt	Umsatzsteuer
UStAE	Umsatzsteuer-Anwendungserlass
UStG	Umsatzsteuergesetz
usw.	und so weiter
u. U.	unter Umständen
Verb.	Verbindlichkeiten
VoSt	Vorsteuer
VZ	Veranlagungszeitraum
WK	Werbungskosten
z. B.	zum Beispiel
zzgl.	zuzüglich

Hinweis

Die Namen und Angaben zu allen Personen und Unternehmen in diesem Werk sind frei erfunden. Jegliche Übereinstimmung zu real existierenden Personen/Unternehmen ist rein zufällig.

Feedbackhinweis

Kein Produkt ist so gut, dass es nicht noch verbessert werden könnte. Ihre Meinung ist uns wichtig. Was gefällt Ihnen gut? Was können wir in Ihren Augen verbessern? Bitte schreiben Sie einfach eine E-Mail an: **steuerfachangestellte@kiehl.de**

Lernfeld 1: Die eigene Rolle im Betrieb mitgestalten und am Wirtschaftsleben teilnehmen

A. Duales System der Berufsausbildung

Lösung zu Lernjob 1

Die Berufsausbildung hat die für die Ausübung einer qualifizierten beruflichen Tätigkeit notwendigen beruflichen

- **Fertigkeiten**
- **Kenntnisse**
- **Fähigkeiten**

(= berufliche Handlungsfähigkeit) in einem **geordneten Ausbildungsgang** zu vermitteln.

Sie hat ferner den Erwerb der erforderlichen **Berufserfahrungen** zu ermöglichen.

Die Berufsausbildung wird insbesondere durchgeführt in (Hauptfälle)

- **Betrieben der Wirtschaft bzw. vergleichbaren Einrichtungen** (= **betriebliche** Berufsbildung) und
- **berufsbildenden Schulen** (= **schulische** Berufsbildung).

Die Berufsausbildung in der Bundesrepublik Deutschland wird als „duale Berufsausbildung“ bezeichnet, weil sie **grundsätzlich an zwei Lernorten („Betrieb und Schule“) absolviert wird (dual = zwei)**.

Die rechtliche Grundlage der Berufsausbildung ist die **Ausbildungsordnung** [Hinweis: siehe § 4 Abs. 3 und § 5 BBiG.]. Sie bildet die Grundlage für den Ausbildungsrahmenplan (Betrieb) und den Rahmenlehrplan (Schule).

Lösung zu Lernjob 2

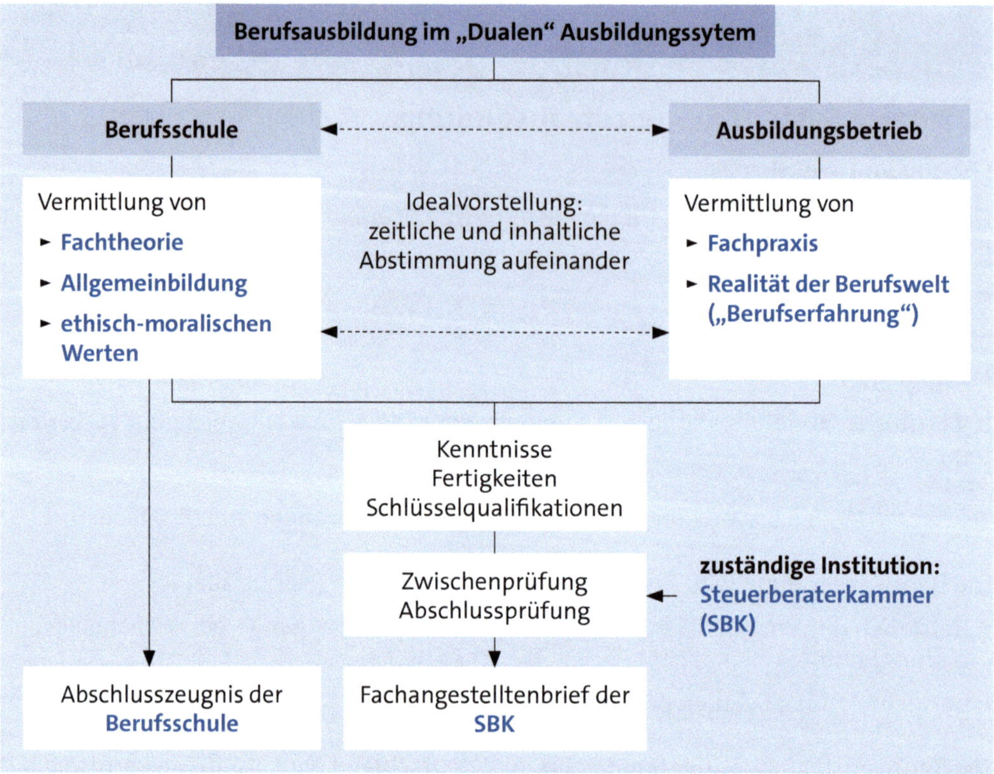

Lösung zu Lernjob 3

Die Ausbildungsordnung legt u. a. fest:

- Bezeichnung des Ausbildungsberufes (hier: Steuerfachangestellte/r)
- Ausbildungsdauer (hier: 3 Jahre)
- berufliche Fertigkeiten, Kenntnisse und Fähigkeiten, die mindestens Gegenstand der Berufsausbildung sind (= Ausbildungsberufsbild)
- sachliche und zeitliche Gliederung der Berufsausbildung (= Ausbildungsrahmenplan)
- Prüfungsanforderungen (Inhaltsbereiche und Leistungen, die Gegenstand der Prüfungen sind).

Lösung zu Lernjob 4

- Die eigene Rolle im Betrieb mitgestalten und am Wirtschaftsleben teilnehmen
- Buchführungsarbeiten durchführen
- Umsatzsteuerliche Sachverhalte bearbeiten
- Einkommensteuererklärungen von Beschäftigten erstellen

- Arbeitsentgelte berechnen und buchen
- Grenzüberschreitende Sachverhalte und Sonderfälle umsatzsteuerlich bearbeiten und erfassen
- Beschaffung und Verkauf von Anlagevermögen erfassen
- Gewinneinkünfte und weitere Überschusseinkünfte ermitteln
- Körperschaftsteuer und Gewerbesteuer ermitteln
- Jahresabschlüsse erstellen und auswerten
- Verwaltungsakte prüfen, Rechtsbehelfe und Anträge vorbereiten
- Beratung von Mandantinnen und Mandanten im Team mitgestalten

Ergänzende Übungaufgaben

Lösung zu Übungsaufgabe 1

Unter „dualer Berufsausbildung" wird die Ausbildung zu einem Beruf an zwei (= dual) Lernorten verstanden. Das BBiG konkretisiert diese in § 2:

In der Bundesrepublik Deutschland wird die Berufsausbildung durchgeführt

- in Betrieben der Wirtschaft oder vergleichbaren Einrichtungen außerhalb der Wirtschaft und
- in berufsbildenden Schulen oder sonstigen Bildungseinrichtungen.

Lösung zu Übungsaufgabe 2

d) Steuerberaterkanzlei und Berufsschule

Lösung zu Übungsaufgabe 3

a) Allgemein: Ausbildungsordnung; konkret für die Steuerfachangestellten-Ausbildung: Verordnung über die Berufsausbildung zum Steuerfachangestellten und zur Steuerfachangestellten (Steuerfachangestellten-Ausbildungsverordnung – StFachAngAusbV).

b) § 5 BBiG

c)
- Bezeichnung des Ausbildungsberufes (hier: Steuerfachangestellte/r)
- Ausbildungsdauer (hier: 3 Jahre)
- berufliche Fertigkeiten, Kenntnisse und Fähigkeiten, die mindestens Gegenstand der Berufsausbildung sind (= Ausbildungsberufsbild)
- sachliche und zeitliche Gliederung der Berufsausbildung (= Ausbildungsrahmenplan)
- Prüfungsanforderungen (Inhaltsbereiche und Leistungen, die Gegenstand der Prüfungen sind)

Lösung zu Übungsaufgabe 4

Der Ausbildungsbetrieb (= Lernort Betrieb) übernimmt die Aufgabe, die Fachpraxis zu vermitteln. Dort soll somit die fachpraktische Berufsausbildung erfolgen; es sollen fachpraktische Inhalte, Fertigkeiten und Fähigkeiten durch die fachpraktische Anwendung am Arbeitsplatz und in der Wirtschaft im Allgemeinen vermittelt werden.

Lösung zu Übungsaufgabe 5

Die Berufsschule (= Lernort Schule) übernimmt die Aufgabe, die berufsbezogene Theorie sowie allgemeinbildende Lerninhalte zu vermitteln. In der neueren pädagogischen Lehre werden in der Schule bestimmte im Lehrplan festgelegte Kompetenzen angestrebt.

Lösung zu Übungsaufgabe 6

Ein Rahmenlehrplan enthält die inhaltliche und zeitliche Gliederung des Berufsschulunterrichts für den berufsbezogenen Unterricht. In ihm sind somit die Kenntnisse, Fertigkeiten und Fähigkeiten, die Gegenstand der schulischen Berufsausbildung im berufsbezogenen Unterricht sind, enthalten und in zeitlicher Hinsicht auf die Ausbildungsjahre verteilt. Der Rahmenlehrplan ist für die Berufsschulen verbindlich, die hieraus oftmals konkreter gefasste Lehrpläne oder Arbeitspläne entwickeln.

Lösung zu Übungsaufgabe 7

- systematischer Ansatz und daher systematische Vermittlung der notwendigen theoretischen Kenntnisse, Fertigkeiten und Fähigkeiten
- pädagogische Ausbildung der Lehrer
- Kontinuität des Bildungsablaufs
- Förderung der Allgemeinbildung

Lösung zu Übungsaufgabe 8

- Praxisnähe: Ausbildung in der beruflichen Realität
- Erlernen von typischen Arbeitsvollzügen unter Realbedingungen
- Förderung der Persönlichkeitsentwicklung durch Arbeiten im Team und Erlernen betrieblichen Sozialverhaltens
- Erlernen von allgemeinen Schlüsselqualifikationen wie Pünktlichkeit, Zuverlässigkeit, Teamfähigkeit usw.

B. Rechtliche Regelungen zur Berufsausbildung und zum Ausbildungsvertrag

Lösung zu Lernjob 1

a) Rechtliche Grundlage der Berufsausbildung ist insbesondere das Berufsbildungsgesetz (BBiG). Für Auszubildende, die noch nicht volljährig (noch nicht 18 Jahre alt) sind, gilt zusätzlich das Jugendarbeitsschutzgesetz (JArbSchG). Allgemeine arbeitsrechtliche Vorschriften (z. B. § 611 BGB) werden nur dann angewendet, wenn keine ausbildungsrechtlichen Regelungen vorliegen (§ 10 Abs. 2 BBiG).

b) Ein Ausbildungsvertrag muss unverzüglich nach Abschluss, spätestens vor Beginn der Berufsausbildung, in Textform (siehe hierzu § 126b BGB!) niedergelegt werden (§ 11 Abs. 1 Satz 1 BBiG n. F.). Ein rein mündlicher Abschluss ist nicht zulässig.

c) Ja, es ist aber mindestens Textform erforderlich (§ 11 Abs. 1 Satz 1 BBiG n. F.). Das BBiG regelt in § 11 Abs. 2 BBiG n. F. ergänzend, dass Ausbildende den Auszubildenden und deren gesetzlichen Vertretern die Vertragsabfassung unverzüglich nach deren Erstellung auszuhändigen oder zu übermitteln haben. Bei elektronischer Abfassung ist die Vertragsabfassung so zu übermitteln, dass die Empfänger und Empfängerinnen diese speichern und ausdrucken können. Ausbildende müssen außerdem nachweisen, dass die Empfänger die Vertragsabfassung erhalten haben (Empfangsbestätigung erforderlich!).

d) Bei Ausbildungsverträgen, die mit Minderjährigen Auszubildenden geschlossen werden, ist für die Gültigkeit des Vertrags die Unterschrift der gesetzlichen Vertreter nicht mehr erforderlich. Es ist lediglich erforderlich, dass die gesetzlichen Vertreter die Vertragsabfassung unverzüglich nach deren Erstellung ausgehändigt oder übermittelt bekommen haben (vgl. § 11 Abs. 2 BBiG n. F.). Wenn sie nicht einverstanden sind, können sie widersprechen.

e) Nach § 11 Abs. 1 Satz 2 BBiG n. F. muss die Vertragsniederschrift mindestens die folgenden Angaben enthalten:

1. Name und Anschrift des Ausbildenden sowie des Auszubildenden; bei Minderjährigen zusätzlich Name und Anschrift ihrer gesetzlichen Vertreter oder Vertreterinnen,
2. Art, sachliche und zeitliche Gliederung sowie Ziel der Berufsausbildung, insbesondere die Berufstätigkeit, für die ausgebildet werden soll,
3. Beginn und Dauer der Berufsausbildung,
4. die Ausbildungsstätte und Ausbildungsmaßnahmen außerhalb der Ausbildungsstätte,
5. Dauer der regelmäßigen täglichen Arbeitszeit,
6. Dauer der Probezeit,
7. Zahlung und Höhe der Vergütung sowie deren Zusammensetzung, sofern sich die Vergütung aus verschiedenen Bestandteilen zusammensetzt,
8. Vergütung oder Ausgleich von Überstunden,
9. Dauer des Urlaubs,

10. Voraussetzungen, unter denen der Berufsausbildungsvertrag gekündigt werden kann,
11. ein in allgemeiner Form gehaltener Hinweis auf Tarifverträge, Betriebs- oder Dienstvereinbarungen, die auf das Berufsausbildungsverhältnis anzuwenden sind,
12. die Form des Ausbildungsnachweises nach § 13 Satz 2 Nr. 7.

Lösung zu Lernjob 2

Pflichten eines Auszubildenden
1. **Bemühung, das Ausbildungsziel zu erreichen** (§ 13 Satz 1 BBiG)
2. **sorgfältige (= gewissenhafte) Ausführung der ihm/ihr übertragenen Aufgaben** (§ 13 Satz 2 Nr. 1 BBiG)
3. **Teilnahme an Ausbildungsmaßnahmen**, (§ 13 Satz 2 Nr. 2 BBiG), insbesondere ► am Berufsschulunterricht, ► an Prüfungen und ► an überbetrieblichen Ausbildungsmaßnahmen
4. **Befolgung von Weisungen**, die im Rahmen des Berufsausbildungsverhältnisses vom Ausbildenden, vom Ausbilder oder anderen weisungsberechtigten Personen erteilt werden (§ 13 Satz 2 Nr. 3 BBiG)
5. **Beachtung der für die Ausbildungsstätte geltenden Ordnung** (§ 13 Satz 2 Nr. 4 BBiG), also Beachtung von betrieblichen Regeln, wie z. B. Rauchverbot, allgemeine Hausordnung, Regelungen zum Beginn und Ende der regelmäßigen Arbeitszeit usw.
6. **pflegliche Behandlung der Betriebs- und Geschäftsausstattung** (§ 13 Satz 2 Nr. 5 BBiG), also die Einrichtungsgegenstände des Betriebes sind von Azubis pfleglich zu behandeln
7. **Verschwiegenheitspflicht** (Verpflichtung, über Betriebs- und Geschäftsgeheimnisse Stillschweigen zu bewahren, § 13 Satz 2 Nr. 6 BBiG)
8. **Führung des Ausbildungsnachweises (Berichtsheft)** (§ 13 Satz 2 Nr. 7 BBiG)
9. **Bestätigung des Erhalts der Vertragsabfassung des Ausbildungsvertrags gegenüber dem Ausbildenden** (§ 13 Satz 2 Nr. 9 BBiG n. F.).

Pflichten eines Ausbildenden (= Rechte eines Azubis)
1. **Anmeldung des Berufsausbildungsverhältnisses** bei der zuständigen Stelle (Kammer) (§ 36 Abs. 1 BBiG)
2. **Ausbildung gemäß dem Ausbildungsziel** (während der Ausbildung müssen die Kenntnisse und Fertigkeiten vermittelt werden, die zum Erreichen des Ausbildungsziels (Abschlussprüfung) erforderlich sind (§ 14 Abs. 1 Nr. 1 BBiG)

Pflichten eines Ausbildenden (= Rechte eines Azubis)
3. **Ausbildung durch geeignetes Personal** (der Ausbildende selbst oder ein von ihm beauftragter Ausbilder – es darf nur ausbilden, wer persönlich und fachlich dazu geeignet ist, § 28 BBiG)
4. **kostenlose Bereitstellung von Ausbildungs- und Prüfungsmitteln** (Zurverfügungstellung von Werkzeugen, Werkstoffen, Fachliteratur etc. für die Ausbildung oder zum Ablegen von Zwischen- und Abschlussprüfungen, § 14 Abs. 1 Nr. 3 BBiG)
5. Sorge dafür tragen, dass der **Azubi ordnungsgemäß** ► die **Berufsschule besucht** (§ 14 Abs. 1 Nr. 4 BBiG) und ► den Ausbildungsnachweis **(Berichtsheft) führt** (§ 14 Abs. 2 BBiG)
6. Sorge dafür tragen, dass der **Azubi** ► **charakterlich gefördert** und ► **sittlich und körperlich nicht gefährdet** wird und dass ihm ► **nur Aufgaben** übertragen werden **die dem Ausbildungszweck dienen** und seinen **körperlichen Kräften angemessen** sind (dem Ausbildungszweck dienen nicht: private Einkäufe für den Ausbildenden besorgen, Kinder verwahren etc.)
7. **Freistellung für die Teilnahme am Berufsschulunterricht und an Prüfungen** (§ 15 BBiG)
8. **Zahlung einer angemessenen Vergütung** (§ 17 BBiG)
9. **Ausstellung eines Zeugnisses** bei Beendigung der Berufsausbildung (§ 16 BBiG)

Lösung zu Lernjob 3

Pflicht zur Freistellung für Berufsschulunterricht (§ 15 Abs. 1 BBiG)	Anrechnung auf die betriebliche Ausbildungszeit (§ 15 Abs. 2 BBiG)
► an einem Berufsschultag einmal in der Woche mit mehr als 5 Unterrichtsstunden von jeweils mindestens 45 Minuten (z. B. 6 Unterrichtsstunden à 45 Minuten)	► mit der **durchschnittlichen täglichen** Arbeitszeit (z. B. 8 Stunden)
► weiterer Berufsschulunterricht (z. B. zweiter Berufsschultag in einer Woche von 8 bis 13 Uhr)	► mit der **Unterrichtszeit einschließlich der Pausen und Wegezeiten**
► Berufsschulwochen mit planmäßigem Blockunterricht von mindestens 25 Stunden an mindestens 5 Tagen	► mit der **durchschnittlichen wöchentlichen Ausbildungszeit** (z. B. 40 Stunden)
► Teilnahme an Prüfungen und Ausbildungsmaßnahmen, die aufgrund öffentlich-rechtlicher oder vertraglicher Bestimmungen außerhalb der Ausbildungsstätte durchzuführen sind (z. B. Zwischen- und Abschlussprüfung)	► mit der **Zeit der Teilnahme einschließlich der Pausen und Wegezeiten**
► Arbeitstag, der der Abschlussprüfung unmittelbar vorangeht (voller Arbeitstag am Tag vor der Abschlussprüfung)	► mit der **durchschnittlichen täglichen Ausbildungszeit** (z. B. 8 Stunden)

Lösung zu Lernjob 4

Zeitpunkt der Kündigung	Wer kann kündigen?	Kündigungsfrist?	Form der Kündigung?	Angabe des Kündigungsgrundes erforderlich?
in der Probezeit	► **Azubi** oder ► **Ausbildender**	**keine Frist** (§ 22 Abs. 1 BBiG)	muss **schriftlich** erfolgen (§ 22 Abs. 3 BBiG)	**keine** Angabe erforderlich
nach der Probezeit **a) ordentliche Kündigung**	**nur der Azubi**	**4 Wochen** (§ 22 Abs. 2 Nr. 2 BBiG)	muss **schriftlich** erfolgen (§ 22 Abs. 3 BBiG)	Angabe des Kündigungsgrundes **erforderlich** (§ 22 Abs. 3 BBiG) ► **Azubi:** Kündigung wegen **Aufgabe der Berufsausbildung oder wegen Wechsel zu einer anderen Berufstätigkeit** zulässig ► **Ausbildungsbetrieb:** Angabe des **Grundes**, warum die Fortsetzung des Ausbildungsverhältnisses unzumutbar ist
b) außerordentliche Kündigung	grundsätzlich beide Vertragsparteien, aber **nur in Ausnahmefällen** möglich (z. B., **wenn eine Weiterbeschäftigung unzumutbar ist**) [Ausschluss gem. § 22 Abs. 4 beachten!]	**keine** Frist (§ 22 Abs. 2 Nr. 1 BBiG)		

Lösung zu Lernjob 5

Folgende Gründe ermöglichen eine Verlängerung der Ausbildungszeit (§ 8 Abs. 2 und § 21 Abs. 3 BBiG):

- geringer Leistungsstand des/der Auszubildenden, der das Bestehen der Prüfung nicht wahrscheinlich erscheinen lässt
- längere Fehlzeiten während der Ausbildung (z. B. durch Krankheit oder Schwangerschaft)
- längere Unterbrechung der Ausbildungszeit durch Verlust des Ausbildungsplatzes
- nicht bestandene Abschlussprüfung.

In den ersten drei Fällen erfordert die Verlängerung grundsätzlich ein beiderseitiges Einvernehmen von Ausbildenden und Auszubildenden. Bei der Geburt eines Kindes gelten jedoch auch die Reglungen zur Elternzeit, falls diese beansprucht wird.

Bei einer nicht bestandenen Abschlussprüfung verlängert sich das Ausbildungsverhältnis auf alleiniges Verlangen des Auszubildenden, höchstens jedoch um ein Jahr (§ 21 Abs. 3 BBiG).

Ergänzende Übungsaufgaben

Lösung zu Übungsaufgabe 1

a) Zwischen Frau Weber und Mareike Gilles ist noch kein gültiger Ausbildungsvertrag zustande gekommen, weil

- nach § 10 BBiG zwar mit der Zusage von Frau Weber ein mündlicher Vertrag zwischen Mareike Gilles und Frau Weber zustande gekommen ist, trotzdem muss der Ausbildungsvertrag aber auch unverzüglich nach Abschluss des Berufsausbildungsvertrages, spätestens vor Beginn der Berufsausbildung schriftlich oder in Textform nach § 126b BGB festgehalten werden (§ 11 Abs. 1 BBiG n. F.), um rechtskräftig zu sein. Textform bedeutet, dass eine lesbare Erklärung, in der die Person des Erklärenden genannt ist, auf einem dauerhaften Datenträger dem Empfänger abgegeben wird. Ein dauerhafter Datenträger ist jedes Medium, das es dem Empfänger ermöglicht, eine auf dem Datenträger befindliche, an ihn persönlich gerichtete Erklärung so aufzubewahren oder zu speichern, dass sie ihm während eines für ihren Zweck angemessenen Zeitraums zugänglich ist, und geeignet ist, die Erklärung unverändert wiederzugeben.
- Berufsausbildungsverträge, die Minderjährige schließen, erst gültig sind, wenn auch deren gesetzliche Vertreter (in der Regel die Eltern) die Vertragsniederschrift erhalten haben (§ 11 Abs. 2 BBiG n. F.) und sie nicht widersprechen.

b) Da der Ausbildungsvertrag in Textform und mit bestimmten Mindestinhalten festgehalten und die Vertragsabfassung unverzüglich nach deren Erstellung auszuhändigen oder zu übermitteln ist (vgl. § 11 Abs. 2 BBiG n. F.) ist im vorliegenden Fall **noch** kein gültiger Ausbildungsvertrag zustande gekommen.

Lösung zu Übungsaufgabe 2

a) Es kann unterstellt werden, dass Mathias noch schulpflichtig ist (seit seiner Einschulung sind noch keine 12 Schuljahre abgelaufen). Somit muss er die Berufsschule besuchen (= Pflicht). Ergänzend sind § 13 Satz 2 Nr. 2 und § 15 Abs. 1 Satz 2 Nr. 1 BBiG zu beachten (= Verpflichtung des Auszubildenden, die Berufsschule zu besuchen).

b) Nach § 14 Abs. 1 Nr. 4 BBiG haben Ausbildende ihre Auszubildenden zum Besuch der Berufsschule anzuhalten. Hieraus ergibt sich auch, dass Mathias von seinem Ausbilder zur Berufsschule angemeldet werden muss.

c) Ja, nach § 15 Abs. 1 BBiG muss Mathias für den Berufsschulunterricht von der betrieblichen Arbeitszeit freigestellt werden.

d) Nach § 15 Abs. 2 BBiG wird bei Mathias der Berufsschulbesuch wie folgt auf die betriebliche Arbeitszeit angerechnet:
   - wöchentlich stattfindender Berufsschulunterricht („erster" Berufsschultag): mit der durchschnittlichen täglichen Ausbildungszeit (§ 15 Abs. 2 Nr. 2 BBiG)
   - zweiwöchentlich stattfindender Berufsschulunterricht („zweiter" Berufsschultag): mit der Berufsschulunterrichtszeit einschließlich Pausen und der Wegezeiten (Zeiten für die Hin- und Rückfahrt) (§ 15 Abs. 2 Nr. 2 BBiG).

Lösung zu Übungsaufgabe 3

Pflichten des Auszubildenden nach § 13 BBiG:

- Bemühung, das Ausbildungsziel zu erreichen (= Lernpflicht)
- sorgfältige Ausführung der übertragenen Aufgaben
- Teilnahme am Berufsschulunterricht, Prüfungen und anderen Ausbildungsmaßnahmen, für die eine Freistellung erfolgt
- Befolgung von Weisungen des Ausbilders oder anderen weisungsberechtigten Personen des Ausbildungsbetriebes
- Beachtung der für die Ausbildungsstätte geltenden Ordnung (Betriebs- und Hausordnung)
- pflegliche Behandlung der Betriebs- und Geschäftsausstattung des Ausbildungsbetriebes
- Verpflichtung, über Betriebs- und Geschäftsgeheimnisse Stillschweigen zu wahren (= Verschwiegenheitspflicht)
- Ausbildungsnachweis (= Berichtsheft) führen
- Bestätigung des Erhalts der Vertragsabfassung des Ausbildungsvertrags gegenüber dem Ausbildenden.

Lösung zu Übungsaufgabe 4

Sofern sich Daniel Hähn noch in der Probezeit befindet (nach § 20 BBiG maximal 4 Monate), kann er den Ausbildungsvertrag „fristlos", d. h. ohne Einhaltung einer Kündigungsfrist und ohne Begründung kündigen.

Sollte die Probezeit bereits abgelaufen sein, darf Daniel den Ausbildungsvertrag wegen Aufgabe dieser Berufsausbildung unter Einhaltung einer Kündigungsfrist von vier Wochen kündigen (§ 22 Abs. 2 Nr. 2 BBiG).

Lösung zu Übungsaufgabe 5

Nach dem Ablauf der Probezeit darf der Auszubildende seinen Ausbildungsvertrag ohne Frist kündigen, sofern ein „wichtiger Grund" vorliegt (§ 22 Abs. 2 Nr. 1 BBiG). Ein wichtiger Grund liegt beispielsweise vor bei Beleidigung, sexueller Belästigung, Tätlichkeit, Nichtzahlung der Ausbildungsvergütung.

Die Kündigung muss schriftlich und nach Ablauf der Probezeit mit Angabe der Kündigungsgründe erfolgen (§ 22 Abs. 3 BBiG); sie muss außerdem innerhalb von zwei Wochen nach Kenntnis der Kündigungsgründe erfolgen.

Lösung zu Übungsaufgabe 6

Nach dem Ablauf der Probezeit darf der Ausbilder den Ausbildungsvertrag ohne Frist kündigen, sofern ein „wichtiger Grund" vorliegt (§ 22 Abs. 2 Nr. 1 BBiG). Ein wichtiger Grund liegt beispielsweise vor bei Arbeitsverweigerung, Beleidigung, sexueller Belästigung, Tätlichkeit, Straftat im Betrieb.

Die Kündigung muss schriftlich und nach dem Ablauf der Probezeit mit Angabe der Kündigungsgründe (§ 22 Abs. 3 BBiG) und innerhalb von zwei Wochen nach Kenntnis der Kündigungsgründe erfolgen.

Lösung zu Übungsaufgabe 7

a) Diese Vereinbarung ist nicht rechtmäßig. Die Probezeit muss mindestens einen Monat und darf höchstens vier Monate betragen (§ 20 BBiG).

b) Die Verpflichtung zur Reinigung des Büroraums und der Toilette der Kanzlei ist nicht rechtmäßig. Auszubildenden dürfen nur Aufgaben übertragen werden, die dem Ausbildungszweck dienen (§ 14 Abs. 3 BBiG).

c) Diese Vereinbarung ist rechtmäßig; sie entspricht § 13 BBiG.

Lösung zu Übungsaufgabe 8

Marius Mayer hat ein Recht auf Weiterbeschäftigung bis zur nächstmöglichen Wiederholungsprüfung, jedoch höchstens ein Jahr (§ 21 Abs. 3 BBiG).

C. Jugendarbeitsschutzgesetz

Lösung zu Lernjob 1

a) Für Martina gelten die Regelungen des Jugendarbeitsschutzgesetzes (JArbSchG) verpflichtend, weil sie noch nicht 18 Jahre alt und in Berufsausbildung ist (§ 1 Abs. 1 JArbSchG).

b) Das Angebot des Arbeitgebers, täglich eine Stunde mehr zu arbeiten und dafür eine höhere monatliche Vergütung zu erhalten, ist nicht zulässig, weil § 8 Abs. 1 JArbSchG eine Höchstarbeitszeit von acht Stunden täglich und 40 Stunden wöchentlich vorschreibt. Die in Abs. 2 - 3a aufgeführten Ausnahmen treffen hier nicht zu.

c) Die Verlängerung der täglichen Arbeitszeit auf 8 ½ Stunden von montags bis donnerstags ist nach § 8 Abs. 2a JArbSchG zulässig, wenn freitags ein entsprechender Ausgleich stattfindet, was gegeben ist.

d) Die Anweisung von Herrn Teichmann ist nur für „zweite" (oder weitere) Berufsschultage innerhalb einer Schulwoche zulässig. An einem Berufsschultag mit mehr als fünf Unterrichtsstunden von mindestens 45 Minuten einmal in der Woche ist der Auszubildende von der betrieblichen Arbeit freizustellen (§ 9 Abs. 1 Satz 2 Nr. 2 JArbSchG).

e) Die Anrechnung des Berufsschulunterrichts auf die Arbeitszeit ist in § 9 Abs. 2 JArbSchG und § 15 Abs. 2 BBiG geregelt. Nach § 9 Abs. 2 JArbSchG ist der jeweils „erste" Berufsschultag (Unterrichtstag mit mehr als fünf Unterrichtsstunden) in der Woche mit der durchschnittlichen täglichen Arbeitszeit und jeder weitere Berufsschultag (z. B. ein „zweiter") mit der Unterrichtszeit einschließlich der Pausen und Wegezeiten auf die betriebliche Arbeitszeit anzurechnen. Die Anweisung von Herrn Wirges ist also rechtlich unzulässig.

f) Jugendliche dürfen nach § 16 Abs. 1 JArbSchG samstags grundsätzlich nicht beschäftigt werden. Die in § 16 Abs. 2 JArbSchG aufgeführten Ausnahmen treffen hier nicht zu. Die Bitte des Arbeitgebers ist also unzulässig.

g) Jugendliche müssen nach § 11 Abs. 1 JArbSchG Ruhepausen von mindestens 60 Minuten bei einer Arbeitszeit von mehr als sechs Stunden einhalten. Eine tägliche Verkürzung auf 30 Minuten ist nicht zulässig.

h) Lea ist nach § 2 Abs. 1 JArbSchG ein Kind, weil sie noch nicht 15 Jahre alt ist. Nach § 5 Abs. 1 JArbSchG ist die Beschäftigung von Kindern grundsätzlich verboten. Die in § 2 Abs. 2 ff. JArbSchG aufgeführten Ausnahmen treffen für den vorliegenden Fall nicht zu. Lea darf von Herrn Wirges nicht beschäftigt werden.

i) Für Jugendliche, die zu Beginn des Kalenderjahres noch nicht 18 Jahre alt sind, schreibt § 19 Abs. 1 JArbSchG vor, dass der jährliche Urlaub 25 Urlaubstage betragen muss. Nadine muss also ein Tag mehr als im Vertrag vereinbart gewährt werden, solange sie zu Beginn des Kalenderjahres noch nicht 18 Jahre alt ist.

Lösung zu Lernjob 2

Gesetzestext	Regelung(en) zu ...
§ 1	Geltungsbereich des Gesetzes („Für wen ist das Gesetz anzuwenden?")
§ 2 Abs. 1	Definition Kind i. S. d. JArbSchG
§ 2 Abs. 2	Definition Jugendlicher i. S. d. JArbSchG
§ 3	Definition Arbeitgeber i. S. d. JArbSchG
§ 4	Definition Arbeitszeit, Schichtzeit i. S. d. JArbSchG
§ 5 Abs. 1	Verbot der Beschäftigung von Kindern
§ 5 Abs. 2 - 4	Ausnahmeregelungen zum Verbot der Beschäftigung von Kindern
§ 8 Abs. 1	Höchstgrenzen der Arbeitszeit für Jugendliche pro Tag und pro Woche
§ 8 Abs. 2a	Verlängerung der täglichen Arbeitszeit auf max. 8 ½ Stunden, um an einem Tag in der Woche (z. B. freitags) kürzer arbeiten zu können
§ 9 Abs. 1	Freistellung von der betrieblichen Arbeitszeit für die Teilnahme am Berufsschulunterricht
§ 9 Abs. 2	Anrechnung des Berufsschulunterrichts auf die betriebliche Arbeitszeit

Gesetzestext	Regelung(en) zu ...
§ 10 Abs. 1	Freistellung von der betrieblichen Arbeitszeit für die Teilnahme an Prüfungen und Ausbildungsmaßnahmen, die außerhalb der betrieblichen Ausbildungsstätte durchzuführen sind
§ 10 Abs. 2	Anrechnung der Prüfungen und Ausbildungsmaßnahmen, die außerhalb der betrieblichen Ausbildungsstätte durchzuführen sind, auf die betriebliche Arbeitszeit
§ 11	verpflichtende Ruhepausen
§ 13	verpflichtende tägliche Freizeit
§ 14 Abs. 1	Beschäftigungsverbot für die Zeit von 6 bis 20 Uhr
§ 14 Abs. 2 - 7	Ausnahmen vom Beschäftigungsverbot für die Zeit von 6 bis 20 Uhr
§ 15	Fünf-Tage Woche
§ 16	Samstagsruhe (grundsätzliches Beschäftigungsverbot an Samstagen)
§ 17	Sonntagsruhe (grundsätzliches Beschäftigungsverbot an Sonntagen)
§ 18	Feiertagsruhe (grundsätzliches Beschäftigungsverbot an gesetzlichen Feiertagen)
§ 19	Mindesturlaubsregelungen
§ 22	Verbot gefährlicher Arbeiten
§ 31 Abs. 1	Verbot der körperlichen Züchtigung von Jugendlichen
§ 31 Abs. 2	Verbot der Abgabe von Alkohol und Tabak an Jugendliche
§ 32 Abs. 1	Pflicht zur ärztlichen Untersuchung vor Beginn der Berufsausbildung

Ergänzende Übungsaufgaben

Lösung zu Übungsaufgabe 1

Die zusätzliche Beschäftigung von Michelle an Samstagen ist nach § 15 und § 16 Abs. 1 JArbSchG nicht zulässig (Ausnahmen sind in § 16 Abs. 2 JArbSchG genannt, die hier aber nicht zutreffen).

Lösung zu Übungsaufgabe 2

Die Beschäftigung von Kindern (= noch nicht 15 Jahre alt) ist verboten (vgl. § 5 Abs. 1 JArbSchG). Der Tankstellenbesitzer darf Ralf also nicht beschäftigen. Erst wenn Ralf 13 Jahre alt ist, darf er in geringem Umfang (nicht mehr als zwei Stunden täglich) mit einfachen Tätigkeiten und mit Einwilligung der Eltern beschäftigt werden (vgl. § 5 Abs. 3 JArbSchG).

Lösung zu Übungsaufgabe 3

In dem beschriebenen Umfang darf Simone nicht beschäftigt werden, weil die Beschäftigungsdauer vier Wochen überschreitet (vgl. § 5 Abs. 4 JArbSchG).

Lösung zu Übungsaufgabe 4

Die tägliche Verlängerung der Arbeitszeit von montags bis donnerstags auf 8 Stunden und 45 Minuten ist nach § 8 Abs. 2a JArbSchG nicht zulässig (Verlängerung auf maximal 8 ½ Stunden pro Arbeitstag zulässig).

Lösung zu Übungsaufgabe 5

Die tägliche Verlängerung der Arbeitszeit von montags bis donnerstags auf 8 Stunden und 45 Minuten ist für Michael zulässig, weil für ihn das JArbSchG nicht gilt (er ist bereits 18 Jahre alt).

D. Entstehung eines Arbeitsverhältnisses

Lösung zu Lernjob 1

Rechtliche Einordnung:

- Ein Arbeitsverhältnis wird mit **Abschluss eines Arbeitsvertrages** zwischen einem einzelnen Arbeitgeber und einem einzelnen Arbeitnehmer begründet.
- Der Arbeitsvertrag kann **schriftlich oder mündlich** abgeschlossen werden. Er kommt durch **zwei übereinstimmende Willenserklärungen** (Angebot und Annahme) zustande.
- Der Arbeitsvertrag ist wie der Mietvertrag ein sogenanntes **Dauerschuldverhältnis**. Der Arbeitsvertrag ist ein **spezieller Dienstvertrag** (§ 611a BGB).
- Bei dem Abschluss des Arbeitsvertrags ist gegebenenfalls ein bestehender Tarifvertrag zu beachten. Einzelvertragliche Regelungen sind unwirksam, sofern sie gegen tarifvertragliche Regelungen verstoßen. Tarifvertrag geht vor Arbeitsvertrag. Insofern wirkt der Tarifvertrag wie ein Gesetz.

Der Tarifvertrag ist aber nur dann zwingend, wenn beiderseitige Tarifgebundenheit vorliegt, d. h., wenn der Arbeitnehmer Mitglied einer tarifschließenden Gewerkschaft und der Arbeitgeber Mitglied eines tarifschließenden Arbeitgeberverbandes ist (Ausnahme: Allgemeinverbindlichkeitserklärung → siehe § 5 TVG).

INFO

Der Landesverband Friseure und Kosmetik Rheinland hat sich mit der Gewerkschaft ver.di Landesbezirk Rheinland-Pfalz-Saarland auf einen neuen Tarifvertrag für das Friseurhandwerk im Rheinland verständigt. Seit dem 1. Oktober 2022 gibt es vier Entgeltstufen. Ab dem 01.09.2023 ist dieser Tarifvertrag vom zuständigen Ministerium für Arbeit, Soziales, Transformation und Digitalisierung in Rheinland-Pfalz für das Tarifgebiet Rheinland als allgemeinverbindlich anerkannt worden.

Schriftlicher oder mündlicher Abschluss? Nachweisgesetz:

- Aus Beweisgründen empfiehlt es sich, Arbeitsverträge nur schriftlich abzuschließen. Außerdem ist das **Gesetz über den Nachweis der für ein Arbeitsverhältnis geltenden wesentlichen Bedingungen (Nachweisgesetz)** zu beachten, welches den Arbeitgeber verpflichtet, dem Arbeitnehmer die für das Arbeitsverhältnis geltenden Arbeitsbedingungen spätestens bei Arbeitsbeginn schriftlich zu bestätigen. Die Niederschrift der wesentlichen Arbeitsbedingungen kann ab 2025 auch in Textform nach § 126b BGB abgefasst und elektronisch übermittelt werden, sofern das Dokument für den Arbeitnehmer zugänglich ist, gespeichert und ausgedruckt werden kann und der Arbeitgeber den Arbeitnehmer mit der Übermittlung auffordert, einen Empfangsnachweis zu erteilen. → siehe auch Lernjob 2!
- Wenn der Arbeitgeber die aus dem Nachweisgesetz hervorgehenden Verpflichtungen nicht erfüllt, kann ein Bußgeld in Höhe von bis zu 2.000 € verhängt werden (vgl. § 4 Abs. 2 NachwG). Der Arbeitsvertrag ist jedoch auch bei der Pflichtverletzung gültig; die Erfüllung der Nachweispflicht hat keine konstitutive Wirkung.

Anzufordernde Personalunterlagen:

- Steueridentifikationsnummer
- Kopie der Krankenkassenkarte
- Kopie des Sozialversicherungsausweises/Sozialversicherungsnummer
- Urlaubsbescheinigung des vorherigen Arbeitgebers

Lösung zu Lernjob 2

- Name und Anschrift der Vertragsparteien
- Zeitpunkt des Beginns des Arbeitsverhältnisses
- Dauer des Arbeitsverhältnisses
- Arbeitsort
- Bezeichnung oder Beschreibung der Tätigkeit
- Dauer der Probezeit, sofern vereinbart
- Zusammensetzung und die Höhe des Arbeitsentgelts einschließlich der Vergütung von Überstunden sowie anderer Bestandteile des Arbeitsentgelts, die jeweils getrennt anzugeben sind und deren Fälligkeit sowie die Art der Auszahlung
- vereinbarte Arbeitszeit
- Möglichkeit der Anordnung von Überstunden und deren Voraussetzungen, sofern vereinbart
- Dauer des jährlichen Erholungsurlaubs
- Anspruch auf vom Arbeitgeber bereitgestellte Fortbildung
- das bei der Kündigung des Arbeitsverhältnisses vom Arbeitgeber und Arbeitnehmer einzuhaltende Verfahren, mindestens das Schriftformerfordernis und die Fristen für

die Kündigung des Arbeitsverhältnisses sowie die Frist zur Erhebung einer Kündigungsschutzklage

- Hinweis auf Tarifverträge, Betriebs- und Dienstvereinbarungen, die auf das Arbeitsverhältnis anwendbar sind.

Lösung zu Lernjob 3

Hauptpflichten des		**Nebenpflichten des**	
Arbeitgebers	Arbeitnehmers	Arbeitgebers	Arbeitnehmers
► Zahlung des vereinbarten Entgelts	► Erbringung/ Bereitstellung der vereinbarten Arbeitsleistung(en)	► schriftlicher oder in Textform (§ 126b BGB) abgefasster Nachweis der wesentlichen Vertragsbedingungen ► Fürsorgepflicht ► Urlaubsgewährung ► Zeugnispflicht	► Befolgung von Weisungen ► Treuepflicht ► Verschwiegenheitspflicht ► Verbot der Annahme von Schmiergeldern

Ergänzende Übungsaufgaben

Lösung zu Übungsaufgabe 1

a) falsch

b) falsch

c) nur zulässig, wenn dies für das Arbeitsverhältnis von Bedeutung ist

d) falsch

e) richtig

f) richtig

g) nur zulässig, wenn dies für das Arbeitsverhältnis von Bedeutung ist oder wenn diese Frage wegen der Fürsorgepflicht des Arbeitgebers/der Arbeitgeberin wichtig ist

h) richtig

Lösung zu Übungsaufgabe 2

a) Die Steueridentifikationsnummer (IdNr.) für natürliche Personen ersetzt die frühere (alte) Steuernummer und die eTIN. Sie ist für die Einkommensteuer/Lohnsteuer vorgesehen und auf den Bereich der Finanzverwaltung beschränkt. Sie ist in § 139b AO geregelt und hat eine lebenslange Gültigkeit.

   Die IdNr. ist für den Abruf der elektronischen Lohnsteuerabzugsmerkmale (ELStAM) notwendig.

b) Arbeitnehmer/Arbeitnehmerinnen müssen ihren Arbeitgebern/Arbeitgeberinnen nur ihre IdNr. und ihr Geburtsdatum mitteilen und ob es sich um ein Haupt- oder Nebenarbeitsverhältnis handelt. Arbeitgeber/Arbeitgeberinnen können mit diesen Angaben alle für den Lohnsteuerabzug notwendigen Daten bei der Finanzverwaltung abrufen.

Lösung zu Übungsaufgabe 3

a) Die unterzeichnete Niederschrift der wesentlichen Vertragsbedingungen eines Arbeitsverhältnisses nach § 2 Abs. 1 Satz 2 NachwG muss dem Arbeitnehmer/der Arbeitnehmerin grundsätzlich zu dem Beginn des Arbeitsverhältnisses ausgehändigt werden (nicht schon davor); zu den detaillierten Fristen siehe § 2 Abs. 1 Satz 7 NachwG.

b) Der Nachweis der wesentlichen Vertragsbedingungen in elektronischer Form ist ausgeschlossen (§ 2 Abs. 1 Satz 6 NachwG). Zulässig ist aber, dass der Nachweis der Niederschrift in Textform abgefasst (§ 126b BGB) und elektronisch übermittelt wird, sofern das Dokument für den Arbeitnehmer zugänglich ist, gespeichert und ausgedruckt werden kann und der Arbeitgeber den Arbeitnehmer mit der Übermittlung auffordert, einen Empfangsnachweis zu erteilen.

c) Bei Nichtbeachtung der Vorschriften des NachwG kann ein Bußgeld in Höhe von bis zu 2.000 € verhängt werden (§ 4 Abs. 2 NachwG), muss aber nicht (im Gesetz heißt es „kann"). Die Höhe von 2.000 € ist ein Höchstbetrag, der in der Regel nicht ausgeschöpft wird (im Gesetz heißt es „bis zu"). Die Festsetzung (ob überhaupt und in welcher Höhe) hängt vom Einzelfall ab.

Lösung zu Übungsaufgabe 4

a) **Hauptpflicht des Arbeitgebers:**
   - Zahlung des vereinbarten Entgelts

b) **Hauptpflicht des Arbeitnehmers:**
   - Erbringung/Bereitstellung der vereinbarten Arbeitsleistung(en)

c) **Nebenpflichten des Arbeitgebers**
   - schriftlicher Nachweis der wesentlichen Vertragsbedingungen des Arbeitsverhältnisses
   - Fürsorgepflicht
   - Urlaubsgewährung
   - Zeugnispflicht

d) **Nebenpflichten des Arbeitnehmers**
   - Befolgung von Weisungen
   - Treuepflicht
   - Verschwiegenheitspflicht
   - Verbot der Annahme von Schmiergeldern

Lösung zu Übungsaufgabe 5

a) Ja, es kommt ein gültiger Arbeitsvertrag zustande, und zwar durch Antrag und Annahme der Vertragspartner. Ein Arbeitsvertrag kann auch mündlich geschlossen werden.

b) Verstoß gegen § 2 Nachweisgesetz (Pflicht des Arbeitgebers zur schriftlichen Niederlegung der wesentlichen Vertragsbestandteile des Arbeitsvertrages).

c) Wahrscheinlich wird Herr Müller Recht bekommen, weil Herr Formlos die wesentlichen Vertragsbestandteile (hierzu gehört die Vereinbarung über die regelmäßige Arbeitszeit) hätte schriftlich niederlegen müssen (§ 2 Nachweisgesetz). Weil Herr Formlos dieser Verpflichtung nicht nachgekommen ist, genießt Herr Müller grundsätzlich Gutglaubensschutz, bis Herr Formlos das Gegenteil beweisen kann.

Lösung zu Übungsaufgabe 6

Steuerberater Klotz kann den Arbeitsvertrag mit Herrn Protz nach § 119 BGB (Irrtum) anfechten, weil er bei Kenntnis der „wahren" Sachlage (tatsächliche Buchführungs- und Abschlusskenntnisse von Willi Protz) den Vertrag nicht geschlossen hätte. Der Vertrag wird dadurch rückwirkend ungültig.

Lösung zu Übungsaufgabe 7

Der Vertrag zwischen Bruno Bani und Martina Beck ist schwebend unwirksam, d. h. die Wirksamkeit hängt von der Zustimmung oder Ablehnung der Eltern von Martina ab (§ 109 Abs. 2 BGB). Der Widerruf von Herrn Bani ist nicht zulässig (wenn Martinas Eltern dem Vertrag zustimmen, ist dieser wirksam zustande gekommen und kann nicht von Herrn Bani einseitig widerrufen werden).

Lösung zu Übungsaufgabe 8

Die Frage des Arbeitgebers nach einer Schwangerschaft ist unzulässig, weil sie eine Diskriminierung nach dem Geschlecht bedeuten wurde. Eine solche Diskriminierung liegt nicht nur dann vor, wenn sich Männer und Frauen um einen Arbeitsplatz bewerben, denn jede Frau läuft durch die Schwangerschaft Gefahr, einen Arbeitsplatz erst gar nicht zu erhalten. Dieser Gefahr sind Männer nicht ausgesetzt. Nach einem Urteil des Bundesarbeitsgerichts (Aktenzeichen 2 AZ R 227/92) müssen werdende Mutter die Frage des Arbeitgebers nach einer Schwangerschaft nicht ehrlich beantworten. Dieses Urteil räumt der Frau ein generelles Recht auf Lüge ein, wenn sie danach gefragt wird, ob sie ein Kind erwartet. Der Arbeitsvertrag ist rechtswirksam und kann nicht wegen arglistiger Täuschung (§ 123 Abs. 1 BGB) angefochten werden.

E. Beendigung eines Arbeitsverhältnisses

Lösung zu Lernjob 1

Gründe für die Beendigung eines Arbeitsverhältnisses	
unbefristetes Arbeitsverhältnis	**befristetes Arbeitsverhältnis**
► Anfechtung des Arbeitsvertrages ► Tod des Arbeitnehmers/der Arbeitnehmerin ► Auflösungsvertrag ► Kündigung ► Erreichen der Altersgrenze für den Renteneintritt	► Tod des Arbeitnehmers/der Arbeitnehmerin ► Vertragsablauf (Zeitablauf) ► Auflösungsvertrag ► Kündigung

Lösung zu Lernjob 2

Begriff und rechtliche Einordnung:

Der Auflösungs- oder Aufhebungsvertrag ist eine Form der **Beendigung eines Arbeitsverhältnisses ohne Kündigung**. Das Arbeitsverhältnis wird hierbei durch zwei übereinstimmende Willenserklärungen der Vertragsparteien aufgehoben, ohne dass der Arbeitgeber oder der Arbeitnehmer zuvor eine Kündigung ausgesprochen hat.

Der Auflösungsvertrag bedarf zu seiner Wirksamkeit der **Schriftform** (§ 623 BGB).

Vorteile:

1. Kündigungsfristen müssen nicht beachtet werden.
2. Kündigungsschutzbestimmungen finden keine Beachtung.
3. Eine vorherige Anhörung des Betriebsrates kann unterbleiben.
4. Das Prozessrisiko in einem Kündigungsschutzprozess entfällt.
5. Häufig wird eine Abfindungszahlung für den Arbeitsplatzverlust vereinbart.
6. Das Arbeitsverhältnis wird ohne personenbedingte oder verhaltensbedingte Kündigung beendet.
7. Es entfällt die Sozialauswahl bei einer betriebsbedingten Kündigung.

Nachteile:

1. Kündigungsschutzvorschriften sind nicht anwendbar.
2. Mitwirkungsrechte des Betriebsrates entfallen.
3. Der Abschluss eines Auflösungsvertrages führt grundsätzlich zu einer Sperrzeit für den Bezug von Arbeitslosengeld von 12 Wochen. [Der Auflösungsvertrag sollte deshalb eine vertretbare Begründung enthalten, um Sperrzeiten beim Arbeitslosengeld zu vermeiden. Eine akzeptable Begründung ist beispielsweise eine mit Bestimmtheit bevorstehende betriebs- oder krankheitsbedingte Kündigung des Arbeitsverhältnisses durch den Arbeitgeber.]

Lösung zu Lernjob 3

1. **Begriff der Kündigung und rechtliche Einordnung:**

   Die Kündigung ist eine **einseitige, aber bindende Willenserklärung**, durch die der Arbeitgeber oder der Arbeitnehmer das Arbeitsverhältnis beendet. Sie kann nicht einseitig zurückgenommen werden, sondern nur im gegenseitigen Einvernehmen.

2. **Formaler Aspekt:**

   Für Kündigungen ist die **Schriftform zwingend vorgeschrieben** (§ 623 BGB in Verbindung mit § 125 BGB). Wird dieses formale Kriterium nicht eingehalten, dann ist die Kündigung unwirksam. Die elektronische Form (z. B. E-Mail) ist unzulässig.

3. **Kündigungsfristen für ordentliche Kündigungen:**

   Eine ordentliche Kündigung ist nur unter Einhaltung bestimmter Fristen möglich. Wenn einzelvertraglich oder tarifvertraglich nichts vereinbart ist, gelten die gesetzlichen Kündigungsfristen.

   Die Kündigungsfrist beträgt **mindestens vier Wochen (28 Tage)** genau zum 15. eines Monats oder zum Monatsende (sog. **Grundkündigungsfrist** gem. § 622 Abs. 1 BGB).

   Für **Kündigungen durch den Arbeitgeber** verlängert sich die Kündigungsfrist **für langjährig beschäftigte Arbeitnehmer** wie folgt (§ 622 Abs. 2 BGB):

Beschäftigungsdauer im selben Betrieb	verlängerte Kündigungsfristen für Kündigungen durch den Arbeitgeber	Kündigungsfrist für Kündigungen durch den Arbeitnehmer
2 Jahre	1 Monat zum Monatsende	4 Wochen zum 15. oder zum Ende eines Monats
5 Jahre	2 Monate zum Monatsende	
8 Jahre	3 Monate zum Monatsende	
10 Jahre	4 Monate zum Monatsende	
12 Jahre	5 Monate zum Monatsende	
15 Jahre	6 Monate zum Monatsende	
20 Jahre	7 Monate zum Monatsende	

4. **Allgemeiner Kündigungsschutz:**

   Der **allgemeine** Kündigungsschutz ist im **Kündigungsschutzgesetz (KSchG)** geregelt. Es gilt nur in **Betrieben**, in denen i. d. R. **mehr als zehn Arbeitnehmer** (ohne die Auszubildenden) beschäftigt sind (§ 23 Abs. 1 KSchG).

   Der Kündigungsschutz erstreckt sich auf Arbeitnehmer, die ohne Unterbrechung **länger als sechs Monate** in demselben Betrieb beschäftigt waren (§ 1 Abs. 1 KSchG).

   Nach dem KSchG gilt grundsätzlich:

   - Eine Kündigung ist rechtlich unwirksam, wenn sie sozial ungerechtfertigt ist.
   - Die Kündigung ist wirksam, wenn sie sozial vertretbar und somit zumutbar ist.

Eine Kündigung ist **sozial gerechtfertigt**, wenn sie

- **personenbedingt** ist:

  Hierbei liegen die **Gründe in der Person** des Arbeitnehmers. Der Arbeitnehmer ist nicht mehr in der Lage, künftig seine geschuldete Leistung zu erbringen (z. B. er muss eine Haftstrafe antreten oder ist alters- oder krankheitsbedingt arbeitsunfähig).

- **verhaltensbedingt** ist:

  Eine verhaltensbedingte Kündigung ist möglich, wenn der Arbeitnehmer **durch sein Verhalten** die **arbeitsvertraglichen Pflichten verletzt** (z. B. der Arbeitnehmer führt private Telefongespräche am Arbeitsplatz, surft während der Arbeitszeit im Internet, verstößt gegen das betriebliche Rauch- oder Alkoholverbot usw.).

- **betriebsbedingt** ist:

  Die betriebsbedingte Kündigung hat ihre **Ursache in einem betrieblichen Umstand** (z. B. Umsatz- und Auftragsrückgang, Rationalisierung usw.). Die Kündigung aus betrieblichen Gründen ist verbunden mit einer **Sozialauswahl**. Unter vergleichbaren Arbeitnehmern müssen diejenigen ausgewählt werden, die wirtschaftlich betrachtet am wenigsten auf den Arbeitsplatz angewiesen sind. Neben der Dauer der Betriebszugehörigkeit, dem Lebensalter und den Unterhaltspflichten des Arbeitnehmers spielen auch eine Berufskrankheit, ein unverschuldeter Arbeitsunfall oder eine Schwerbehinderung eine Rolle.

Das KSchG schränkt die Befugnis zur fristlosen Kündigung jedoch nicht ein.

5. **Besonderer Kündigungsschutz:**

   Neben dem allgemeinen Kündigungsschutz gibt es noch einen besonderen Kündigungsschutz für bestimmte Personenkreise:

   - **Betriebsratsmitglieder** sind während ihrer Amtszeit unkündbar (§ 15 Abs. 1 KSchG).
   - **Schwerbehinderten** kann nur mit vorheriger Zustimmung des Integrationsamts gekündigt werden (§ 168 ff. SGB IX).
   - **Auszubildende** sind nach Ablauf der Probezeit ordentlich unkündbar (§ 22 Abs. 2 BBiG).
   - **Schwangere** sind während der Schwangerschaft und bis zum Ablauf von 4 Monaten nach der Entbindung unkündbar (§ 9 Abs. 1 MuSchG).
   - **Eltern in Elternzeit** können ab 8 Wochen vor dem Beginn und während der Elternzeit grundsätzlich nicht gekündigt werden (§ 18 BEEG); nach dem Ende der Elternzeit beträgt die Kündigungsfrist 3 Monate (§ 19 BEEG).

6. **Anzuerkennende Kündigungsgründe für außerordentliche Kündigungen:**

   Eine **außerordentliche** Kündigung kann nur bei Vorliegen **besonderer Umstände** erfolgen. Es müssen dann Tatsachen vorliegen, aufgrund derer dem Kündigenden die Fortsetzung des Dienstverhältnisses nicht zugemutet werden kann (§ 626 Abs. 1 BGB).

Anzuerkennende Kündigungsgründe sind beispielsweise:

- Diebstahl
- Körperverletzung
- sexuelle Belästigung
- grobe, ggf. wiederholte Beleidigung
- Verweigerung von Arbeitsanweisungen
- wiederholte Missachtung von Arbeitsschutzbestimmungen
- Erledigung privater Dinge während der Arbeitszeit
- Vortäuschung von Krankheit

o. ä. Sachverhalte.

Die außerordentliche Kündigung ist i. d. R. **„fristlos“**, d. h. es wird dem Gekündigten keine Frist eingeräumt. Eine fristlose Kündigung kann jedoch nur **innerhalb von zwei Wochen** ab Kenntnis des Kündigungsgrundes erfolgen.

Ergänzende Übungsaufgaben

Lösung zu Übungsaufgabe 1

a) Nach § 622 Abs. 1 BGB kann ein Arbeitnehmer jederzeit unter Einhaltung einer Frist von vier Wochen zum 15. oder zum Ende eines Kalendermonats kündigen.

Sofern Herr Laux zum 31.03. kündigen möchte, muss er sicherstellen, dass die Kündigung spätestens am 03.03. seinem Arbeitgeber zugeht, damit sie zu dem beabsichtigten Termin wirksam (fristgerecht) ist.

b) Wenn Herr Laux erst am 05.03. zum 31.03. kündigt, ist seine Kündigung nicht fristgerecht („zu spät“).

Die Kündigung wird dann zu dem nächstfolgenden zulässigen Kündigungstermin wirksam; dies ist hier der 15.04.

Lösung zu Übungsaufgabe 2

a) Da im vorliegenden Fall das KSchG gilt (vgl. § 23 Abs. 1 i. V. mit § 1 Abs. 1 KSchG) ist Voraussetzung für die Zulässigkeit der Kündigung, dass diese sozial gerechtfertigt ist (§ 1 Abs. 2 KSchG). Hier handelt es sich um eine betriebsbedingte Kündigung (sofern Herr Kühn den Nachweis erbringen kann, dass die Verkleinerung des Betriebes notwendig ist, was hier anzunehmen ist).

Die Kündigung ist somit grundsätzlich sozial gerechtfertigt und deshalb auch nach dem KSchG zulässig. Voraussetzung ist allerdings, dass Herr Kühn den Betriebsrat (sofern einer existiert) vorab zu der Kündigung anhört (vgl. § 102 Abs. 1 BetrVG) und eine soziale Auswahl i. S. d. § 1 Abs. 3 KSchG durchgeführt wird.

b) Spätestmöglicher Zugangstermin für die Kündigung zum 28.02. ist der 31.01. (§ 622 Abs. 2 Satz 1 Nr. 1 BGB).

Lösung zu Übungsaufgabe 3

a) Ein wichtiger Grund i. S. d. § 626 Abs. 1 BGB (hier versuchter Diebstahl, Verletzung des Vertrauensverhältnisses) liegt vor; eine außerordentliche Kündigung zum 31.01. ist also grundsätzlich möglich (nach § 622 Abs. 2 Satz 1 BGB spätestens am 17.01. zum 31.01.).

b) Ja, Herr Untreu sollte das Angebot des Vorstands (Aufhebungsvertrag zum 31.01.) annehmen, weil dann keine Kündigung erfolgt und der Vorgang im Zeugnis nicht erwähnt wird.

Lösung zu Übungsaufgabe 4

- Auszubildende in einem Berufsausbildungsverhältnis nach der Probezeit (§ 22 Abs. 2 BBiG)
- werdende Mütter während der Schwangerschaft und vier Monate nach der Entbindung (§ 9 Abs. 1 MuSchG)
- Personen in Elternzeit (§ 18 BEEG)
- Schwerbehinderte (§ 168 SGB IX)
- Betriebsratsmitglieder während ihrer Amtszeit und ein Jahr danach (§ 103 Abs. 1 und 2 BetrVG und § 15 Abs. 1 KSchG).

F. Ausgewählte Regelungen zum Arbeitnehmerschutz

Lösung zu Lernjob 1

Betrieblicher Arbeitsschutz	
Betriebs- und Gefahrenschutz	**Sozialer Arbeitsschutz**
► Arbeitsschutzgesetz (ArbSchG) ► Gewerbeordnung (GewO) ► Arbeitsstättenverordnung (ArbStättV) ► Vorschriften der Berufsgenossenschaften zur Unfallverhütung	► Kündigungsschutzgesetz (KSchG) ► Bundesurlaubsgesetz (BUrlG) ► Arbeitszeitgesetz (ArbZG) ► Jugendarbeitsschutzgesetz (JArbSchG) ► Mutterschutzgesetz (MuSchG) ► Bundeselterngeld- und Elternzeitgesetz (BEEG) ► Regelungen für Schwerbehinderte (SGB IX)

Lösung zu Lernjob 2

Mindesturlaub		
Personengruppe	**Werktage je Kalenderjahr**	**Rechtsgrundlage(n)**
Arbeitnehmer und Arbeitnehmerinnen ohne besondere Merkmale	24	§ 3 Abs. 1 BUrlG
Schwangere Arbeitnehmerinnen	24	§ 3 Abs. 1 BUrlG
Jugendliche Auszubildende (hier 17 Jahre alt)	25	§ 19 Abs. 2 JArbSchG
Schwerbehinderte	24 + 5 Arbeitstage	§ 3 Abs. 1 BUrlG + § 208 Abs. 1 SGB IX

Zu beachten:

- Bestehende Arbeitsverträge können nicht einseitig geändert werden (sog. Änderungskündigung).
- Sofern für die Branche ein gültiger Tarifvertrag besteht, stellt dieser ggf. „höherranges" Recht dar und muss beachtet werden, wenn beiderseitige Tarifgebundenheit oder Allgemeinverbindlichkeit besteht.

Lösung zu Lernjob 3

- **Werktage** sind alle Tage, die nicht Sonn- oder Feiertage sind, also auch der Samstag.
- **Arbeitstage** sind die Tage, an denen der Arbeitnehmer aufgrund des Arbeitsvertrages zur Arbeit verpflichtet ist (z. B. Mo. - Fr.).
- Der **gesetzliche Mindesturlaub** (§ 3 Abs. 1 BUrlG) bezieht sich auf eine Sechstagewoche (Mo. - Sa.). Die gesetzliche Regelung geht also davon aus, dass auch samstags gearbeitet wird. Somit entspricht der gesetzliche **Mindesturlaub** einer **Urlaubsdauer von 4 Wochen** (24 Werktage Urlaub bei 6 Werktagen pro Woche = 4 Wochen).
- Wenn im Betrieb jedoch nur von montags bis freitags gearbeitet wird (= Fünftagewoche), muss der Urlaubsanspruch – wenn er in Werktagen vereinbart ist – in Arbeitstage umgerechnet werden. Ein vereinbarter Urlaubsanspruch von **24 Werktagen** entspricht bei einer Fünftagewoche somit **20 Arbeitstagen** (24 Werktage : 6 Werktage/Woche • 5 Arbeitstage/Woche = 20 Arbeitstage).

Zusatzinformation:

- Wenn ein **arbeitsfreier Samstag** (z. B. innerhalb eines zusammenhängenden Urlaubs) ein **gesetzlicher Feiertag** ist, dann ist dieser Samstag **nicht** als Urlaubstag anzurechnen (maximal jedoch 4 derartige Samstage pro Kalenderjahr).

Lösung zu Lernjob 4

Mindesturlaub für den schwerbehinderten Arbeitnehmer pro Jahr:

24 Werktage : 6 • 5 = 20 Arbeitstage (§ 3 Abs. 1 BUrlG) + 5 Arbeitstage Zusatzurlaub (§ 208 Abs. 1 SGB IX) = **25 Arbeitstage**

Lösung zu Lernjob 5

Frau Gilles hat Anspruch auf ein Zwölftel des Jahresurlaubs für jeden vollen Monat des Bestehens des Arbeitsverhältnisses, hier also $5/12$ von 28 Werktagen = 11,67 Tage. Bruchteile von Urlaubstagen, die mindestens einen halben Tag ergeben, sind auf volle Urlaubstage aufzurunden (§ 5 Abs. 2 BUrlG). Frau Gilles hat also einen Anspruch auf **12 Werktage** Urlaub.

Urlaubsanspruch in Arbeitstagen: 12 Werktage : 6 Tage/Woche • 5 Arbeitstage/Woche = **10 Arbeitstage**.

Lösung zu Lernjob 6

a) Der volle Urlaubsanspruch von der „Gebäudetechnik Saxler GmbH“ steht Frau Schraub nach einer Wartezeit von sechs Monaten zu, also **am 01.12.**

b) Auf den vollen Jahresurlaub wird der von dem früheren Arbeitgeber gewährte Urlaub angerechnet (§ 6 Abs. 1 BUrlG). Frau Schraub steht für das Einstellungsjahr also folgender Urlaubsanspruch zu:

   26 Werktage : 6 • 5 = 21,67, also 22 Arbeitstage; davon abzuziehen sind 10 Arbeitstage, die vom früheren Arbeitgeber gewährt wurden (§ 6 Abs. 1 BUrlG). Es verbleibt ein Urlaubsanspruch von **12 Arbeitstagen**.

Lösung zu Lernjob 7

- **Urlaubsanspruch im Jahr der Reduzierung:**

  1. Halbjahr: 30 Werktage : 6 • 5 = 25 Arbeitstage pro Jahr
25 Arbeitstage • $1/2$ (erste Jahreshälfte) = 12,5

  2. Halbjahr: 25 Arbeitstage • $1/2$ (zweite Jahreshälfte) = 12,5
davon $4/5$ = 10

  Der gesamte Urlaubsanspruch im Jahr der Reduzierung beträgt somit: 12,5 + 10 = 22,5 Arbeitstage, also **23 Arbeitstage**.

- **Urlaubsanspruch im Folgejahr mit einer „$4/5$-Stelle“ (4 Arbeitstage pro Woche):**

  30 Werktage : 6 • 5 = 25 Arbeitstage pro Jahr, davon $4/5$ = **20 Arbeitstage**.

Lösung zu Lernjob 8

Sehr geehrter Herr Saxler,

zu Ihren Fragen hinsichtlich der Schutzvorschriften für schwangere Arbeitnehmerinnen und der Freistellung vor und nach der Geburt können wir Ihnen zunächst Folgendes mitteilen:

1. Allgemeine Schutzverpflichtungen

   Nach dem Gesetz zum Schutz von Müttern bei der Arbeit, in der Ausbildung und im Studium (Mutterschutzgesetz – MuSchG) hat der Arbeitgeber gegenüber einer schwangeren Arbeitnehmerin zahlreiche Schutzverpflichtungen zu erfüllen.

   Nach Kenntnis der Schwangerschaft einer Beschäftigten hat der Arbeitgeber darüber unverzüglich die Gewerbeaufsicht zu informieren und eine konkretisierte Gefährdungsbeurteilung für den Arbeitsplatz/die Tätigkeit der schwangeren Arbeitnehmerin zu erstellen und zu dokumentieren (vgl. § 10 MuSchG).

   Nach dem Gefahrenschutz dürfen Frauen während der Schwangerschaft nicht mit Arbeiten betraut werden, die Mutter und Kind gefährden (vgl. § 9 Abs. 2 Satz 1 MuSchG). Dies sind z. B. schwere körperliche Arbeiten und Arbeiten mit schädlicher Einwirkung von gesundheitsgefährdenden Stoffen oder Strahlen (siehe hierzu im Einzelnen §§ 11 - 12 MuSchG).

   Falls nach einem ärztlichen Zeugnis Leben oder Gesundheit von Mutter und Kind gefährdet sind, dürfen werdende Mütter generell nicht beschäftigt werden (vgl. § 16 Abs. 1 MuSchG).

2. Mutterschutzfrist vor und nach der Entbindung

   Vor der mutmaßlichen Entbindung besteht eine Schutzfrist von sechs Wochen, nach der Entbindung von acht Wochen, in der die Frauen grundsätzlich nicht beschäftigt werden dürfen (vgl. § 3 Abs. 1 und 2 MuSchG).

   Wenn die tatsächliche Geburt nach dem geschätzten Datum stattfindet, wird die Mutterschutzfrist vor der Geburt automatisch verlängert (§ 3 Abs. 1 Satz 4 MuSchG), die Schutzfrist nach der Geburt aber nicht gekürzt.

   Ausnahmen:

   a) Erklärt sich eine Schwangere ausdrücklich bereit zu arbeiten, so kann sie dies in der Schutzfrist vor der Entbindung tun (vgl. § 3 Abs. 1 Satz 1 2. Halbsatz MuSchG).

   b) Die Schutzfrist nach Früh- oder Mehrlingsgeburten beträgt zwölf Wochen (vgl. § 3 Abs. 2 Satz 2 MuSchG).

Weitere detaillierte Auskünfte erhalten Sie vom Gewerbeaufsichtsamt sowie der Krankenkasse, bei der die Arbeitnehmerin versichert ist.

Wir hoffen, Ihnen mit diesen Auskünften geholfen und Ihre Fragen zu Ihrer Zufriedenheit beantwortet zu haben.

Mit freundlichen Grüßen

Lösung zu Lernjob 9

Sehr geehrter Herr Saxler,

zu Ihren Fragen hinsichtlich des Lohns und der anderen Bezüge während der Mutterschutzfrist wegen der Geburt eines Kindes können wir Ihnen Folgendes mitteilen:

Eine Frau, die Mitglied einer gesetzlichen Krankenkasse ist, hat nach § 19 Abs. 1 MuSchG für die Zeit der Schutzfristen vor und nach der Entbindung sowie den Tag der Entbindung Anspruch auf Mutterschaftsgeld, das von der gesetzlichen Krankenkasse gezahlt wird, bei der die Arbeitnehmerin versichert ist. Die Höhe des Mutterschaftsgeldes richtet sich nach dem durchschnittlichen Nettolohn der letzten drei Monate. Es beträgt aber maximal 13 € pro Tag.

Für die Zeit der Schutzfristen vor und nach der Entbindung sowie den Tag der Entbindung muss der Arbeitgeber nach § 20 Abs. 1 MuSchG der Arbeitnehmerin einen Zuschuss zum Mutterschaftsgeld bezahlen. Dieser Zuschuss beläuft sich auf die Höhe des Unterschiedsbetrages zwischen dem durchschnittlichen kalendertäglichen Netto-Arbeitsentgelt der letzten drei abgerechneten Kalendermonate vor dem Beginn der Schutzfrist und den 13 € Mutterschaftsgeld von der Krankenkasse. Der Arbeitgeber bezahlt der Arbeitnehmerin somit für diese Zeit die Differenz zwischen dem Mutterschaftsgeld und dem durchschnittlichen Nettoarbeitslohn.

Den gezahlten Zuschuss zum Mutterschaftsgeld können Sie sich nach § 14 Abs. 1 MuSchG von der Krankenkasse über die Umlage U2 zu 100 Prozent erstatten lassen. Wir können für Sie einen entsprechenden elektronischen Erstattungsantrag über ein zugelassenes Abrechnungsprogramm stellen.

Für weitere detaillierte Auskünfte stehen wir Ihnen jederzeit gern zur Verfügung.

Wir hoffen, Ihnen mit diesen Auskünften geholfen und Ihre Fragen zu Ihrer Zufriedenheit beantwortet zu haben.

Mit freundlichen Grüßen

Ergänzende Übungsaufgaben

Lösung zu Übungsaufgabe 1

a) 24 Werktage : 6 • 5 = **20 Arbeitstage pro Jahr**

b) Frau Sonnenschein hat Anspruch auf vollen Jahresurlaub nach Ablauf der Wartezeit (6 Monate), also **am 01.12.**

c) 20 Arbeitstage - 10 Arbeitstage (§ 6 Abs. 1 BUrlG) = **10 Arbeitstage**

Lösung zu Übungsaufgabe 2

a) Wechseln Beschäftigte in der zweiten Jahreshälfte den Arbeitgeber, haben sie für diesen Zeitraum vollen Urlaubsanspruch beim bisherigen Arbeitgeber erworben (Umkehrschluss aus § 5 Abs. 1 Buchstabe c BUrlG). Frau Klein kann von der „Treubilanz GmbH“ im Kündigungsjahr somit den vollen Jahresurlaub beanspruchen.

b) Frau Klein hat folgenden Urlaubsanspruch von der „Treubilanz GmbH“ im Kündigungsjahr: 30 Werktage : 6 • 5 = **25 Arbeitstage**.

Lösung zu Übungsaufgabe 3

32 Werktage : 6 • 5 = 26,67 Arbeitstage pro Jahr, davon $\frac{3}{5}$ = **16 Arbeitstage**.

Lösung zu Übungsaufgabe 4

a) 28 Werktage : 6 • 5 = 23,3, also **23 Arbeitstage pro Jahr**

b) Herr Rosen hat Anspruch auf vollen Jahresurlaub nach Ablauf der Wartezeit (6 Monate), also **am 01.10**.

c) 23 Arbeitstage - 8 Arbeitstage (§ 6 Abs. 1 BUrlG) = **15 Arbeitstage**

Lösung zu Übungsaufgabe 5

Beginn der Schutzfrist:	01. Juni 2025 (6 Wochen vor dem mutmaßlichen Geburtstermin)
Ende der Schutzfrist:	11. September 2025 (8 Wochen nach dem tatsächlichen Geburtstermin)

Die Mutterschutzfrist vor der Geburt beträgt sechs Wochen und nach der Geburt acht Wochen. Wenn die tatsächliche Geburt nach dem geschätzten Datum stattfindet, wird die Mutterschutzfrist vor der Geburt automatisch verlängert (§ 3 Abs. 1 Satz 4 MuSchG), die Schutzfrist nach der Geburt aber nicht gekürzt.

Lösung zu Übungsaufgabe 6

Gesetzlich versicherte Arbeitnehmerinnen erhalten während der Mutterschutzfristen täglich maximal 13 € Mutterschaftsgeld von der Krankenkasse. Der zum Nettolohn fehlende Betrag wird vom Arbeitgeber in Form des Arbeitgeberzuschusses zum Mutterschaftsgeld geleistet.

- durchschnittliches Nettoeinkommen vor der Geburt — 58 € pro Tag
- Mutterschaftsgeld von der Krankenkasse — 13 € pro Tag
- Arbeitgeberzuschuss zum Mutterschaftsgeld — 45 € pro Tag

Zusammen (Krankenkasse plus Arbeitgeberzuschuss) erhält Frau Dötsch somit **täglich 58 €** Mutterschaftsgeld. **Insgesamt** erhält Sie **in den 103 Tagen** Ihres Mutterschutzes **5.974 €** Mutterschaftsgeld.

G. Unterscheidung öffentliches Recht und Privatrecht

Lösung zu Lernjob 1

a) Einkommensteuer-Fall:

Akteure bzw. Beteiligte sind das Finanzamt Koblenz, also eine staatliche Institution („der Staat“) und Frau Schuth als Privatperson. Staatliche Institutionen treten den Bürgern als diesen übergeordnet gegenüber. Grundlage ihres Handelns ist das öffentliche Recht; hier: das Steuerrecht.

b) Kleid-Fall:

Akteure sind Frau Adler (Privatperson) als Käuferin und die Inhaberin des Modegeschäfts (auch Privatperson) als Verkäuferin des Kleids. Die Beteiligten (hier: Käuferin und Verkäuferin) treten als Personen gleichberechtigt einander gegenüber (Gleichordnung). Sie sollen ihre Rechtsbeziehung und Probleme möglichst ohne Einschaltung staatlicher Institutionen selbständig untereinander regeln. Grundlage ist in diesem Fall das Privatrecht; hier: das Bürgerliche Gesetzbuch (BGB).

c) Öffentliches Recht; hier: Steuerrecht.

d) Privatrecht; hier: Bürgerliches Recht (BGB).

Lösung zu Lernjob 2

Öffentliches Recht	Privatrecht
► Rechtsbeziehungen des Staates zu den Bürgern ► Prinzip der Über- und Unterordnung (der Staat ist den Bürgern übergeordnet) ► Der Staat kann den Bürgern durch Gebote einseitig Pflichten auferlegen und ihre Rechte durch Verbote beschränken.	► Rechtsbeziehungen der Bürger zueinander ► Prinzip der Gleichordnung (die Bürger treten einander mit gleichen Rechten oder Pflichten gegenüber) ► Die Beteiligten können ihre Rechtsbeziehungen weitgehend frei gestalten, auch abweichend von vielen gesetzlichen Regelungen (= Vertragsfreiheit, Gestaltungsfreiheit).

Lösung zu Lernjob 3

Öffentliches Recht	Privatrecht
Steuerrecht	Handelsrecht
Schulrecht	Aktienrecht
Strafrecht	Familienrecht
Verwaltungsrecht	Vereinsrecht
Beamtenrecht	Arbeitsrecht
Baurecht	Kaufrecht
Sozialrecht	Sachenrecht

Ergänzende Übungsaufgaben

Lösung zu Übungsaufgabe 1

a) Privatrecht (BGB); die Beteiligten sollen mithilfe des Kaufrechts bzw. Schuldrechts des BGB ihre Rechtsbeziehungen und Probleme selbständig lösen.

b) Öffentliches Recht (EStG, AO); Verwaltungsakt des Staates, der den Bürger zu einer Handlung (Zahlung) verpflichtet.

c) Öffentliches Recht (Schulgesetz); der Staat kann mithilfe von Ordnungsmaßnahmen den Bürger (hier Iks Üpsilon) anhalten bzw. erziehen, bestimmte Pflichten zu erfüllen (hier Schulpflicht).

d) Privatrecht (BGB); Kaufvertrag des Finanzamts bzw. des Landes Rheinland-Pfalz mit der Druckerei Mayer. Die Beteiligten sollen mithilfe des Kaufrechts bzw. Schuldrechts des BGB ihre Rechtsbeziehungen und Probleme selbständig lösen.

Lösung zu Übungsaufgabe 2

Das **Öffentliche Recht** regelt Rechtsbeziehungen des Staates zu den Bürgern. Dabei gilt das Prinzip der Über- und Unterordnung (der Staat ist den Bürgern übergeordnet). Der Staat kann den Bürgern durch Gebote einseitig Pflichten auferlegen und ihre Rechte durch Verbote beschränken.

Das **Privatrecht** regelt Rechtsbeziehungen der Bürger zueinander. Es wird geleitet vom Prinzip der Gleichordnung (die Bürger treten einander mit gleichen Rechten und Pflichten gegenüber). Die Beteiligten können ihre Rechtsbeziehungen weitgehend frei gestalten, auch abweichend von vielen gesetzlichen Regelungen (Vertragsfreiheit, Gestaltungsfreiheit).

H. Steuerrecht als Teilgebiet des öffentlichen Rechts

Lösung zu Lernjob 1

Merkmale einer Steuer (§ 3 Abs. 1 AO):

Geldleistungen, die

1. nicht eine Gegenleistung für eine besondere Leistung (des Staates) darstellen,
2. von einem öffentlich-rechtlichen Gemeinwesen (Bund, Länder, Gemeinden)
3. zur Erzielung von Einnahmen
4. allen auferlegt werden, bei denen der Tatbestand zutrifft, an den das Gesetz die Leistungspflicht knüpft.

Ein- und Ausfuhrabgaben („Zölle“) sind ebenfalls Steuern im Sinne der Abgabenordnung.

Lösung zu Lernjob 2

- **Gebühren** werden für **bestimmte** (konkrete) öffentliche Leistungen erhoben. Der Gebühr steht also – im Gegensatz zur Steuer – jeweils eine bestimmte Leistung des Staates gegenüber. **Beispiele:** Gebühr für eine Heiratsurkunde, Gebühr für einen Reisepass, Gebühr für eine Kfz-Zulassung usw.
- **Beiträge** werden für **angebotene** öffentliche Leistungen erhoben. Sie sind **Kostenbeteiligungen** an speziellen öffentlichen Leistungen und werden bei denjenigen erhoben, die einen Sondervorteil durch diese Leistungen haben. Ob die konkreten Leistungen durch den Abgabepflichtigen tatsächlich in Anspruch genommen werden, ist nicht von Bedeutung; es geht um die Möglichkeit bzw. den Zugang zu den Leistungen. **Beispiele:** Sozialversicherungsbeiträge, Straßenanliegerbeiträge (für Entwässerung, Straßenreinigung usw.).

Lösung zu Lernjob 3

1. Umsatzsteuer
2. Lohn- und Einkommensteuer
3. Gewerbesteuer
4. Körperschaftsteuer
5. Energiesteuer

Steuereinnahmen 2023 insgesamt: **916 Mrd. €**

Lösung zu Lernjob 4

Gemeinschaftsteuern	Bundessteuern	Landessteuern	Gemeindesteuern
► Lohnsteuer ► veranlagte Einkommensteuer ► Umsatzsteuer ► Körperschaftsteuer	► Versicherungsteuer ► Energiesteuer ► Kfz-Steuer ► Tabaksteuer ► Zölle	► Biersteuer ► Erbschaftsteuer ► Grunderwerbsteuer	► Gewerbesteuer ► Grundsteuer ► Hundesteuer

direkte Steuern	indirekte Steuern
► Einkommensteuer ► Körperschaftsteuer ► Erbschaftsteuer ► private Kfz-Steuer	► Umsatzsteuer ► Biersteuer ► Energiesteuer ► Versicherungsteuer

Lösung zu Lernjob 5

- Besitzsteuern:
  a) Personensteuern = Besteuerung der Besitzwerte von Personen → z. B. ESt, KSt, ErbSt
  b) Real-/Objektsteuern = Besteuerung von Sachen oder Objekten → z. B. Grundsteuer
- Verkehrsteuern:
  Besteuerung von wirtschaftlichen Verkehrsvorgängen → z. B. USt
- Verbrauchsteuern:
  Knüpfen am Verbrauch von Waren/Dienstleistungen an → z. B. Energiesteuer, Tabaksteuer

Lösung zu Lernjob 6

Behördenebene	Bundesbehörden	Landesbehörden
oberste Behörde	Bundesministerium der Finanzen (BMF)	Landesfinanzministerien
Oberbehörden	Bundeszentralamt für Steuern Generalzolldirektion	Rechenzentren
Mittelbehörden	–	Oberfinanzdirektionen (OFD) oder stattdessen speziell eingerichtete Landesfinanzbehörden (Rhld.-Pfalz: Landesamt für Finanzen)
örtliche Behörden	Hautzollämter Zollämter Zollfahndungsämter	Finanzämter

Lösung zu Lernjob 7

Steuerliche Vorschriften	Merkmale
Gesetze (z. B. AO, UStG, EStG)	► in einem **förmlichen Gesetzgebungsverfahren zustande gekommen** und in den dafür vorgesehenen Blättern (z. B. Bundesgesetzblatt) veröffentlicht ► **bindend für Bürger, Verwaltung und Gerichte** (= alle, die von ihnen betroffen sind)
Durchführungsverordnungen (z. B. UStDV, EStDV)	► Rechtsnormen, die **ohne** förmliches Gesetzgebungsverfahren zustande kommen, sondern **von der Exekutive** (z. B. Bundesregierung) aufgrund einer gesetzlichen Ermächtigung (Art. 80 GG) **erlassen** werden und ggf. nur der Zustimmung des Bundesrates bedürfen ► dienen der Ergänzung und ggf. Vereinfachung der Gesetzesregelungen sowie der Gleichmäßigkeit der Gesetzesanwendung ► wie Gesetze **bindend für Bürger, Verwaltung und Gerichte** (= alle, die von ihnen betroffen sind)

Steuerliche Vorschriften	Merkmale
Richtlinien (z. B. AEAO, UStAE, EStR)	► **Verwaltungsanweisungen**, die der Gleichmäßigkeit der Verwaltungsausübung und damit der Gleichmäßigkeit der Besteuerung dienen ► **Vorschriften vorgesetzter Behörden an die nachgeordneten Behörden** ► **bindend lediglich für die Verwaltung** (z. B. für Oberfinanzdirektionen und Finanzämter), nicht aber für die Bürger und die Gerichte ► Erlasse des Bundesfinanzministeriums (BMF-Schreiben) gelten ebenso wie die Richtlinien bundesweit, Erlasse der Landesministerien für die jeweiligen Bundesländer

Lösung zu Lernjob 8

Ebene bzw. Stufe	Bezeichnung des Gerichts	Erklärung
Länderebene (Bundesländer)	Finanzgericht (z. B. in Rhld.-Pfalz: Finanzgericht Neustadt)	Wenn das Einspruchsverfahren gegenüber dem Finanzamt erfolglos abgeschlossen ist, kann Klage beim Finanzgericht eingereicht werden.
Bundesebene	Bundesfinanzhof in München	Wenn ein Finanzgericht (FG) in seinem Urteil die Revision zugelassen hat, können die Beteiligten gegen das Urteil Revision beim Bundesfinanzhof (BFH) einlegen. Der BFH entscheidet dann über die richtige Anwendung von Bundesrecht durch das Finanzgericht. Wenn der BFH der Rechtsauffassung des FG folgt, dann weist er die Revision als unbegründet zurück. Sofern der BFH das Urteil des FG für nicht rechtens hält, hebt er die Entscheidung des FG auf und entscheidet in der Sache selbst (Änderung oder Aufhebung der Steuerfestsetzung oder Klageabweisung). Wenn der BFH wesentliche Tatsachen des Steuerfalls für ungeklärt hält, verweist er die Sache an das Finanzgericht zurück, damit es im zweiten Rechtszug die fehlenden Feststellungen nachholt.
Europaebene	Europäischer Gerichtshof in Luxemburg	Der Europäische Gerichtshof (EuGH) ist das Rechtsprechungsorgan der Europäischen Union. Seine Aufgabe ist es, darauf zu achten, dass EU-Recht in allen EU-Mitgliedsländern auf die gleiche Weise angewendet wird. Der EuGH entscheidet beispielsweise aufgrund einer Klage, ob in einem Einzelfall gegen EU-Recht verstoßen wurde. Sollte der EuGH im Einzelfall zu diesem Ergebnis kommen, ist die Rechtsprechung dieses Gerichts höherrangig als nationale Entscheidungen.

Ergänzende Übungsaufgaben

Lösung zu Übungsaufgabe 1

- Umsatzsteuer
- Lohn- und Einkommensteuer
- Energiesteuer
- Gewerbesteuer
- Körperschaftsteuer

Lösung zu Übungsaufgabe 2

rechtliche Grundlagen	bindend für wen?
Gesetze	„alle“ (Bürger, Verwaltung, Gerichte)
Richtlinien	die Finanzverwaltung
Durchführungsverordnungen	„alle“ (Bürger, Verwaltung, Gerichte)
Urteile der Steuergerichte BFH-Urteile	nur die Prozessbeteiligten (Ausnahme: grundlegende BFH- oder EuGH-Urteile)
BMF-Schreiben	die nachgeordneten Finanzbehörden

Lösung zu Übungsaufgabe 3

a) Steuerliche Verwaltungsanordnungen vorgesetzter Behörden an die ihnen nachgeordneten Behörden werden als **Richtlinien** bezeichnet.

Eine spezielle Form dieser Verwaltungsanordnungen wird vom Bundesfinanzministerium herausgegeben (diese heißen: **BMF-Schreiben**).

b) Die Oberfinanzdirektionen sind für die Überwachung der **Finanzämter** und der **Hauptzollämter** zuständig.

c) Die oberste Finanzbehörde auf Bundesebene heißt: **Bundesfinanzministerium (BMF)**.

Lösung zu Übungsaufgabe 4

	Gemeinschaft-steuer	Bundes-steuer	Landes-steuer	Gemeinde-steuer
Einkommensteuer	X			
Versicherungsteuer		X		
Erbschaftsteuer			X	
Energiesteuer		X		
Grunderwerbsteuer			X	
Grundsteuer				X
Hundesteuer				X

I. Rechtsfähigkeit

Lösung zu Lernjob 1

Rechtsfähig und damit erbfähig sind natürliche Personen ab „Vollendung der Geburt" bis zu ihrem Tod, also lebende Menschen. Das Alter hat hierbei keine Bedeutung.

Ralf und Nina sind rechts- und erbfähig. Sie können also wie von Ralfs Oma gewünscht jeweils 10.000 € von ihr erben. Max ist ein Tier und somit nicht rechtsfähig, also auch nicht erbfähig; Ralfs Oma kann ihrem Dackel nichts vererben.

Lösung zu Lernjob 2

Rechtsfähigkeit = Fähigkeit, Träger von Rechten und Pflichten zu sein

Natürliche Personen (§ 1 BGB)

Die Rechtsfähigkeit

- beginnt mit der Vollendung der Geburt
- kann zu Lebzeiten nicht aberkannt werden
- endet mit dem Tod.

Juristische Personen (§ 21 BGB)

des **öffentlichen** Rechts

- **Beispiele:** öffentlich-rechtliche Körperschaften (Bund, Länder, Gemeinden), öffentlich-rechtliche Anstalten (ARD, ZDF)
- **Beginn der Rechtsfähigkeit:** durch staatliche Verleihung
- **Ende der Rechtsfähigkeit:** durch Beschluss der zuständigen Behörde.

des **privaten** Rechts

- **Beispiele:** e. V., e. G., AG, GmbH
- **Beginn der Rechtsfähigkeit:** Eintragung in ein öffentliches Register (z. B. Vereinsregister oder Handelsregister)
- **Ende der Rechtsfähigkeit:** Auflösung oder Löschung aus dem Register

Ralfs Oma könnte dem Tierheim Koblenz e. V. 10.000 € vererben, weil es sich um einen eingetragenen Verein handelt, der als juristische Person des Privatrechts rechtsfähig und damit erbfähig ist.

Lösung zu Übungsaufgabe 1

a) Nein, die Tiere können die Aktien nicht erben, weil sie nicht rechtsfähig sind.

b) Der Berliner Tierheim e. V. könnte die Aktien erben, weil er eine rechtsfähige Person des Privatrechts ist.

Lösung zu Übungsaufgabe 2

a) Nein, noch keine Person.

b) Ja, juristische Person des Privatrechts.

c) Ja, juristische Person des öffentlichen Rechts.

d) Nein, keine Person.

e) Ja, juristische Person des Privatrechts.

f) Nein, keine eigene Rechtspersönlichkeit, sondern Dienststelle des Landes Rheinland-Pfalz.

Lösung zu Übungsaufgabe 3

a) mit der Geburt

b) mit der Eintragung in das zuständige Register (Handelsregister, Vereinsregister etc.)

c) mit staatlicher Verleihung

Lösung zu Übungsaufgabe 4

a) mit dem Tod

b) mit der Löschung aus dem zuständigen Register

c) durch Beschluss der zuständigen Behörde

Lösung zu Übungsaufgabe 5

Rechtssubjekt	natürliche Person	juristische Person des öffentlichen Rechts	juristische Person des Privatrechts
Bayerischer Rundfunk		X	
Steuerberatung Clever GmbH			X
Dr. Hauenschild, Vorstandsvorsitzender der Hauenschild AG	X		
AOK Hamburg		X	

J. Geschäftsfähigkeit

Lösung zu Lernjob 1

Nina ist beschränkt geschäftsfähig, weil sie das siebte Lebensjahr vollendet hat, aber noch nicht volljährig ist. Ihre Willenserklärungen (z. B. Abschluss eines Kaufvertrags) sind von der Einwilligung ihrer Eltern abhängig (§ 107 BGB), sofern Nina durch das Rechtsgeschäft nicht lediglich einen rechtlichen Vorteil erlangt (was hier nicht der Fall ist). Die Gültigkeit des Kaufvertrags hängt somit von der Zustimmung oder Ablehnung ihrer Eltern ab. Stimmen die Eltern von Nina dem Tablet-Kauf nicht zu, ist der von Nina geschlossene Kaufvertrag unwirksam.

Lösung zu Lernjob 2

Alter	Grad der Geschäftsfähigkeit	Wirksamkeit der Rechtshandlungen
unter 7 Jahre	**nicht** geschäftsfähig	Rechtshandlungen sind **unwirksam**
7 Jahre bis unter **18** Jahre	**beschränkt** geschäftsfähig	Rechtshandlungen sind **schwebend unwirksam**
18 Jahre und älter	**voll** geschäftsfähig	Rechtshandlungen sind **wirksam**

Lösung zu Lernjob 3

Nina ist beschränkt geschäftsfähig, weil sie das siebte Lebensjahr vollendet hat, aber noch nicht volljährig ist. Die Gültigkeit ihrer Willenserklärungen (z. B. Abschluss eines Kaufvertrags) sind deshalb grundsätzlich von der Einwilligung ihrer Eltern abhängig (§ 107 BGB). Eine Ausnahme hierzu liegt jedoch vor, wenn „der Minderjährige die vertragsmäßige Leistung mit Mitteln bewirkt, die ihm zu diesem Zweck oder zu freier Verfügung ... überlassen worden sind“ (§ 110 BGB), was auf den Kauf der DVD zutrifft. Der Kaufvertrag ist somit gültig. Schlagwortartig wird § 110 BGB auch als „Taschengeld-Paragraf“ bezeichnet.

Ergänzende Übungsaufgaben

Lösung zu Übungsaufgabe 1

Rebekka ist beschränkt geschäftsfähig (§ 106 BGB), was bedeutet, dass die Gültigkeit von Rebekkas Willenserklärungen davon abhängig ist, ob ihre Eltern einwilligen (dann sind die Willenserklärungen gültig) oder nicht einwilligen (dann sind sie ungültig); §§ 107 und 108 Abs. 1 BGB. Im vorliegenden Fall ist die Einwilligung der Eltern jedoch entbehrlich, weil Rebekka lediglich einen rechtlichen Vorteil erlangt (Umkehrschluss aus § 107 BGB). Rebekka kann die Perlenkette behalten.

Lösung zu Übungsaufgabe 2

Luise ist beschränkt geschäftsfähig (§ 106 BGB). Die Gültigkeit ihrer Willenserklärung ist deshalb von der Einwilligung/Zustimmung ihrer Eltern abhängig (§§ 107, 108 Abs. 1 BGB). Wenn die Eltern ihre Zustimmung zu dem Kauf geben, ist dieser gültig, wenn sie ihre Zustimmung nicht geben, ist er ungültig und muss rückabgewickelt werden (Rückgabe des Mofas gegen Rückgabe des Geldes).

Lösung zu Übungsaufgabe 3

Pascal hat keinen wirksamen Vertrag geschlossen. Es ist also kein Geschäft zustande gekommen, weil Pascal nicht geschäftsfähig ist (§ 104 BGB); seine Willenserklärungen sind nichtig (§ 105 Abs. 1 BGB). Die Eltern können das Geld von dem Bäcker zurückverlangen (§ 812 Abs. 1 BGB).

Lösung zu Übungsaufgabe 4

Es ist ein gültiger Kaufvertrag zwischen der Mutter von Max und dem Lebensmittelgeschäft zustande gekommen (beide sind voll geschäftsfähig). Max hat nur als Bote für seine Mutter gehandelt.

Lösung zu Übungsaufgabe 5

Florians Eltern haben Recht. Sie können das Geld zurückverlangen, weil die Gültigkeit des Kaufvertrags von ihrer Genehmigung abhängig ist (§§ 106 und 108 BGB), die sie verweigern. Der Vertrag ist unwirksam (§ 108 Abs. 1 BGB).

INFO

Das Amtsgericht Freiburg führt hierzu sinngemäß aus: Auch wenn Eltern ihren Kindern Taschengeld zur freien Verfügung geben, sind sie dadurch nicht gehindert, einzelne Geschäfte ihres Kindes zu verbieten. Entscheidend ist, ob der Minderjährige beim konkreten Geschäft davon ausgehen kann, dass seine Eltern einverstanden sind. Sind die Eltern nicht einverstanden, kommt § 110 BGB nicht zur Anwendung.

K. Besitz und Eigentum

Lösung zu Lernjob 1

Besitz (§ 854 BGB)	Eigentum (§ 903 BGB)
Der Besitzer hat die **tatsächliche** Herrschaft über eine Sache. Besitz gibt die Antwort auf die Frage, **„Wer hat die Sache?“**. Während der Klassenarbeit und bis zur Rückgabe an Pascal war Michelle Besitzerin des Taschenrechners.	Der Eigentümer einer Sache kann mit der Sache nach seinem Belieben verfahren, d. h. er hat die rechtliche Herrschaft über die Sache. Eigentum gibt Antwort auf die Frage **„Wem gehört die Sache?“**. Pascal ist Eigentümer des Taschenrechners, auch wenn Michelle diesen während der Klassenarbeit in ihrem Besitz hat.

Lösung zu Lernjob 2

a) Während der Klassenarbeit ist Michelle Besitzerin, nach der Klassenarbeit Peter und danach Max.

b) Die Eigentumsübertragung an einer beweglichen Sache erfolgt grundsätzlich durch „Einigung und Übergabe“, d. h. der Eigentümer und der Erwerber sind sich einig, dass das Eigentum an der Sache auf den Erwerber übergehen soll, und der Eigentümer übergibt dem Erwerber die Sache.

c) Max wird nicht Eigentümer des Smartphones, weil es der Eigentümerin (Michelle) gestohlen wurde. Eigentumserwerb ist nicht möglich, wenn die Sache gestohlen, verloren gegangen oder sonst abhandengekommen war.

Lösung zu Lernjob 3

Die Eigentumsübertragung an Grundstücken erfolgt zunächst durch **Einigung** über die Eigentumsübertragung (§ 873 Abs. 1 BGB). Diese muss **notariell beurkundet** erfolgen (§§ 128 und 311b BGB), d. h. der Notar erstellt den Kaufvertrag und die Vertragsparteien unterschreiben diesen unter Anwesenheit des Notars. Der Fachbegriff hierfür heißt **„Auflassung“**.

Die Übertragung des Eigentums erfolgt dann durch **Eintragung** des neuen Eigentümers bzw. der neuen Eigentümerin im **Grundbuch** (= **„Eintragung“**) nach § 873 Abs. 1 BGB.

Ergänzende Übungsaufgaben

Lösung zu Übungsaufgabe 1

a) falsch, Eigentum ist die rechtliche Herrschaft über eine Sache
b) falsch, Besitz ist die tatsächliche Herrschaft über eine Sache
c) falsch, Eigentum an einer beweglichen Sache wird durch Einigung und Übergabe übertragen
d) richtig
e) falsch, Eigentum an einem Grundstück wird durch Auflassung und Eintragung im Grundbuch übertragen
f) falsch, verloren gegangene Sachen können nicht gutgläubig erworben werden
g) falsch, gestohlene Sachen können nicht gutgläubig erworben werden
h) richtig
i) richtig

Lösung zu Übungsaufgabe 2

Das Buch wurde nicht gestohlen und ist nicht sonst irgendwie abhandengekommen. Jafer Hamsoro hatte Martina Schraub das Buch übergeben (geliehen).

Gero Müller konnte davon ausgehen, dass Martina Schraub Eigentümerin des Buchs war. Durch die Einigung und Übergabe hat somit eine Eigentumsübertragung auf Gero Müller stattgefunden (§ 932 Abs. 1 BGB). Jafer Hamsoro kann die Herausgabe des Buchs von Gero Müller nicht verlangen.

Lösung zu Übungsaufgabe 3

Ja, die Eigentumsübertragung auf Sinem Özpelit ist durch Einigung und Abtretung des Herausgabeanspruchs nach § 931 BGB erfolgt. Sinem Özpelit wird dadurch Eigentümerin und kann die Herausgabe des Smartphones von Ronja Hammes verlangen (§ 985 BGB).

L. Willenserklärungen und Rechtsgeschäfte

Lösung zu Lernjob 1

a)
- allgemeine Bezeichnung der Äußerung:

  Willenserklärung
- spezielle Bezeichnung der Äußerung:

  Antrag
- rechtliche Bedeutung der Äußerung:

  Wer einem anderen die Schließung eines Vertrags anträgt, ist grundsätzlich an den Antrag gebunden (§ 145 BGB). Wenn der Empfänger dem Antrag zustimmt bzw. diesen annimmt, kommt ein Vertrag (hier Kaufvertrag) zustande.

b) Zwischen Thomas und Michael ist noch kein Vertrag zustande gekommen, weil nur ein Antrag von Thomas vorliegt, aber noch keine Annahme durch Michael erfolgt ist.

Lösung zu Lernjob 2

Arten von Rechtsgeschäften	**einseitige Rechtsgeschäfte**	**zwei-/mehrseitige Rechtsgeschäfte**
Definition bzw. allgemeine Beschreibung	kommen durch die Willenserklärung (WE) **einer** Person zustande	kommen durch die Willenserklärungen (WE) von **mindestens zwei** Personen zustande (deckungsgleiche WE)
Beispiele	► Testament ► Auslobung ► Eigentumsaufgabe ► Kündigung ► Rücktritt von einem Vertrag ► Vollmacht	► Kaufvertrag ► Dienstvertrag (Arbeitsvertrag) ► Mietvertrag ► Schenkungsvertrag ► Bürgschaftsvertrag

Lösung zu Lernjob 3

nicht empfangsbedürftig (die **Abgabe** der WE reicht für deren Gültigkeit aus)	**empfangsbedürftig** (sie werden erst gültig, wenn sie dem Empfänger **zugehen**)
► Testament ► Auslobung ► Eigentumsaufgabe	► Rücktritt von einem Vertrag ► Vollmacht ► Kündigung

Lösung zu Lernjob 4

Wichtige Formarten des Bürgerlichen Gesetzbuchs				
Keine Form vorgeschrieben	**Schriftform**	**Elektronische Form**	**Öffentliche Beglaubigung**	**Notarielle Beurkundung**
———	§ 126 BGB, § 623 BGB, § 766 BGB	§ 126 Abs. 3 BGB, § 126a BGB	§ 129 BGB, § 12 Abs. 2 HGB, § 1410 BGB, § 2276 BGB	§ 128 BGB, § 873 Abs. 2 BGB, § 2 Abs. 1 GmbHG
z. B. ► mündlicher Abschluss eines Kaufvertrags ► Abgabe einer Willenserklärung durch schlüssiges Handeln beim Kauf an einem Automaten	z. B. ► Kündigung eines Arbeitsvertrags ► Bürgschaftserklärung einer Privatperson (Kaufleute können diese mündlich erteilen) **Hinweis:** Die schriftliche Form kann durch die elektronische Form ersetzt werden, wenn sich nicht aus dem Gesetz ein anderes ergibt (§ 126 Abs. 3 BGB).	z. B. ► Abschluss eines Kaufvertrags oder eines Dienstvertrags (elektronische Form zulässig, wenn nicht Gegenteiliges gesetzlich geregelt ist) ► elektronische Form als Ersatz für Schriftform nur mit elektronischer Signatur zulässig	z. B. ► Anträge auf Registereintragungen, wie Eintragungen im Handels- oder Vereinsregister oder Eintragungen im Grundbuch ► Ehevertrag ► Erbvertrag	z. B. ► Kaufverträge über Grundstücke ► Gründungsvertrag einer GmbH

Michael muss das Angebot an Thomas nicht schriftlich erteilen, weil hierfür keine gesetzliche Form vorgeschrieben ist (Formfreiheit); elektronische Form (SMS oder E-Mail) ist zulässig.

INFO

In vielen Regelungen des Privatrechts, die bisher die Schriftform erforderlich machten, kann ab 2025 die Schriftform durch Textform nach § 126b BGB ersetzt werden.

Textform bedeutet, dass eine lesbare Erklärung, in der die Person des Erklärenden genannt ist, auf einem dauerhaften Datenträger dem Empfänger abgegeben wird. Ein dauerhafter Datenträger ist jedes Medium, das es dem Empfänger ermöglicht, eine auf dem Datenträger befindliche, an ihn persönlich gerichtete Erklärung so aufzubewahren oder zu speichern, dass sie ihm während eines für ihren Zweck angemessenen Zeitraums zugänglich ist, und geeignet ist, die Erklärung unverändert wiederzugeben.

Zu beachten ist aber, dass nicht in allen Regelungen des Privatrechts die Schriftform durch Textform ersetzt werden kann (beispielsweise muss die Kündigung eines Arbeitsverhältnisses weiterhin schriftlich erfolgen).

Lösung zu Lernjob 5

a) Wenn Thomas diese Aussage ernst gemeint hat – und davon ist zunächst auszugehen – ist sie **wirksam**, also **gültig und verbindlich** (Umkehrschluss aus § 116 Satz 1 BGB). Einen Zweifel am Ernst der Aussage könnte höchstens das Wort „würde" hervorrufen.

b) Es handelt sich bei dem schriftlichen Reparaturauftrag i. H. v. 300 € netto um ein **„Scheingeschäft"**. Es ist von Anfang an **nichtig** (§ 117 BGB), weil der tatsächliche Preis viel höher liegt und der Vertrag mit dem niedrigeren Preis zum Zweck der Steuerersparnis „zum Schein" abgeschlossen wird. [Beachte: Das Scheingeschäft ist nichtig. Der tatsächlich gewollte Reparaturvertrag über 1.000 € netto ist jedoch wirksam.]

c) Jafer Hamsoro hat seinen „Kaufantrag" nur scherzhalber abgegeben (nicht ernst gemeint). Es handelt sich um ein **„Scherzgeschäft"** (Mangel an Ernstlichkeit). Die Willenserklärung von Jafer ist nichtig (§ 118 BGB).

d) Siobahn Fiktiv verstößt mit der Bestellung der illegalen Ware gegen ein **gesetzliches Verbot**. Das Geschäft bzw. die Willenserklärung von Siobahn ist **nichtig** (§ 134 BGB). Der Verkäufer kann nicht auf Abnahme der Ware und Bezahlung des vereinbarten Kaufpreises bestehen.

e) Der Kaufvertrag ist ungültig, weil er gegen die **gesetzliche Form verstößt** (§ 125 BGB). Kaufverträge über Grundstücke müssen notariell beurkundet sein (§§ 873 und 128 BGB).

f) Der Darlehensvertrag ist nichtig, weil er **gegen die guten Sitten verstößt** (Wucher nach § 138 BGB).

g) Die Willenserklärung von Eric Hammes ist anfechtbar, weil ein **Erklärungsirrtum** (§ 119 Abs. 1 BGB) vorliegt. Eric wollte diese Erklärung nicht abgeben. Durch die Anfechtung wird der Kaufvertrag rückwirkend unwirksam (§ 142 Abs. 1 BGB).

h) Die Willenserklärung (Bestellung) von Ronja Peukert ist anfechtbar, weil ein **Inhaltsirrtum** (§ 119 Abs. 1 BGB) vorliegt; die Erklärende weiß zwar, was sie sagt, nicht aber, was das Gesagte bedeutet (sie hat sich hinsichtlich des tatsächlichen Inhalts ihrer Aussage geirrt).

i) Die Willenserklärung (Buchung des Zimmers) von Marina Zimmermann ist anfechtbar, weil ein **Eigenschaftsirrtum** (§ 119 Abs. 2 BGB) vorliegt. Die zu erwartenden Eigenschaften des Zimmers liegen nicht vor.

j) Die Buchung des Zimmers für Herrn Snajder ist anfechtbar, weil ein **Übermittlungsirrtum** (§ 120 BGB) vorliegt. Frau Sonnenschein (Übermittlungsbotin) gibt die Erklärung von Herrn Snajder unrichtig weiter.

k) Die Willenserklärung von Nicola Katusa ist anfechtbar, d. h. der Arbeitsvertrag mit Anja Gilles kann rückwirkend aufgehoben werden (§ 142 Abs. 1 BGB), weil eine **arglistige Täuschung** (§ 123 BGB) vorliegt (Vorspiegelung falscher Tatsachen).

Lösung zu Lernjob 6

Willenserklärungen bzw. Rechtsgeschäfte	
von Anfang an nichtig	**anfechtbar**
► Scheingeschäft (§ 117 BGB) ► Scherzgeschäft (§ 118 BGB) ► Verstoß gegen ein gesetzliches Verbot (§ 134 BGB) ► Verstoß gegen gesetzliche Formvorschrift (§ 125 BGB) ► Verstoß gegen die guten Sitten (§ 138 BGB)	► Erklärungsirrtum (§ 119 Abs. 1 BGB) ► Inhaltsirrtum (§ 119 Abs. 1 BGB) ► Eigenschaftsirrtum (§ 119 Abs. 2 BGB) ► Übermittlungsirrtum (§ 120 BGB) ► arglistige Täuschung oder widerrechtliche Drohung (§ 123 BGB)

Ergänzende Übungsaufgaben

Lösung zu Übungsaufgabe 1

Rechtsgeschäft	keine Form vorgeschrieben	schriftlich	elektronische Übermittlung	öffentliche Beglaubigung	notarielle Beurkundung
Abschluss Mietvertrag	X		X		
Kündigung Mietvertrag		X	(X)		
Abschluss Arbeitsvertrag	X		X		
Kündigung Arbeitsvertrag		X	(X)		
Abschluss Kaufvertrag	X		X		
Grundstückskauf					X

Lösung zu Übungsaufgabe 2

Rechtsgeschäft	nichtig	anfechtbar
Scherzgeschäft (nicht ernst gemeinte Willenserklärung/en)	X	
Erklärungsirrtum (Versprechen, Verschreiben etc.)		X
Inhaltsirrtum (jemand kennt nicht die Bedeutung seiner Äußerung)		X
Scheingeschäft (nur zum Schein abgeschlossen; nicht wahrheitsgemäß)	X	
Verstoß gegen gesetzliche Form (z. B. mündliche Kündigung eines Arbeitsvertrags)	X	
Abschluss eines Vertrags, der gegen ein gesetzliches Verbot verstößt	X	
arglistige Täuschung (Vorspiegelung falscher Tatsachen vor oder bei Vertragsschluss)		X
sittenwidriges Geschäft (z. B. Wucher)	X	

Lösung zu Übungsaufgabe 3

- einseitiges Rechtsgeschäft: nur eine Willenserklärung notwendig; z. B. Kündigung, Testament, Vollmacht
- zweiseitiges Rechtsgeschäft: zwei deckungsgleiche Willenserklärungen notwendig; z. B. Kaufvertrag, Dienstvertrag, Mietvertrag

Lösung zu Übungsaufgabe 4

a) Weil gegen die gesetzlich vorgeschriebene Form („Auflassung und Eintragung“) verstoßen wurde, ist das Rechtsgeschäft (der Kaufvertrag) nichtig und damit von Anfang an ungültig (§ 125 BGB).

b) Es liegt ein Erklärungsirrtum vor (§ 119 Abs. 1 BGB). Wusel kann den Kaufvertrag anfechten, d. h. durch Anfechtungserklärung rückwirkend ungültig machen. Er ist jedoch verpflichtet, den entstandenen Schaden (Porto, Verpackung, Bearbeitungskosten) zu bezahlen (§ 122 BGB).

c) Die Willenserklärungen von Axel sind nichtig, weil er noch nicht geschäftsfähig ist (§§ 104 und 105 BGB). Es ist kein gültiger Kaufvertrag zustande gekommen.

d) Der Arbeitsvertrag mit Herrn Unwahr ist anfechtbar nach § 123 Abs. 1 BGB wegen arglistiger Täuschung. Bis zur Anfechtungserklärung ist der Vertrag in vollem Umfang gültig. Wird der Vertrag angefochten, dann wird dieser ungültig.

M. Überblick über wichtige Verträge

Lösung zu Lernjob 1

Zu klären ist, ob zwischen Yvonne und Petra ein gültiger Vertrag zustande gekommen ist. Voraussetzung hierfür ist, dass zwei übereinstimmende Willenserklärungen (Antrag und Annahme) vorliegen. Die Bitte von Yvonne, ihr das Auto zu leihen, ist ein Antrag, die Zusage von Petra ist eine Annahme. Da beide Erklärungen deckungsgleich sind, ist ein verbindlicher Vertrag (hier Leihvertrag nach §§ 598 - 606 BGB) zwischen Yvonne und Petra zustande gekommen, den Petra zu erfüllen hat (Verträge sind einzuhalten).

Lösung zu Lernjob 2

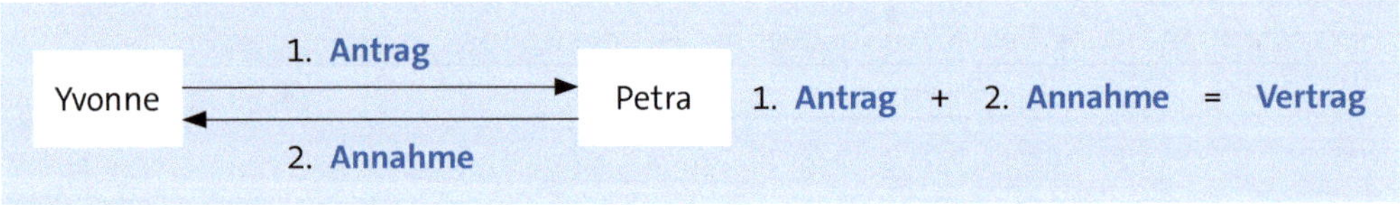

Lösung zu Lernjob 3

a) Jeder schuldrechtliche Vertrag begründet für die Vertragsparteien Rechte und Pflichten. Ein Leihvertrag (§§ 598 - 606 BGB) ist ein schuldrechtlicher Vertrag, der für den Verleiher (hier: Petra) die Pflicht beinhaltet, die Leihsache dem Entleiher (hier: Yvonne) in dem zugesagten Umfang unentgeltlich zur Verfügung zu stellen. Einen Zwang zur Pflichterfüllung gibt es jedoch nicht.

b) Wenn ein Vertragspartner seiner Verpflichtung nicht nachkommt (beispielsweise den Vertrag nicht erfüllt) ist er grundsätzlich zum Schadensersatz verpflichtet (§ 281 Abs. 1 BGB), sofern er den Schaden zu vertreten hat (= daran schuld ist). Der Schaden ist vom Geschädigten nachzuweisen.

Lösung zu Lernjob 4

Wichtige Verträge des täglichen Lebens

Vertragsart (Begriff)	Rechtsgrundlage	grundlegende Verpflichtungen der Vertragspartner (= Vertragsinhalt)
Kaufvertrag	§§ 433 - 479 BGB	**Verkäufer:** dem Käufer die Sache frei von Mängeln übergeben und ihm das Eigentum an der Sache verschaffen. **Käufer:** dem Verkäufer den vereinbarten Kaufpreis bezahlen und die gekaufte Sache abnehmen.

Vertragsart (Begriff)	Rechtsgrundlage	grundlegende Verpflichtungen der Vertragspartner (= Vertragsinhalt)
Werkvertrag	§§ 631 - 650 BGB	**Werkunternehmer:** Herstellung, Veränderung oder Bearbeitung (Reparatur) einer Sache oder Herbeiführung eines definierten anderen Erfolgs durch Arbeitsleistung. **Besteller (Auftraggeber):** Bezahlung der vereinbarten Vergütung.
Leihvertrag	§§ 598 - 606 BGB	**Verleiher:** dem Entleiher gestatten, die verliehene Sache unentgeltlich zu gebrauchen (zu nutzen). **Entleiher:** Nutzung der geliehenen Sache nur zu dem vereinbarten Gebrauch, Rückgabe der geliehenen Sache nach Ablauf der vereinbarten Zeit und Ersatz gewöhnlicher Aufwendungen.
Dienstvertrag	§§ 611 - 630 BGB	**Dienstverpflichteter (z. B. Arbeitnehmer):** Leistung der versprochenen Dienste (z. B. Erbringung der nach Art und Umfang im Dienstvertrag vereinbarten Arbeitsleistungen). **Dienstherr (z. B. Arbeitgeber):** Gewährung (= Bezahlung) der vereinbarten Vergütung.
Darlehensvertrag Sachdarlehensvertrag	§§ 488 - 505e BGB §§ 607 - 609 BGB	**Darlehensgeber:** dem Darlehensnehmer den vereinbarten Geldbetrag zur Verfügung stellen; beim Sachdarlehensvertrag: dem Darlehensnehmer die vereinbarte vertretbare Sache überlassen. **Darlehensnehmer:** dem Darlehensgeber den vereinbarten Zins zahlen und bei Fälligkeit den geliehenen Geldbetrag dem Darlehensgeber zurückzahlen; beim Sachdarlehensvertrag: Zahlung des vereinbarten Darlehensentgelts und bei Fälligkeit Rückerstattung von Sachen gleicher Art, Güte und Menge.
Mietvertrag (auch Leasingvertrag)	§§ 535 - 580a BGB	**Vermieter:** dem Mieter den Gebrauch der Mietsache in einem zum vertragsmäßigen Gebrauch geeigneten Zustand während der Mietzeit gewähren. **Mieter:** dem Vermieter die vereinbarte Miete zahlen und nach Beendigung des Mietverhältnisses die Mietsache dem Vermieter zurückgeben.
Pachtvertrag	§§ 581 - 597 BGB	**Verpächter:** dem Pächter den Gebrauch des verpachteten Gegenstands und den Ertrag daraus gewähren. **Pächter:** dem Verpächter die vereinbarte Pacht zahlen und nach Beendigung des Pachtverhältnisses den verpachteten Gegenstand dem Verpächter zurückgeben.

Lösung zu Lernjob 5

a) Unterschied zwischen **Kaufvertrag** und **Werkvertrag**:

Bei einem **Kaufvertrag** sind die Güter (Sachen oder Rechte), die verkauft werden, **bereits hergestellt** (nicht individuell für den Käufer gefertigt). **Beispiel:** Ein (fertiger) Computer aus dem Warensortiment eines Computergeschäfts.

Bei einem **Werkvertrag** muss das versprochene Werk erst noch hergestellt oder repariert werden (Gegenstand des Werkvertrags kann die Herstellung oder Reparatur einer Sache sein). **Beispiel:** Ein nach den Wünschen des Kunden individuell zusammengestellter und in der Werkstatt hergestellter Computer. [Gegenstand eines Werkvertrags kann aber auch ein anderer durch Arbeit herbeizuführender Erfolg sein; siehe b)].

b) Unterschied zwischen **Dienstvertrag** und **Werkvertrag**:

Vertragsgegenstand eines **Dienstvertrags** ist die Überlassung irgendwelcher Dienste (Arbeitsleistungen) gegen Entgelt. Der Dienstverpflichtete kann selbständig sein (z. B. selbständiger Steuerberater) oder weisungsgebunden (z. B. angestellter Steuerberater). Der Dienstverpflichtete schuldet **nur die vereinbarte Tätigkeit**, keinen vertraglich vereinbarten Erfolg. **Beispiel:** Beratung eines Steuerberaters in Steuerfragen.

Bei einem **Werkvertrag** ist – im Vergleich zum Dienstvertrag – der Vertragsgegenstand ein durch Arbeit bzw. Dienstleistung herbeizuführender **Erfolg**. Das „Werk" steht im Vordergrund. **Beispiel:** Erstellung einer Steuererklärung durch einen Steuerberater für seinen Mandanten (das „Werk" bzw. der „Erfolg" ist die fertige Steuererklärung, nicht das Ergebnis der Steuerveranlagung).

Ergänzende Übungsaufgaben

Lösung zu Übungsaufgabe 1

Fall 1:

Bei der unentgeltlichen Überlassung des Autos (Gebrauch einer Sache) handelt es sich um einen **Leihvertrag (§ 598 BGB)**. Die Entleihende Nele Endreß wird Besitzerin und hat ein Nutzungsrecht, die Verleiherin Anne Gierden bleibt Eigentümerin der Sache. Nach Ablauf der vereinbarten Leihfrist muss die Entleiherin die Sache (hier: das Auto) an die Verleiherin zurückgeben.

Fall 2:

Es handelt sich um einen Vertrag über die entgeltliche Veräußerung einer Sache, somit um einen **Kaufvertrag (§ 433 BGB)**. Die Verkäuferin Amelie Theis ist zur Übergabe und Übereignung des Kaufgegenstandes, die Käuferin Vivien Schorn zur Bezahlung des Kaufpreises verpflichtet.

Fall 3:

Die entgeltliche Gebrauchsüberlassung einer Sache (hier: Vereinsheim) ist ein **Mietvertrag (§ 535 BGB)**. Die Mieterin wird für die Mietzeit Besitzerin, der Vermieter (hier: der Verein) bleibt Eigentümer des Vereinsheims. Die Mieterin Carina Maier muss dem Verein die vereinbarte Miete zahlen und nach Beendigung des Mietverhältnisses die Mietsache dem Vermieter zurückgeben.

Fall 4:

Die entgeltliche Überlassung der Gastwirtschaft mit dem Recht des „Fruchtgenusses" (der Erträge aus dem Betrieb der Gastwirtschaft) ist ein **Pachtvertrag (§ 581 BGB)**. Der Pächter Christian Himmighofen muss dem Verpächter Florian Kurz die vereinbarte Pacht zahlen und nach Beendigung des Pachtverhältnisses den verpachteten Gegenstand zurückgeben.

Fall 5:

Der Reparaturvertrag ist ein **Werkvertrag (§ 631 BGB)**. Der Werkunternehmer „Alhamso Cars e. K." verpflichtet sich zur Reparatur des Autos von Herrn Himmighofen und damit zur Herbeiführung eines Erfolgs durch Arbeitsleistung. Herr Himmighofen verpflichtet sich zur Bezahlung der vereinbarten Vergütung.

Fall 6:

Der Vertrag mit dem Friseur ist ein **Werkvertrag (§ 631 BGB)**, weil der Friseur ein konkretes Arbeitsergebnis schuldet. Frau Glöckner verpflichtet sich zur Bezahlung der vereinbarten Vergütung.

Fall 7:

Bei dem geschilderten Fall handelt es sich um einen **Sachdarlehensvertrag (§ 607 BGB)**. Die Nachbarin (Darlehensgeberin) verspricht Angelina Wagner (Darlehensnehmerin) die vereinbarte vertretbare Sache zu überlassen. Angelina wiederum verspricht die Rückerstattung von Sachen gleicher Art, Güte und Menge (hier: gleiche Packung Mehl).

Fall 8:

Der Vertrag zwischen Kathrin Weberskirch und Jennifer Staron ist ein **Dienstvertrag (§ 611 BGB)**. Die Dienstverpflichtete Jennifer Staron schuldet nur die vereinbarte Tätigkeit (Mitbringen des Whiskys), keinen vertraglich vereinbarten Erfolg. Frau Weberskirch schuldet die Bezahlung der vereinbarten Vergütung.

Lösung zu Übungsaufgabe 2

Rechtsgeschäft	Kaufvertrag	Werkvertrag	Leihvertrag	Dienstvertrag	Darlehensvertrag	Mietvertrag	Pachtvertrag
1. Anna Schaub beauftragt den Uhrmacher Hünerfeld mit der Reparatur ihrer Armbanduhr.		X					
2. Laura Wolf genehmigt der Nachbarin Carina Baier, dass ihre Kinder in ihrem Garten spielen dürfen. Im Gegenzug pflegt Frau Baier den Garten von Frau Wolf.				X			
3. Leon Kaltner verpflichtet sich, Pia Menzer für 8 € pro Stunde Nachhilfe in Buchführung zu geben.				X			
4. Jule Michels wirft 50 Cent in einen Haartrocknungsautomaten im Schwimmbad ein.		X					
5. Philip Zell erhält das Recht, gegen Bezahlung von 90 € drei Tannen im Wald des Försters Schaab-Lorch zu fällen.	X						
6. Philip Zell erhält das Recht, gegen Bezahlung von 300 € beliebig viel Schadholz aus dem Wald des Försters Schaab-Lorch mitzunehmen.							X
7. Marit Materna parkt im Parkhaus unter dem Bahnhofsvorplatz für 4 Stunden und bezahlt dafür 6 €.						X	
8. Der Steuerberater Yannik Michel erstellt für seinen Mandanten Simon Rauch die Monatsbuchhaltung für 300 €.		X					
9. Tanja Menzer erhält von ihrer Mitschülerin Pia Grams eine ungeöffnete Flasche Wasser; Tanja sichert Pia zu, nächste Woche eine gleichartige Flasche zurückzugeben.					X		

Rechtsgeschäft	Kaufvertrag	Werkvertrag	Leihvertrag	Dienstvertrag	Darlehensvertrag	Mietvertrag	Pachtvertrag
10. Jonas Lensch nimmt mit Zustimmung von Marcel Giergiel das Steuerlehre-Buch von Marcel Giergiel mit nach Hause; er sichert Marcel Giergiel zu, ihm das Buch in einer Woche zurück zu geben.			X				

N. Kaufverträge

Lösung zu Lernjob 1

a) Ein Kaufvertrag kommt durch **zwei übereinstimmende Willenserklärungen (Antrag und Annahme)** zustande. Wenn Marina ein bestimmtes Fahrzeug für einen bestimmten Preis kaufen möchte und sie dies dem Händler sagt, ist dies ein **Antrag**. Wenn der Händler einwilligt, ist dies die **Annahme**.

b)

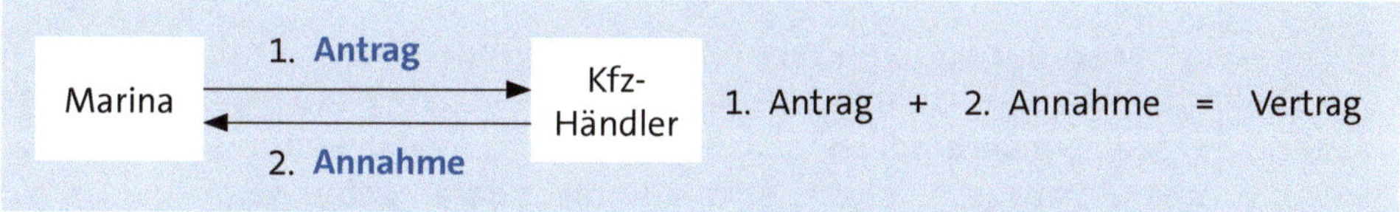

Alternativ: Der Kfz-Händler macht Marina ein konkretes Angebot. Dies ist dann der Antrag. Wenn Marina einwilligt, ist dies die Annahme.

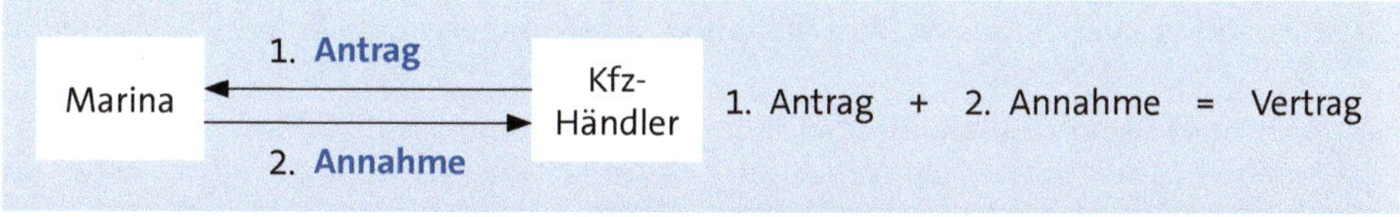

c) Der **Verkäufer** verpflichtet sich, die Sache (hier: das Auto) ohne Mängel zu liefern und das Eigentum daran an Marina zu übertragen (§ 433 Abs. 1 BGB).

Der **Käufer** verpflichtet sich, dem Verkäufer den vereinbarten Kaufpreis zu zahlen und die gekaufte Sache abzunehmen (§ 433 Abs. 2 BGB).

d) Durch das **Verpflichtungs**geschäft (hier: Vertrag nach § 433 BGB) verpflichten sich die Vertragspartner, vertragliche Pflichten einzugehen und diese zu erfüllen. Eine Eigentumsübertragung hat dann noch nicht stattgefunden.

Das **Erfüllungs**geschäft schließt an das Verpflichtungsgeschäft an. Es ist ein weiterer Vertrag. Der Verkäufer übergibt die Sache an den Käufer, und beide sind sich einig, dass das Eigentum an den Käufer übergehen soll. Marina erfüllt ihre vertragliche Verpflichtung dadurch, dass sie dem Händler den Kaufpreis bezahlt.

Lösung zu Lernjob 2

a) Ein Angebot ist eine einseitige, empfangsbedürftige und verbindliche Willenserklärung. Diese muss an eine **bestimmte Person oder Personengruppe** gerichtet (nicht: an die Allgemeinheit) und inhaltlich genau bestimmt sein. Internetanzeigen, Zeitungsanzeigen, Kataloge, Schaufensterauslagen usw. sind **keine** Angebote in diesem Sinne, weil sie die Allgemeinheit ansprechen. Sie werden als „Anpreisungen“ bezeichnet. Wenn sich ein Käufer gegenüber dem Verkäufer hierauf beruft, macht er dem Verkäufer einen Kaufantrag.

b) Angebote **unter Anwesenden** müssen **sofort** angenommen werden, damit der Vertrag zustande kommt (§ 147 Abs. 1 BGB). Marina kann sich zu einem späteren Zeitpunkt also nicht mehr auf das Angebot des Händlers berufen.

c) Marina kann sich **innerhalb einer angemessenen üblichen Frist** (z. B. 1 Woche) auf das schriftliche Angebot des Händlers berufen (§ 147 Abs. 2 BGB). Wenn sie dem Händler innerhalb dieser Frist zusagt, kommt der Kaufvertrag zustande.

d) Ein Angebot (= Antrag) kann **nur unverändert** angenommen werden, damit der Vertrag zustande kommt. Da Marina das Angebot des Händlers verändert hat, handelt es sich bei Marinas Nachricht nicht um eine Annahme, sondern um einen neuen Antrag zum Abschluss des Kaufvertrags zu den von ihr formulierten Bedingungen.

e) Der Anbieter ist nur dann an sein Angebot gebunden, wenn er die Bindung nicht von vornherein eingeschränkt oder ausgeschlossen hat (§ 145 BGB). **„Freibleibend“** bedeutet aber **„unverbindlich“**, d. h. der Händler hat eine Bindung an sein Angebot von vornherein ausgeschlossen; er ist also **nicht daran gebunden**.

Lösung zu Lernjob 3

Leistungsort des Verkäufers (Warenschulden) § 269 BGB	**Leistungsort des Käufers (Geldschulden) § 270 BGB**
Warenschulden sind **„Holschulden“**, d. h. der Käufer muss die Sache beim Verkäufer **abholen**. Erfüllungsort der Warenschuld ist also grundsätzlich der Wohn- oder Geschäftssitz des Verkäufers (hier: die Niederlassung des Händlers), wenn nichts anderes vereinbart wurde.	Geldschulden sind **„Schickschulden“**, d. h. der Käufer muss das Geld auf seine Kosten zum Verkäufer **schicken**. Erfüllungsort der Geldschuld ist zwar grundsätzlich der Wohn- oder Geschäftssitz des Käufers, er ist jedoch verpflichtet das Geld zum Verkäufer zu schicken, wenn nichts anderes vereinbart wurde.

Lösung zu Lernjob 4

Ausnahmen von der Grundregel, dass die Ware beim Verkäufer abgeholt werden muss:

- Wenn es **aus den Umständen des Schuldverhältnisses zu entnehmen** (also üblich) ist, dass die Ware vom Verkäufer oder in dessen Auftrag durch einen Dritten zum Käufer gebracht wird (z. B. Heizöl, Gas, Wasser, Strom), dann liegt der Erfüllungsort beim Käufer (sog. „Bringschuld").
- Beim **Versendungskauf** ist für den Verkäufer der Erfüllungsort dort, wo die **Übergabe der Ware an den Beauftragten** (z. B. Spedition) erfolgt. [Bei einem Verbrauchsgüterkauf gem. § 474 Abs. 1 ist § 475 Abs. 2 BGB zu beachten!]
- Durch eine **ausdrückliche vertragliche Vereinbarung** kann ein anderer als der gesetzlich vorgesehene Erfüllungsort vereinbart werden.

Lösung zu Lernjob 5

a) Ein **offener** Mangel ist bei der Prüfung der Kaufsache sofort erkennbar; beispielsweise ein Kratzer im Lack des Neuwagens.

b) Ein **versteckter** (verborgener) Mangel ist bei der Prüfung der Kaufsache nicht sofort erkennbar, sondern erst später; beispielsweise eine undichte Türdichtung, durch die bei Regen Wasser in den Innenraum des Autos tropft.

c) **Arglistig verschwiegene** Mängel sind versteckte Mängel, die der Verkäufer absichtlich geheim hält; beispielsweise ein bekanntes, aber vom Verkäufer verschwiegenes Problem der Elektronik des Fahrzeugs bei Nässe.

d) Ein **Sachmangel** nach § 434 Abs. 1 BGB liegt vor, wenn die Sache bei Gefahrübergang vom Verkäufer auf den Käufer **nicht**
   - den subjektiven Anforderungen,
   - den objektiven Anforderungen und
   - den Montageanforderungen

   entspricht.

e) Ein **Rechtsmangel** liegt nach § 435 BGB vor, wenn Dritte in Bezug auf die Sache gegen den Käufer Rechte geltend machen können, beispielsweise weil sie Eigentümer der verkauften Sache sind (der Verkäufer war gar kein Eigentümer der verkauften Sache).

Lösung zu Lernjob 6

Sachmangel
(§ 434 BGB)

§ 434 **Abs. 2**:	§ 434 **Abs. 3**:	§ 434 **Abs. 4**:	§ 434 **Abs. 5**:
Die Sache entspricht **nicht** den **subjektiven Anforderungen**	Die Sache entspricht **nicht** den **objektiven Anforderungen**	**Unsachgemäße Montage** oder **mangelhafte Montageanleitung**	**Falschlieferung**
► sie hat **nicht** die im Vertrag **vereinbarte** Beschaffenheit ► sie eignet sich **nicht** für die im Vertrag **vereinbarte** Verwendung oder ► sie wird **nicht** mit dem im Vertrag **vereinbarten** Zubehör mit Anleitungen übergeben	► sie eignet sich **nicht** für die **gewöhnliche** Verwendung oder ► sie hat **nicht** die **übliche und zu erwartende** Beschaffenheit oder ► sie wird **nicht** mit dem **Zubehör** etc. übergeben, das der Käufer erwarten kann	► unsachgemäße Montage oder ► mangelhafte Anleitung, die vom Verkäufer übergeben wurde	eine andere als die vertraglich geschuldete Sache wurde geliefert

Lösung zu Lernjob 7

a) Nach § 477 Abs. 1 Satz 1 BGB gilt die gesetzliche Vermutung, dass ein Mangel, der sich innerhalb eines Jahres zeigt, bereits bei Gefahrübergang vorhanden war, es sei denn, diese Vermutung ist mit der Art der Ware oder dem mangelhaften Zustand nicht vereinbar. Der **Verkäufer muss** somit **beweisen**, dass die Kaufsache bei Übergabe mangelfrei war (Beweislastumkehr). Marina hat also **keine** Beweispflicht.

b) Die Beweislastumkehr nach § 477 BGB **gilt nur für Verbrauchsgüterkäufe**, also Verträge, durch die ein Verbraucher (§ 13 BGB = privat handelnde Person) von einem Unternehmer eine Ware kauft.

c) Marina hat durch den Mangel zunächst das **Recht auf Nacherfüllung** (§ 437 Nr. 1 BGB). Nach § 439 Abs. 1 BGB steht ihr dabei grundsätzlich eine freie Wahl zwischen **Ersatzlieferung oder Nachbesserung** (Reparatur) zu. Verursacht eine der beiden Alternativen unverhältnismäßig hohe Kosten, scheidet diese Alternative grundsätzlich aus (§ 439 Abs. 4 Satz 1 BGB). Im vorliegenden Fall dürfte der Verkäufer deshalb zunächst die Reparatur des Fahrzeugs vornehmen.

Lösung zu Lernjob 8

Die gesetzliche Gewährleistungsfrist für kaufrechtliche Mängelansprüche beträgt **zwei Jahre** (§ 438 Abs. 1 Nr. 3 BGB), **arglistig verschwiegene Mängel** verjähren nach **drei Jahren**. Die Frist beginnt mit Gefahrübergang der Sache an den Käufer.

Gewährt der Hersteller freiwillig eine Garantie für die Kaufsache, kann sich der Käufer wahlweise entweder an den Verkäufer oder an den Hersteller wenden. Die **Garantie tritt neben die gesetzlichen Gewährleistungsrechte** (§ 443 Abs. 1 BGB).

Marina kann den Mangel also mindestens innerhalb von zwei Jahren (innerhalb der gesetzlichen Gewährleistungsfrist) reklamieren.

Ergänzende Übungsaufgaben

Lösung zu Übungsaufgabe 1

a) Es liegt **weder ein Antrag noch eine Annahme** vor, weil die Angebotsliste an die Allgemeinheit gerichtet ist (keine konkrete Person). Es handelt sich um eine sogenannte „Anpreisung“.

b) Es liegt ein **Antrag des Käufers** auf Abschluss eines Kaufvertrags vor, weil die Werbeanzeige des Buchversands nur eine Anpreisung war.

c) Es handelt sich um ein **verbindliches Angebot (= Antrag) von Herrn Thunert**, weil es an eine konkrete einzelne Person (Herrn Maier) gerichtet ist.

d) Es handelt sich um einen **Antrag von Herrn Maier** an Herrn Thunert, weil die abgeänderte „Annahme“ ein neuer Antrag ist (§ 150 Abs. 2 BGB).

Lösung zu Übungsaufgabe 2

Richtige Antwort: c) **sofort** (§ 147 Abs. 1 Satz 1 BGB).

Lösung zu Übungsaufgabe 3

Richtige Antwort: c) Das Angebot ist **unverbindlich**.

Lösung zu Übungsaufgabe 4

1. Mängel:
   a) **zu geringe Menge** geliefert = Mangel in der Quantität (offener Mangel), die Sache entspricht nicht den subjektiven Anforderungen (§ 434 Abs. 2 Satz 2 BGB)
   b) **fehlende zu erwartende Beschaffenheit** (offener Mangel), die Sache entspricht nicht den objektiven Anforderungen (§ 434 Abs. 3 Satz 1 Nr. 2 BGB)
   c) **„Falschlieferung“** = Mangel in der Warenart (offener Mangel), eine andere als die bestellte Sache wurde geliefert (§ 434 Abs. 5 BGB).

2. Reklamation:

   Sofortige Mängelrüge notwendig (unverzügliche Anzeige beim Verkäufer, § 377 Abs. 1 HGB).

3. Unterschied zweiseitiger Handelskauf und bürgerlicher Kauf:
   - **zweiseitiger Handelskauf:** unverzügliche Untersuchungs- und Rügepflicht (§ 377 Abs. 1 HGB)
   - **bürgerlicher Kauf:** Untersuchungs- und Rügepflicht innerhalb der gesetzlichen Gewährleistungsfrist, also grundsätzlich innerhalb von 2 Jahren ab Lieferung (§ 438 Abs. 1 Nr. 3 BGB).

Lösung zu Übungsaufgabe 5

Nach § 477 Abs. 1 Satz 1 BGB gilt für Verbrauchsgüterverkäufe (liegt in diesem Fall vor) die gesetzliche Vermutung, dass ein Mangel, der sich innerhalb eines Jahres zeigt, bereits bei Gefahrübergang vorhanden war, es sei denn, diese Vermutung ist mit der Art der Ware oder dem mangelhaften Zustand nicht vereinbar. Der **Verkäufer muss** somit **beweisen**, dass die Kaufsache bei Übergabe mangelfrei war (Beweislastumkehr). Franz Engelmann hat **keine** Beweispflicht diesbezüglich.

Franz Engelmann hat zunächst das **Recht auf Nacherfüllung** (§ 437 Nr. 1 BGB). Nach § 439 Abs. 1 BGB steht ihm dabei grundsätzlich eine freie Wahl zwischen **Ersatzlieferung oder Nachbesserung** (Reparatur) zu. Verursacht eine der beiden Alternativen unverhältnismäßig hohe Kosten, scheidet diese Alternative grundsätzlich aus (§ 439 Abs. 4 Satz 1 BGB). Im vorliegenden Fall dürfte der Verkäufer vermutlich zunächst die Reparatur des Tablets versuchen.

Nach § 437 Nr. 2 BGB kann Franz Engelmann **nur unter bestimmten Voraussetzungen** von dem Vertrag zurücktreten, also das Tablet zurückgeben und sein Geld zurückverlangen. Diese Alternative ist nur dann möglich, wenn die **Nacherfüllung gescheitert oder nicht erfolgt** ist, eine **Fristsetzung für die Nacherfüllung** von Franz Engelmann gesetzt wurde und diese **Frist abgelaufen** ist oder der **Verkäufer die Nacherfüllung verweigert**. Eine Nachbesserung gilt nach § 440 Satz 2 BGB als gescheitert, wenn die Sache nach zweimaliger Reparatur nicht mangelfrei ist.

Lösung zu Übungsaufgabe 6

Rechte der FUNSPORT GMBH:

- **Vorrangig** („zuerst"): **Nacherfüllung** im Sinne von § 437 Nr. 1, also Nachbesserung (Reparatur) oder Neulieferung, § 439 Abs. 1 BGB; hier: **Neulieferung** der defekten Jacken.
- **Nachrangig:** Wenn die Nacherfüllung gescheitert ist oder vom Verkäufer verweigert wird, Recht auf **Rücktritt vom Vertrag** oder **Minderung des Kaufpreises**, § 437 Nr. 2 BGB (zuvor jedoch grundsätzlich Fristsetzung und erfolgloser Fristablauf notwendig).

O. Wichtige Regelungen des Rechts der steuerberatenden Berufe

Lösung zu Lernjob 1

1. **unbeschränkte geschäftsmäßige Hilfeleistung in Steuersachen**

   Zur unbeschränkten geschäftsmäßigen Hilfeleistung in Steuersachen sind befugt (§ 3 StBerG):

   - Steuerberater, Steuerbevollmächtigte, Rechtsanwälte, niedergelassene europäische Rechtsanwälte, Wirtschaftsprüfer und vereidigte Buchprüfer
   - Berufsausübungsgesellschaften nach den §§ 49 und 50 und im Sinne der Bundesrechtsanwaltsordnung
   - bestimmte Gesellschaften der Wirtschaftsprüfer und vereidigten Buchprüfer.

2. **vorübergehende und gelegentliche Hilfeleistung in Steuersachen**

   Zur vorübergehenden und gelegentlichen Hilfeleistung in Steuersachen befugt sind Personen, die in einem anderen Mitgliedstaat der Europäischen Union oder in einem Vertragsstaat des EWR oder in der Schweiz beruflich niedergelassen sind und dort befugt geschäftsmäßig Hilfe in Steuersachen leisten.

   Der Umfang der Befugnis zur Hilfeleistung in Steuersachen im Inland richtet sich nach dem Umfang dieser Befugnis im Niederlassungsstaat (§ 3a Abs. 1 StBerG).

   Die Bundessteuerberaterkammer führt ein elektronisches Verzeichnis aller Personen, die gem. § 3a Abs. 3 Satz 1 StBerG zur vorübergehenden und gelegentlichen Hilfeleistung in Steuersachen befugt sind (§ 3b Abs. 1 StBerG).

3. **beschränkte Hilfeleistung in Steuersachen**

   Zur beschränkten Hilfeleistung in Steuersachen befugt sind nach § 4 StBerG insbesondere

   - Notare und Patentanwälte
   - Unternehmer, die ein Handelsgewerbe betreiben, soweit sie in unmittelbarem Zusammenhang mit einem Geschäft ihren Kunden Hilfe in Steuersachen leisten
   - Verbände und Gewerkschaften, soweit sie im Rahmen ihres Aufgabenbereichs ihren Mitgliedern Hilfe in Steuersachen leisten
   - Arbeitgeber, soweit sie für ihre Arbeitnehmer Hilfe bei lohnsteuerlichen Sachverhalten leisten
   - Lohnsteuerhilfevereine, soweit sie für ihre Mitglieder bestimmte Hilfen in Steuersachen leisten (siehe im Einzelnen § 4 Nr. 11 StBerG sowie Erlasse der obersten Finanzbehörden der Länder vom 23. Februar 2023).

4. **Bedeutung des Begriffs „beschränkte Hilfeleistung" in Steuersachen**

   Beschränkte Hilfeleistung in Steuersachen bedeutet, dass die in § 4 StBerG genannten Personen oder Verbände nur bestimmte genau umschriebene Leistungen erbringen dürfen. Es handelt sich hierbei

   - um Hilfsaufgaben im Rahmen einer andersartigen Haupttätigkeit (z. B. Arbeitgeber, soweit sie für ihre Arbeitnehmer Hilfe bei lohns1teuerlichen Sachverhalten leisten, Notare, die in steuerlichen Fragen im Rahmen eines Grundstücksverkaufs beraten usw.) oder

- bestimmte Beratungsaufgaben für ihre Mitglieder bei Lohnsteuerhilfevereinen und Vereinen von Land- und Forstwirten (z. B. Bauern- und Winzerband Rheinland-Nassau e. V.).

5. **Ahndung von unbefugten Hilfeleistungen in Steuersachen**

   Werden den Finanzbehörden oder den Steuerberaterkammern Tatsachen bekannt, die den Verdacht begründen, dass eine Person oder Vereinigung geschäftsmäßig Hilfe in Steuersachen leistet, ohne hierzu befugt zu sein, so haben sie diese Tatsachen der für das Bußgeldverfahren zuständigen Stelle mitzuteilen (§ 5 Abs. 2 StBerG).

   Eine Untersagung der unbefugten Hilfeleistung in Steuersachen kann mit **Zwangsgeld** durchgesetzt werden (§ 159 StBerG i. V. m. den §§ 328 ff. AO). Das Zwangsgeld ist **vorher anzudrohen** (§ 332 Abs. 1 AO). Die Höhe des Zwangsgeldes ist **nach Lage des Einzelfalles zu bestimmen**.

   Wer geschäftsmäßig Hilfe in Steuersachen leistet, ohne dazu befugt zu sein, riskiert außerdem, dass bei schuldhaftem Verhalten eine **Geldbuße bis zu 5.000 €** gegen ihn festgesetzt wird (§ 160 Abs. 2 StBerG).

6. **Ausnahmen vom Verbot der unbefugten Hilfeleistung in Steuersachen**

   Das Verbot der Hilfeleistung in Steuersachen gilt nicht für (§ 6 StBerG):

   - die Erstellung wissenschaftlicher Gutachten in Steuersachen
   - unentgeltliche Hilfeleistungen in Steuersachen für Angehörige (§ 15 AO)
   - Durchführung mechanischer Arbeitsgänge bei der Führung von Büchern und Aufzeichnungen, die für die Besteuerung von Bedeutung sind (z. B. Eingabe bereits kontierter Belege in ein Buchungsprogramm)
   - die Buchung lfd. Geschäftsvorfälle, lfd. Lohnabrechnungen und LSt-Anmeldungen durch sog. Buchführungshelfer.

Lösung zu Lernjob 2

1. **Verschwiegenheitsverpflichtung eines Steuerberaters**

   Die Pflicht zur Verschwiegenheit

   - erstreckt sich auf **alle Umstände und Tatsachen, die Steuerberatern in Ausübung ihres Berufs** oder bei Gelegenheit der Berufstätigkeit anvertraut worden oder bekannt geworden sind und
   - gilt **gegenüber jedem Dritten**, auch gegenüber Behörden und Gerichten (§ 5 Abs. 1 BOStB).

2. **Aufhebung der Verschwiegenheitsverpflichtung eines Steuerberaters**

   Die Verschwiegenheitsverpflichtung gilt **nicht**,

   - soweit die Offenlegung der **Wahrung eigener berechtigter Interessen des Steuerberaters** dient (z. B. Durchsetzung von Gebührenansprüchen gegen einen Mandanten oder die Verteidigung gegen straf- und berufsrechtliche Vorwürfe, die im Zusammenhang mit einem Mandat stehen) oder
   - soweit der Steuerberater **vom Auftraggeber von seiner Verschwiegenheitspflicht entbunden** worden ist (§ 5 Abs. 2 BOStB).

3. **Verschwiegenheitsverpflichtung von Mitarbeitern**

   - Die Verschwiegenheitsverpflichtung gilt auch für Mitarbeiter des Steuerberaters. Steuerberater haben die von ihnen beschäftigten Personen in Textform zur Verschwiegenheit zu verpflichten und sie dabei über die strafrechtlichen Folgen einer Pflichtverletzung zu belehren. Zudem haben sie bei ihnen in geeigneter Weise auf die Einhaltung der Verschwiegenheitspflicht hinzuwirken (§ 62 StBerG).
   - Beispiel für eine Verpflichtung in Textform: Mustertext „Verschwiegenheitsverpflichtung von Kanzlei-Mitarbeitern" der Rechtsanwaltskammer Düsseldorf; Quelle:

     https://www.rak-dus.de/wp-content/uploads/bsk-pdf-manager/2018/06/Mustertext-zur-Verschwiegenheitsverpflichtung-von-Kanzlei-Mitarbeitern.pdf

4. **Beispiele für Verstöße gegen die Verschwiegenheitsverpflichtung**

   - Ein Steuerberater berichtet bei einem Treffen mit Kollegen über „lustige Anekdoten" aus seinem Berufsalltag unter Nennung der Namen der Mandanten.
   - Eine Steuerfachangestellte berichtet ihrer Freundin, dass der Oberbürgermeister ihrer Stadt ein Geschäftsessen mit dem Geschäftsführer der ortsansässigen Firma „Hoch und Tief GmbH" in einem Nobelrestaurant hatte. Das habe Sie in der Kanzlei aus einem Bewirtungsbeleg der „Hoch und Tief GmbH" entnehmen können.
   - Ein Steuerberater berichtet einem Fahndungsprüfer des Finanzamts am Telefon, dass der Mandant Müller, gegen den ein Ermittlungsverfahren eingeleitet wurde, ihn offensichtlich belogen habe; der Mandant habe ihn über bestimmte Tatsachen ganz offensichtlich falsch informiert.
   - Ein Mitarbeiter des Steuerberaters gibt der Bank Auskünfte über die Finanzlage eines Mandanten.
   - Ein Steuerberater informiert seinen Mandanten Maier, dass sein Mandant Müller finanzielle Schwierigkeiten hat und insolvenzgefährdet ist.

   usw.

5. **Mögliche Strafe bei Verstößen gegen die Verschwiegenheitsverpflichtung**

   Wer unbefugt ein fremdes Geheimnis, z. B. ein zum persönlichen Lebensbereich gehörendes Geheimnis oder ein Betriebs- oder Geschäftsgeheimnis, offenbart, das ihm als vereidigter Buchprüfer, Steuerberater oder Steuerbevollmächtigter anvertraut oder sonst bekannt gegeben worden ist, wird mit **Freiheitsstrafe bis zu einem Jahr oder Geldstrafe** bestraft (§ 203 Abs. 1 StGB).

Das Gleiche gilt für Mitarbeiter, sofern sie gegen die Verschwiegenheitsverpflichtung verstoßen (§ 203 Abs. 4 Satz 1 StGB).

Lösung zu Lernjob 3

1. **Rechtsgrundlagen des Datenschutzes in Deutschland**

   - Datenschutz-Grundverordnung (DSGVO)
   - Bundesdatenschutzgesetz (BDSG)
   - Landesdatenschutzgesetze

   Ausführungen des Bundesbeauftragten für den Datenschutz und die Informationsfreiheit:

   „Der Datenschutz wurde 2018 auf ein neues Fundament gestellt. Seit dem 25. Mai 2018 gelten die Vorschriften der **Datenschutz-Grundverordnung (DSGVO)**. Als europäische Verordnung gilt die DSGVO unmittelbar. Jeder Betroffene kann sich auf ihre Vorschriften berufen und die Verpflichteten (insbesondere Behörden und Unternehmen) müssen sich an die Vorgaben aus der DSGVO halten. Die DSGVO wird in Deutschland durch das **Bundesdatenschutzgesetz (BDSG)** und die **Landesdatenschutzgesetze** ergänzt."

2. **Personenbezogene Daten**

   Der Begriff der personenbezogenen Daten wird in Art. 4 Nr. 1 DSGVO definiert. Danach sind dies **alle Informationen, die sich auf eine identifizierte oder identifizierbare natürliche Person beziehen**.

   Personenbezogene Daten sind somit **Einzelinformationen über persönliche und sachliche Verhältnisse einer natürlichen Person**, die direkt zugeordnet werden können, z. B.

   - Name
   - Adresse
   - Geburtsdatum
   - E-Mail-Adresse
   - IP –Adresse
   - Kontonummer
   - Konfession
   - Familienstand
   - Gesundheitszustand
   - Einkommen

   usw.

In der Praxis fallen darunter also sämtliche Daten, die auf irgendeine Weise einer Person zugeordnet werden oder zugeordnet werden können.

3. **Grundgedanke des Datenschutzes**

   Grundgedanke des Datenschutzes ist das Recht jedes Menschen, frei und selbst zu entscheiden,

   - welche persönlichen Daten
   - wann und
   - wem

   zugänglich sein sollen (**Recht auf informationelle Selbstbestimmung**).

4. **Grundaussage des Art. 6 Abs. 1 Buchst. a DSGVO**

   Art. 6 Abs. 1 Buchst. a DSGVO besagt, dass die Verarbeitung personenbezogener Daten **nur dann rechtmäßig** ist, **wenn die betroffene Person ihre Einwilligung** zu der Verarbeitung der sie betreffenden personenbezogenen Daten für einen oder mehrere bestimmte Zwecke **gegeben hat**.

   Interpretation: Grundsatz der DSGVO ist Verbotsprinzip. Dies bedeutet, dass die Verarbeitung personenbezogener Daten grundsätzlich verboten und ausnahmsweise nur dann gestattet ist, wenn die Voraussetzungen einer der Erlaubnisregelungen der DSGVO greifen (Art. 6 Abs. 1 DSGVO).

   Nutzerinnen und Nutzer müssen einer Datenverarbeitung durch Unternehmen oder Institutionen also bewusst und aktiv zustimmen. Die Einwilligung darf nicht vermutet werden. Jede Zustimmung bedarf einer klaren zustimmenden Handlung (z. B. Unterschrift oder aktiv gesetzter Haken in einem elektronischen Dokument). Die Zustimmung muss freiwillig sein, ein Vertrag darf nicht an die Verarbeitung von Daten gebunden sein.

5. **Drohende Sanktionen bei Verstößen gegen die Verpflichtung zum Datenschutz**

   Nach Art. 83 Abs. 1 DSGVO können oder müssen die nationalen Aufsichtsbehörden **Bußgelder** für bestimmte Datenschutzverstöße verhängen. Die Bußgelder werden entweder **zusätzlich oder anstelle von Abhilfeanordnungen**, wie etwa

   - Anordnung zur Beendigung des Verstoßes
   - Anweisung, die Datenverarbeitung den gesetzlichen Vorgaben anzupassen oder
   - Ausspruch eines zeitlich begrenzten oder endgültigen Verbots der Datenverarbeitung

   auferlegt.

   Die Bußgelder sollen wirksam, verhältnismäßig und abschreckend sein.

   Besonders gravierende Verstöße (Art. 83 Abs. 5 DSGVO) können mit Bußgeldern bis **zu 20 Millionen Euro oder** bei Unternehmen – also auch bei Steuerberaterkanzleien – **bis zu 4 % des** weltweit erzielten **Jahresumsatzes** im vorangegangenen Geschäftsjahr, festgesetzt werden (je nachdem, welcher der Beträge höher ist).

Weniger gewichtige Verstöße (Art. 83 Abs. 4 DSGVO) können zu Geldbußen von **bis zu 10 Millionen Euro oder** im Fall eines Unternehmens von **bis zu 2 % des** weltweit erzielten **Jahresumsatzes** des vorangegangenen Geschäftsjahrs führen.

Bei der Entscheidung, ob und in welcher Höhe Sanktionen verhängt werden, muss ein **gesetzlicher Kriterienkatalog** (Art. 83 Abs. 2 DSGVO) beachtet werden, dessen Punkte in die Entscheidung einfließen müssen. **Straferhöhend** wirken dabei u. a.

- Vorsätzlichkeit des Verstoßes
- Versäumnis von Maßnahmen zur Minderung des entstandenen Schadens
- fehlende Zusammenarbeit mit der Aufsichtsbehörde.

Lösung zu Lernjob 4

a) **Abgabe- und Bezahlungsfristen für Umsatzsteuer-Voranmeldungen (§ 18 UStG)**

- **Form:**

  elektronische Übermittlung nach amtlich vorgeschriebenem Datensatz

- **Berechnung der Steuerschuld:**

  durch den Unternehmer selbst

- **Abgabe-/Bezahlungsfristen:**

  abhängig von der Höhe der Zahllast des vorangegangenen Kalenderjahres

Zahllast des vorangegangenen Kalenderjahres	Voranmeldungszeitraum des laufenden Kalenderjahres	Abgabe- und Bezahlungsfrist
mehr als 9.000 €	Kalendermonat **(= monatlich)**	bis zum Ablauf des **10.** Tages **des Folgemonats** (z. B. für Januar: 10.02., für Februar: 10.03. usw.)
mehr als 2.000 € bis 9.000 €	Kalendervierteljahr **(= vierteljährlich)**	bis zum Ablauf des **10.** Tages **nach dem Ende jedes Kalendervierteljahres** (z. B. für das 1. Vierteljahr bis zum Ablauf des 10.04. usw.)
0 bis 2.000 € (bzw. Vorsteuer-Überschuss)	———	auf Antrag beim Finanzamt **Befreiung von der Abgabe** von Voranmeldungen und Entrichtung von Vorauszahlungen

Besonderheiten:

- Hat der Unternehmer seine unternehmerische Tätigkeit neu aufgenommen, so ist für das Jahr der Aufnahme dieser Tätigkeit und das Folgejahr generell der Kalendermonat Voranmeldungszeitraum (vgl. § 18 Abs. 2 Satz 4 UStG). In den nachfolgenden Jahren ist zur Beurteilung dieser Fragestellung auf die Umsatzsteuer-Schuld des jeweils vorangegangenen Kalenderjahres abzustellen (§ 18 Abs. 2 Satz 2 UStG).

INFO

Für die Besteuerungszeitraume **2021 bis 2026** gilt hiervon **abweichend**: Nimmt der Unternehmer seine Tätigkeit im laufenden Kalenderjahr neu auf, so ist die voraussichtliche Steuer (Prognose) des laufenden Jahres ausschlaggebend für die Bestimmung des Voranmeldungszeitraums.

Für das Folgejahr ist die tatsachliche Steuer des Erstjahres in eine Jahressteuer umzurechnen, die dann ausschlaggebend für die Bestimmung des Voranmeldungszeitraums des Folgejahres ist.

- **Verlängerung** der Abgabe- und Bezahlungsfrist um **1 Monat** durch **Dauerfristverlängerung** (auf Antrag beim Finanzamt – siehe hierzu §§ 46 - 48 UStDV).
- Zusätzlich **3 Tage Schonfrist** nach § 240 Abs. 3 AO.
- **Wahl des Kalendermonats** als Voranmeldungszeitraum möglich, **wenn** für das vorangegangene Kalenderjahr ein Überschuss **(Guthaben) von mehr als 9.000 €** zu Gunsten des Steuerpflichtigen gegeben war (§ 18 Abs. 2a UStG).

b) **Abgabe- und Bezahlungsfristen für Lohnsteuer-Anmeldungen (§ 41a EStG)**

- **Form:**

  elektronische Übermittlung nach amtlich vorgeschriebenem Datensatz
- **Berechnung der Steuerschuld:**

  durch den Arbeitgeber selbst
- **Abgabe-/Bezahlungsfristen:**

  abhängig von der Steuerschuld des vorangegangenen Kalenderjahres:

Steuerschuld des vorangegangenen Kalenderjahres	Anmeldungszeitraum des laufenden Kalenderjahres	Abgabe- und Bezahlungsfrist
mehr als 5.000 €	Kalendermonat (= **monatlich**)	bis zum Ablauf des **10.** Tages **des Folgemonats** (z. B. für Oktober bis zum Ablauf des 10.11.)
mehr als 1.080 € bis 5.000 €	Kalendervierteljahr (= vierteljährlich)	bis zum Ablauf des **10.** Tages **nach dem Ende jedes Kalendervierteljahres** (z. B. für das 3. Vierteljahr bis zum Ablauf des 10.10.)
0 bis 1.080 €	Kalenderjahr (= jährlich)	bis zum Ablauf des **10.** Tages **nach dem Ende des Kalenderjahres** (bis zum Ablauf des 10.01.)
Besonderheit: § 41a Abs. 2 Sätze 3 - 4 EStG		+ 3 Tage Schonfrist bei Überweisung oder Lastschrift (§ 240 Abs. 3 AO)

c) **Abgabe- und Bezahlungsfristen für Jahres-Steuererklärungen (§ 149 Abs. 2 und 3 AO)**[1]

Steuerart	nicht beratene Steuerpflichtige Abgabefrist[1]	beratene Steuerpflichtige Abgabefrist[2]	Frist für die Bezahlung einer verbleibenden Steuerschuld
Einkommensteuer	31.07. des Folgejahres	28./29.02. des Zweitfolgejahres	ein Monat nach Bekanntgabe des Steuerbescheids
Umsatzsteuer	31.07. des Folgejahres	28./29.02. des Zweitfolgejahres	ein Monat nach Bekanntgabe des Steuerbescheids
Körperschaftsteuer	31.07. des Folgejahres	28./29.02. des Zweitfolgejahres	ein Monat nach Bekanntgabe des Steuerbescheids
Gewerbesteuer	31.07. des Folgejahres	28./29.02. des Zweitfolgejahres	ein Monat nach Bekanntgabe des Steuerbescheids

INFO

Wenn das Ende einer Frist auf einen Samstag, Sonntag oder gesetzlichen Feiertag fällt, verlängert sich die Frist bis zum nächstfolgenden Werktag um 24 Uhr (§ 108 Abs. 3 AO).

Lösung zu Lernjob 5

Unterlagen nach § 147 Abs. 1 Nr. 1 und 4 AO, sowie § 257 Abs. 1 Nr. 1 und 4 HGB	Aufbewahrungsfrist (§ 147 Abs. 3 Satz 1 AO, § 257 Abs. 4 HGB)	Beginn der Frist (§ 147 Abs. 4 AO, § 257 Abs. 5 HGB)
► Bücher und Aufzeichnungen ► Inventare ► Eröffnungsbilanzen ► Jahresabschlüsse ► Lageberichte ► die zum Verständnis der o. a. Unterlagen erforderlichen Arbeitsanweisungen und Organisationsunterlagen	10 Jahre	**Schluss des Kalenderjahres, in dem die Unterlagen entstanden sind**, also 31.12. um 24:00 Uhr = 01.01. des Folgejahres um 0:00 Uhr
► Buchungsbelege (Rechnungen, Quittungen, Bankauszüge etc.)[3]	8 Jahre	

[1] Die durch das Vierte Corona-Steuerhilfegesetz bis 2026 geltenden Sonderregelungen bleiben hier außer Betracht.

[2] Für Land- und Forstwirtschaft gelten verlängerte Abgabefristen.

[3] Hinweis: Durch das Vierte Bürokratieentlastungsgesetz wurde die Aufbewahrungsfrist für Buchungsbelege auf 8 Jahre verkürzt.

Unterlagen nach § 147 Abs. 1 Nr. 2, 3 und 5 AO, sowie § 257 Abs. 1 Nr. 2 und 3 HGB	**Aufbewahrungsfrist** (§ 147 Abs. 3 Satz 1 AO, § 257 Abs. 4 HGB)	**Beginn der Frist** (§ 147 Abs. 4 AO, § 257 Abs. 5 HGB)
► empfangene Geschäftsbriefe (Kopien, Duplikate, Dateien) ► verschickte Geschäftsbriefe (Kopien, Duplikate, Dateien) ► sonstige Unterlagen, soweit sie für die Besteuerung von Bedeutung sind	6 Jahre	**Schluss des Kalenderjahres, in dem die Unterlagen entstanden sind**, also 31.12. um 24:00 Uhr = 01.01. des Folgejahres um 0:00 Uhr

INFO

- Bei **empfangenen Lieferscheinen**, die keine Buchungsbelege sind, endet die Aufbewahrungsfrist mit dem **Erhalt der Rechnung**, für **abgesandte Lieferscheine**, die keine Buchungsbelege sind, endet sie mit dem **Versand der Rechnung** (vgl. § 147 Abs. 3 Sätze 3 und 4 AO).
- Die Finanzverwaltung hat das Recht auf Datenzugriff, wenn die Unterlagen der Buchführung mithilfe eines Datenverarbeitungssystems, also per EDV, erstellt wurden (vgl. § 147 Abs. 6 AO). Es ist deshalb nicht mehr ausreichend, dass die mithilfe eines Computerprogramms erstellten Daten allein in ausgedruckter Form („auf Papier") aufbewahrt werden. Vielmehr müssen die ursprünglichen Daten auf Datenträgern archiviert werden, die maschinell verwertbar und von der Finanzverwaltung im Bedarfsfall ausgewertet werden können.

Ergänzende Übungsaufgaben

Lösung zu Übungsaufgabe 1

Person/Vereinigung	**unbeschränkte Befugnis**	**beschränkte Befugnis**	**keine Befugnis**
Steuerfachwirt Jan Kröber			X
Unternehmensberater Dipl.-Kaufmann Dr. Klug			X
Steuerberaterin Melanie Müller	X		
Buchführungshelfer Gerd Gilles			X
Notar Dr. Frank Weißenfels		X	
Treuhand KG Müller & Mayer Wirtschaftsprüfungsgesellschaft	X		
Steuer und Schlau Steuerberatung GmbH	X		
Lohn- und Einkommensteuer Hilfe-Ring Deutschland e. V. (Lohnsteuerhilfeverein)		X	
Rechtsanwalt Klaus Hähn	X		

Lösung zu Übungsaufgabe 2

a) unzulässige Hilfeleistung (keine Angehörige im Sinne von § 15 AO)

b) zulässige Hilfeleistung (Angehöriger im Sinne von § 15 AO), § 6 Nr. 2 StBerG

c) zulässige Hilfeleistung § 4 Nr. 10 StBerG

d) zulässige Hilfeleistung § 4 Nr. 1 StBerG

e) zulässige Hilfeleistung § 3 Nr. 1 StBerG

Lösung zu Übungsaufgabe 3

Gerald Nölle verstößt gegen seine Verschwiegenheitsverpflichtung. Arbeitnehmer sind verpflichtet, Betriebs- und Geschäftsgeheimnisse zu wahren. Es handelt sich hierbei um eine arbeitsvertragliche Nebenpflicht, die neben den spezialgesetzlichen Geheimhaltungspflichten besteht.

Alle Tatsachen, die im Zusammenhang mit einem Geschäftsbetrieb stehen, nur einem eng begrenzten Personenkreis bekannt und nicht offenkundig sind und geheim gehalten werden sollen, unterliegen generell der Verschwiegenheitsverpflichtung. Beispiele sind Tatsachen aus dem betrieblichen Bereich, aus dem Rechnungswesen (Bilanzen, Kalkulationen) sowie Fakten aus dem Personalbereich.

Die Pflicht zur Verschwiegenheit der Steuerberater und seiner Arbeitnehmer erstreckt sich auf alle Umstände und Tatsachen, die Steuerberatern in Ausübung ihres Berufs oder bei Gelegenheit der Berufstätigkeit anvertraut worden oder bekannt geworden sind.

Da Gerald Nölle gegen seine Verschwiegenheitsverpflichtung vorsätzlich und wissentlich verstoßen hat, droht ihm nach § 203 StGB bei einer Verurteilung eine Geldstrafe oder eine Freiheitsstrafe bis zu einem Jahr. Außerdem berechtigt sein Verhalten Herrn Dr. Nölle zur außerordentlichen Kündigung des Arbeitsverhältnisses nach § 626 Abs. 1 BGB.

Lösung zu Übungsaufgabe 4

Frau Schraub ist bei der Umsatzsteuer Monatszahlerin (Zahllast des vorangegangenen Kalenderjahres mehr als 9.000 €) und bei der Lohnsteuer Vierteljahreszahlerin (Steuerschuld des vorangegangenen Kalenderjahres mehr als 1.080 €, aber nicht mehr als 5.000 €).

- Erste **Umsatzsteuer-Voranmeldung** (Januar): 10.02.2025 + 1 Monat (Dauerfristverlängerung) = **10.03.2025.**
- Erste **Lohnsteuer-Anmeldung** (1. Quartal): **10.04.2025.**

Lernfeld 2: Buchführungsarbeiten durchführen

A. Aufgaben der Buchführung und Buchführungspflicht

Lösung zu Lernjob 1

interne Aufgaben	externe Aufgaben
▸ Selbstinformation der Unternehmensleitung über Lage und Entwicklung des Unternehmens, Zusammensetzung und Veränderung des Vermögens sowie Stand der Schulden und Finanz- und Ertragslage	▸ Bereitstellung von Daten für die Besteuerung ▸ Bereitstellung von Informationen über die Vermögens-, Finanz- und Ertragslage für Dritte (Kapitalgeber, Fremdkapitalgeber) ▸ Bereitstellung von Daten und Informationen für Rechtsstreitigkeiten und Vermögensauseinandersetzungen

Lösung zu Lernjob 2

a) **Handelsrechtliche Buchführungspflicht**

1. ☐ jeder Unternehmer ☒ jeder Kaufmann ☐ jeder Selbständige
2. Ordnen Sie die Kaufmannsarten ihren Paragrafen und Beschreibungen zu, indem Sie sie verbinden.

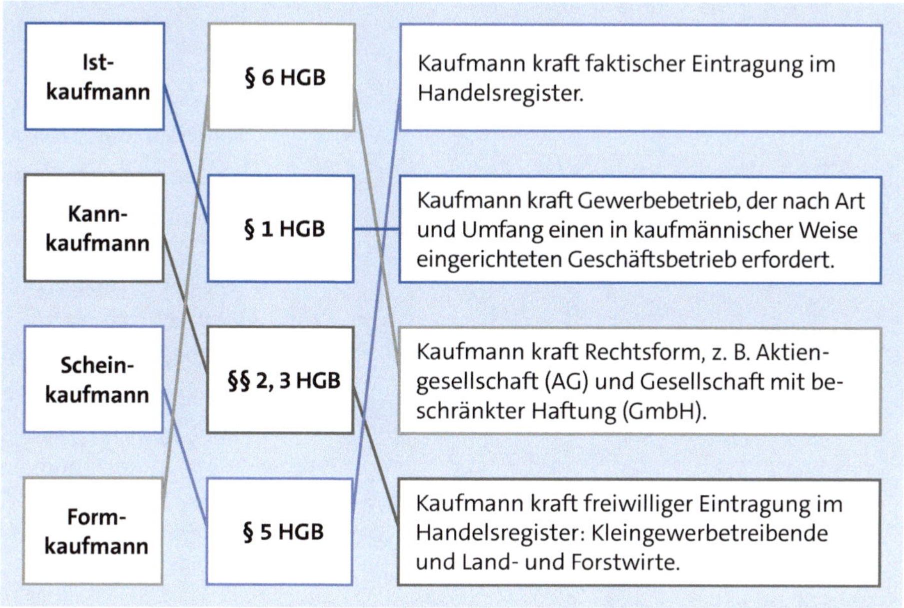

3. ☐ Gewerbebetriebe
   ☒ Kleingewerbetreibende
   ☒ Land- und Forstwirte
   ☐ Personengesellschaften
   ☒ Einzelkaufleute gem. § 241a HGB
   ☒ Freiberufler

b) **Steuerrechtliche Buchführungspflicht**

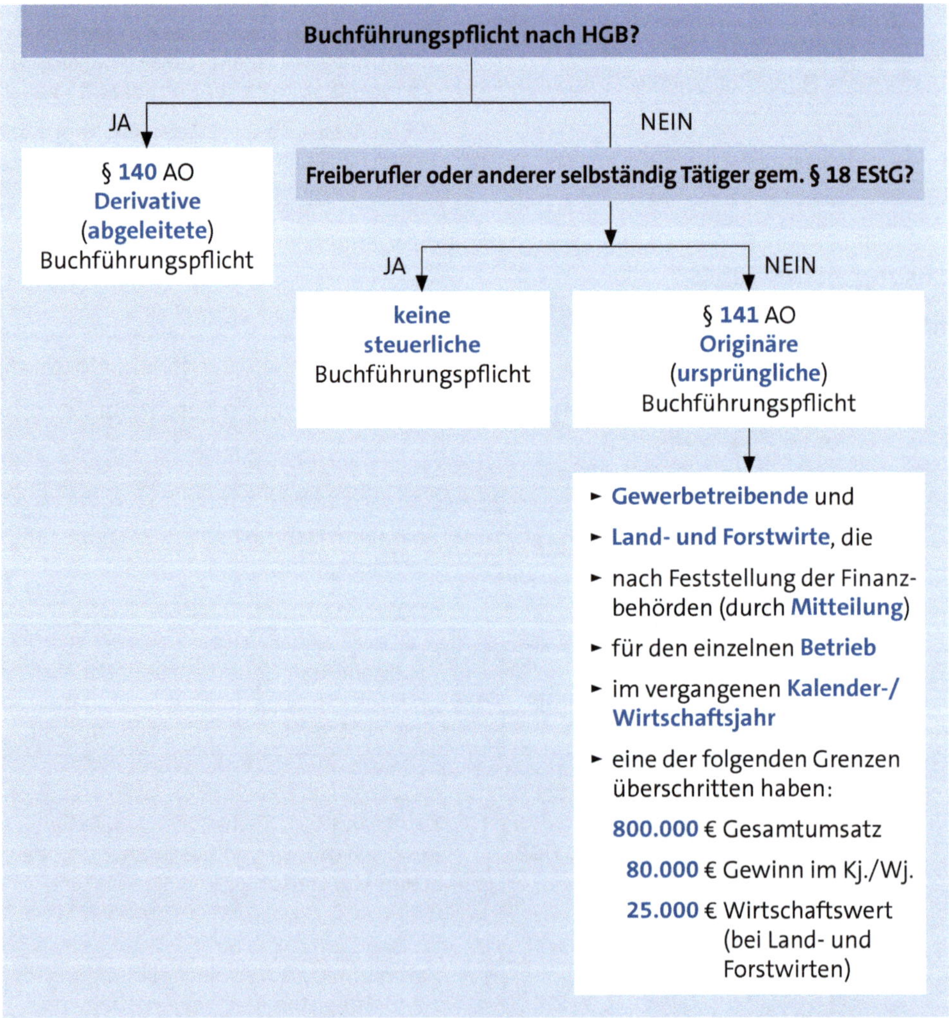

Ergänzende Übungsaufgaben

Lösung zu Übungsaufgabe 1

☐ Die Handwerksmeisterin Hanna Walter betreibt eine Tischlerei. Sie hat einen Angestellten. Der Jahresumsatz beträgt rund 420.000 €, der Gewinn liegt jährlich zwischen 70.000 € und 75.000 €.

☐ Der Hausmeister Jan Berger betreibt nebenbei selbständig ein Schulkiosk. Er beschäftigt zwei Aushilfskräfte und hat einen Jahresumsatz von rund 60.000 €.

☐ Die Steuerberaterin Magda Heinz erzielt einen Jahresumsatz i. H. v. 880.000 € und hat zwölf Angestellte.

☒ Die Marketing-Agentur „Miller & Igel“ (BGB-Gesellschaft) hat acht Angestellte, nationale und internationale Kundinnen und Kunden und rund 910.000 € Jahresumsatz. Der jährliche Gewinn liegt zwischen 90.000 € und 100.000 €.

☒ Der Gewerbetreibende Ernst Haller beschäftigt 14 Angestellte und erzielt einen Jahresumsatz i. H. v. 1.250.000 €.

Negativabgrenzungen
Die Tischlermeisterin Hannah Walter und der Hausmeister Jan Berger sind Kleingewerbetreibende. Sie sind keine Kaufleute und somit nicht nach § 238 HGB buchführungspflichtig.

Die Steuerberaterin Magda Heinz ist als Freiberuflerin (§ 18 EStG) weder nach Handelsrecht noch nach Steuerrecht buchführungspflichtig. Es handelt sich nicht um einen Gewerbebetrieb.

Lösung zu Übungsaufgabe 2

a) Herr Kuhls ist weder nach Handels- noch nach Steuerrecht buchführungspflichtig, weil er kein Kaufmann i. S. d. HGB ist, sondern Freiberufler.

b) Die GmbH ist nach § 238 HGB und § 140 AO buchführungspflichtig, weil sie ein Kaufmann kraft Rechtsform (Formkaufmann, § 6 HGB) ist.

c) Hanna Christ ist grundsätzlich nach § 238 HGB und § 140 AO buchführungspflichtig, weil sie ein eingetragener Kaufmann ist. Sie kann sich aber gem. § 241a HGB befreien lassen, da ihr Jahresumsatz in zwei aufeinanderfolgenden Geschäftsjahren unter 800.000 € und ihr Gewinn unter 80.000 € lag.

d) Herr Müller ist weder nach Handels- noch nach Steuerrecht buchführungspflichtig, weil er kein Kaufmann i. S. d. HGB ist. Er ist ein Kleingewerbetreibender.

e) Herr Pecsi ist weder nach Handels- noch nach Steuerrecht buchführungspflichtig, weil er kein Kaufmann i. S. d. HGB ist, sondern Freiberufler.

f) Die „Treuhand GmbH“ ist nach § 238 HGB und § 140 AO buchführungspflichtig, weil sie ein Formkaufmann gem. § 6 HGB ist. Frau Böffgen selbst ist nicht buchführungspflichtig, da sie lediglich eine Gesellschafterin der GmbH ist und kein Kaufmann i. S. d. HGB.

Lösung zu Übungsaufgabe 3

a) Laura Offig ist eine Kinderärztin in Koblenz. In ihrer Arztpraxis beschäftigt sie drei Medizinische Fachangestellte. Jährlich erzielt sie einen Gewinn zwischen 45.000 € und 48.000 €.

- ☐ buchführungspflichtig nach Handelsrecht (§ 238 HGB)
- ☐ buchführungspflichtig nach Steuerrecht (§§ 140/141 AO)
- ☒ nicht buchführungspflichtig

kein Kaufmann, sondern Freiberuflerin

b) Der Büroartikelladen „Paper Stuff GmbH" wird von dem Unternehmer Hans Müller geführt. Bei dem Unternehmen sind zwölf Mitarbeiterinnen und Mitarbeiter angestellt. Der Umsatz lag bei 462.258 € im vorletzten Geschäftsjahr und 234.567 € im letzten Geschäftsjahr. Im vorletzten Geschäftsjahr konnte 68.092 € Gewinn erwirtschaftet werden; im Jahr danach waren es 15.759 €.

- ☒ buchführungspflichtig nach Handelsrecht (§ 238 HGB)
- ☒ buchführungspflichtig nach Steuerrecht (§§ 140/141 AO)
- ☐ nicht buchführungspflichtig

Formkaufmann (Kaufmann kraft Rechtsform, § 6 HGB)

c) Helga Walter ist Rechtsanwältin und betreibt eine Kanzlei, in der drei weitere Rechtsanwälte tätig sind. Zudem sind dort fünf Rechtsanwaltsfachangestellte beschäftigt, die den Rechtsanwältinnen und Rechtsanwälten zuarbeiten.

- ☐ buchführungspflichtig nach Handelsrecht (§ 238 HGB)
- ☐ buchführungspflichtig nach Steuerrecht (§§ 140/141 AO)
- ☒ nicht buchführungspflichtig

kein Kaufmann, sondern Freiberuflerin

d) Berta Gerns betreibt einen Zeitungsstand in Bonn. Sie erwirtschaftet ca. 79.000 € Umsatz und 18.000 € Gewinn im Jahr.

- ☐ buchführungspflichtig nach Handelsrecht (§ 238 HGB)
- ☐ buchführungspflichtig nach Steuerrecht (§§ 140/141 AO)
- ☒ nicht buchführungspflichtig

kein Kaufmann, sondern Kleingewerbetreibende

e) Der Einzelunternehmer Karl Hertl besitzt eine Boutique namens „Röckchen e. K." in Köln, die er selbständig betreibt. Sein Jahresumsatz beträgt jährlich ungefähr 350.000 €. Der Gewinn liegt in der Regel zwischen 60.000 € und 70.000 € pro Jahr.

- ☒ buchführungspflichtig nach Handelsrecht (§ 238 HGB)
- ☒ buchführungspflichtig nach Steuerrecht (§§ 140/141 AO)
- ☐ nicht buchführungspflichtig

eingetragener Kaufmann, Befreiung gem. § 241a HGB möglich

B. Aufzeichnungspflichten und Grundsätze ordnungsmäßiger Buchführung

Lösung zu Lernjob 1

1. Eine Buchführung gilt grundsätzlich als ordnungsgemäß, wenn die Bücher förmlich in Ordnung (formelle Ordnungsmäßigkeit) und der Inhalt sachlich richtig ist (materielle Ordnungsmäßigkeit).
2. Eine Buchführung gilt als verständlich, wenn sich ein sachverständiger Dritter innerhalb einer angemessenen Zeit einen Überblick über die Geschäftsvorfälle und die Geschäftslage des Unternehmens verschaffen kann.
3. Ja, eindeutige und nachvollziehbare Abkürzungen dürfen verwendet werden.
4. Nein, Buchungen und Aufzeichnungen dürfen nicht in der Weise verändert werden, dass der ursprüngliche Inhalt nicht mehr festgestellt werden kann.
5. Handelsbücher, Inventare, Bilanzen, Jahresabschlüsse, Lageberichte sowie Arbeitspapiere und sonstige Organisationsunterlagen müssen gem. § 257 Abs. 1 Nr. 1 i. V. m. Abs. 4 HGB zehn Jahre aufbewahrt werden. Buchungsbelege müssen gem. § 257 Abs. 1 Nr. 4 i. V. m. Abs. 4 HGB acht Jahre aufbewahrt werden. Sonstige Unterlagen wie Handelsbriefe müssen gem. § 257 Abs. 4 HGB sechs Jahre aufbewahrt werden.
6. Durch die Nutzung eines systematisch angeordneten Kontenrahmens, aus dem ein betriebsindividueller Kontenplan abgeleitet werden kann, wird ein systematischer Aufbau der Buchführung sichergestellt.
7. Eine Buchführung ist vollständig, wenn alle relevanten Geschäftsvorfälle und keine fiktiven Vorgänge gebucht werden.

   Eine Buchführung ist richtig, wenn die tatsächlichen Sachverhalte auf den richtigen Konten mit den richtigen Beträgen erfasst werden.
8. Die Erfassung der Geschäftsvorfälle in der Buchführung muss zeitnah (und geordnet) erfolgen. Zeitnah bedeutet „unverzüglich“, kann aber je nach Sachverhalt auch 1 - 2 Monate bedeuten. Kassenbewegungen müssen täglich aufgezeichnet werden.
9. Nein, es darf keine Buchung ohne Beleg erfolgen!

Ergänzende Übungsaufgaben

Lösung zu Übungsaufgabe 1

1. Nein, die GoB wurden nicht eingehalten. Buchungen dürfen nicht verändert werden (Grundsatz der Unveränderlichkeit der Aufzeichnungen).
2. Nein, die GoB wurden nicht eingehalten. Kassenbewegungen müssen täglich aufgezeichnet werden (Grundsatz der zeitnahen und geordneten Eintragungen).
3. Nein, die GoB wurden nicht eingehalten. Buchungsbelege müssen acht Jahre aufbewahrt werden (Grundsatz der Beachtung der Aufbewahrungsfristen).

4. Nein, die GoB wurden nicht eingehalten. Es muss ein Kontenrahmen eingesetzt werden (Grundsatz des systematischen Aufbaus der Buchführung).
5. Nein, die GoB wurden nicht eingehalten. Es darf keine Buchung ohne Beleg erfolgen (Belegprinzip).
6. Ja, die GoB wurden eingehalten. Aufgrund des Verzeichnisses wird der Grundsatz der Verständlichkeit eingehalten.
7. Nein, die GoB wurden nicht eingehalten. Sie hält zwar den Grundsatz der zeitnahen und geordneten Eintragungen ein, verstößt aber gegen den Grundsatz der Unveränderlichkeit der Aufzeichnungen, weil sie mit einem Bleistift schreibt.
8. Nein, die GoB wurden nicht eingehalten. Alle buchungsrelevanten Vorgänge müssen in der Buchführung erfasst werden (Grundsatz der Vollständigkeit und Richtigkeit).

C. Inventur, Inventar und Bilanz

Lösung zu Lernjob 1

a) 1. Die Inventur ist die mengen- und wertmäßige Erfassung aller Vermögensgegenstände und Schulden eines Unternehmens.

2. Die Inventur erfolgt durch körperliche Bestandsaufnahme (Zählen, Wiegen, Messen) der Gegenstände und buchmäßige Bestandsaufnahme der nicht körperlichen Vermögensgegenstände und Schulden (durch Belege und Aufzeichnungen).

3. Bei der Stichprobeninventur dürfen gemäß § 241 Abs. 1 HGB die Bestände bestimmter Vermögensgegenstände aufgrund von Stichproben ermittelt werden. Dabei müssen anerkannte mathematisch-statistische Methoden angewendet werden.

4. Die Stichtagsinventur wird am Bilanzstichtag oder bis zu 10 Tage davor oder danach durchgeführt (vgl. R 5.3 Abs. 1 EStR).

   Die zeitverschobene Inventur wird unter Anwendung eines Fortschreibungs- oder Rückrechnungsverfahrens innerhalb der letzten drei Monate vor oder der ersten zwei Monate nach dem Bilanzstichtag durchgeführt (vgl. § 241 Abs. 3 HGB und R 5.3 Abs. 2 EStR).

   Die permanente Inventur erfolgt unter bestimmten Voraussetzungen anhand von Lagerbüchern zum Bilanzstichtag ohne körperliche Bestandsaufnahme (vgl. § 241 Abs. 2 HGB und H 5.3 (Permanente Inventur) EStH 2022).

5. Das Inventar ist ein Verzeichnis aller betrieblichen Vermögensgegenstände und Schulden nach Art, Menge und Wert zu einem bestimmten Stichtag (vgl. § 240 Abs. 1 HGB).

   Es muss gemäß § 240 Abs. 1 und 2 HGB zu Beginn des Handelsgewerbes und jeweils für den Schluss des Geschäftsjahres aufgestellt werden.

b)

Inventar Bürowelt e. K., Koblenz, zum 01.08.20..		
	€	€
I. Vermögen		
1. Anlagevermögen		
1.1 Grundstücke und Bauten		
bebaute Grundstücke	140.000,00	
Geschäftsbauten	350.000,00	490.000,00
1.2 Betriebs- und Geschäftsausstattung		
Büroeinrichtung		56.000,00
2. Umlaufvermögen		
2.1 Forderungen		
Forderungen gegenüber Kunden		2.500,00
2.2 Bankguthaben und Kassenbestand		
Bankguthaben	9.000,00	
Kassenbestand	2.200,00	11.200,00
Summe des Vermögens		559.700,00
II. Schulden		
1. Langfristige Schulden		
Bankdarlehen		210.000,00
2. Kurzfristige Schulden		
Schulden gegenüber Lieferanten		6.100,00
Summe der Schulden		216.100,00
III. Ermittlung des Reinvermögens		
Summe des Vermögens		559.700,00
- Summe der Schulden		216.100,00
= **Reinvermögen (Eigenkapital)**		343.600,00
Koblenz, 01.08.20..		

Lösung zu Lernjob 2

a) 1. Die Bilanz ist eine wertmäßige Gegenüberstellung des Vermögens und des Kapitals eines Kaufmanns (vgl. § 242 Abs. 1 HGB).

2. Eine Bilanz muss gemäß § 242 Abs. 1 HGB zu Beginn des Handelsgewerbes (sog. Eröffnungsbilanz) und jeweils für den Schluss des Geschäftsjahres aufgestellt werden.

3. Gemäß § 247 Abs. 1 HGB müssen die folgenden Vermögensgegenstände und Schulden in der Bilanz gesondert ausgewiesen und hinreichend aufgegliedert werden: Anlagevermögen, Umlaufvermögen, Eigenkapital, Schulden und Rech-

nungsabgrenzungsposten. Für Kapitalgesellschaften gelten gemäß § 266 HGB strenge Gliederungsvorgaben.

4.

AKTIVA	Bilanz zum ... **PASSIVA**
A. Anlagevermögen	**A. Eigenkapital**
B. Umlaufvermögen	**B. Verbindlichkeiten (Fremdkapital)**

5. ► Die linke Seite der Bilanz (**Aktiva**) ...
   ... stellt die **Mittelverwendung** dar.
   ... ist nach der **Flüssigkeit** (**Liquidität**) gegliedert.
   ► Die rechte Seite der Bilanz (**Passiva**)...
   ... stellt die **Mittelherkunft** dar.
   ... ist nach der **Fälligkeit des Kapitals** gegliedert.

b)

Eröffnungsbilanz
Bürowelt e. K. zum 01.08.20..

AKTIVA	€	**PASSIVA**	€
A. Anlagevermögen		**A. Eigenkapital**	343.600,00
I. Sachanlagen			
1. Grundstücke und Bauten	490.000,00	**B. Verbindlichkeiten**	
2. andere Anlagen, Betriebs- und Geschäftsausstattung	56.000,00	1. Verbindlichkeiten gegenüber Kreditinstituten	210.000,00
		2. Verbindlichkeiten aus Lieferungen und Leistungen	6.100,00
B. Umlaufvermögen			
I. Forderungen und sonstige Vermögensgegenstände			
1. Forderungen aus Lieferungen und Leistungen	2.500,00		
II. Kassenbestand und Guthaben bei Kreditinstituten			
1. Bankguthaben	9.000,00		
2. Kassenbestand	2.200,00		
	559.700,00		559.700,00

Ergänzende Übungsaufgaben

Lösung zu Übungsaufgabe 1

Anlagevermögen

- Bürostuhl des Angestellten eines Möbelhandels
- Geschäftsgebäude
- Schreibtisch des Geschäftsführers eines Supermarktes
- Gabelstapler in der Lagerhalle eines Gewerbebetriebs

Umlaufvermögen

- offene Rechnungen aus dem Verkauf von Waren (Forderungen aus Lieferungen und Leistungen)
- Kassenbestand
- Bürostuhl (verpackt) im Regallager eines Möbelhandels
- Bankguthaben auf dem Girokonto des Unternehmens

Langfristige Schulden

- Bankkredit mit einer Laufzeit von fünf Jahren
- Darlehen zur Finanzierung des Geschäftsgebäudes

Kurzfristige Schulden

- Schulden aus Wareneinkäufen (Verbindlichkeiten aus Lieferungen und Leistungen)
- Umsatzsteuerschuld gegenüber dem Finanzamt

Lösung zu Übungsaufgabe 2

a)

Inventar Fun Bike e. K. zum 31.12.20..		
	€	€
I. Vermögen		
1. Anlagevermögen		
1.1 Betriebs- und Geschäftsausstattung		
Pkw	19.000,00	
Ladeneinrichtung	22.350,00	
Sonstige Betriebs- und Geschäftsausstattung laut Verzeichnis 1	22.668,00	64.018,00
2. Umlaufvermögen		
2.1 Waren		
Fahrräder laut Verzeichnis 2	153.794,00	
Fahrradzubehör und Ersatzteile laut Verzeichnis 3	9.650,00	
Fahrradbekleidung laut Verzeichnis 4	13.463,00	176.907,00
2.2 Forderungen		
Forderungen gegenüber Kunden laut Verzeichnis 5		22.020,00
2.3 Bankguthaben und Kassenbestand		
Guthaben Girokonto Sparkasse Mainz	2.814,00	
Kassenbestand	802,00	3.616,00
Summe des Vermögens		266.561,00
II. Schulden		
1. Langfristige Schulden		
Darlehensschuld Sparda-Bank Mainz		170.600,00
2. Kurzfristige Schulden		
Schulden Sparkasse Mainz (Girokonto)	4.710,00	
Schulden gegenüber Lieferanten laut Verzeichnis 6	51.503,00	56.213,00
Summe der Schulden		226.813,00
III. Ermittlung des Reinvermögens		
Summe des Vermögens		266.561,00
- Summe der Schulden		226.813,00
= **Reinvermögen (Eigenkapital)**		39.748,00

b)

Bilanz
Fun Bike e. K. zum 31.12.20..

AKTIVA	€	PASSIVA	€
A. Anlagevermögen		**A. Eigenkapital**	39.748,00
I. Sachanlagen			
1. andere Anlagen, Betriebs- und Geschäftsausstattung	64.018,00	**B. Verbindlichkeiten**	
		1. Verbindlichkeiten gegenüber Kreditinstituten	175.310,00
B. Umlaufvermögen		2. Verbindlichkeiten aus Lieferungen und Leistungen	51.503,00
I. Vorräte			
1. Waren	176.907,00		
II. Forderungen und sonstige Vermögensgegenstände			
1. Forderungen aus Lieferungen und Leistungen	22.020,00		
III. Kassenbestand und Guthaben bei Kreditinstituten	3.616,00		
	266.561,00		266.561,00

Lösung zu Übungsaufgabe 3

Bilanz
Merz Schränke e. K. zum 31.12.20..

AKTIVA	€	PASSIVA	€
A. Anlagevermögen		**A. Eigenkapital**	70.344,00
I. Sachanlagen		**B. Verbindlichkeiten**	
1. Technische Anlagen und Maschinen	395.024,00	1. Verbindlichkeiten gegenüber Kreditinstituten	521.240,00
2. andere Anlagen, Betriebs- und Geschäftsausstattung	273.496,00	2. Verbindlichkeiten aus Lieferungen und Leistungen	306.720,00
B. Umlaufvermögen			
I. Vorräte			
1. Roh-, Hilfs- und Betriebsstoffe	65.968,00		
II. Forderungen und sonstige Vermögensgegenstände			
1. Forderungen aus Lieferungen und Leistungen	157.440,00		
III. Kassenbestand und Guthaben bei Kreditinstituten	6.376,00		
	898.304,00		898.304,00

Lösung zu Übungsaufgabe 4

a)

Inventar
Nähstübchen e. K. zum 25.08.20..

		€	€
I.	**Vermögen**		
1.	**Anlagevermögen**		
	1.1 Betriebs- und Geschäftsausstattung		
	Ladenausstattung	12.000,00	
	Schreibtisch	300,00	
	Bürostuhl	120,00	
	Digitale Kasse	580,00	
	Laptop	350,00	13.350,00
2.	**Umlaufvermögen**		
	2.1 Vorräte		
	Waren		2.300,00
	2.2 Kassenbestand und Guthaben bei Kreditinstituten		
	Kassenbestand	250,00	
	Bankguthaben	600,00	850,00
	Summe des Vermögens		16.500,00
II.	**Schulden**		
1.	**Langfristige Schulden**		
	Schulden gegenüber Kreditinstituten		10.000,00
2.	**Kurzfristige Schulden**		
	Schulden aus Lieferungen und Leistungen		800,00
	Summe der Schulden		10.800,00
III.	**Ermittlung des Reinvermögens**		
	Summe des Vermögens		16.500,00
-	Summe der Schulden		10.800,00
=	**Reinvermögen (Eigenkapital)**		5.700,00

b)

Eröffnungsbilanz

AKTIVA	Nähstübchen e. K. zum 25.08.20..		**PASSIVA**
	€		€
A. Anlagevermögen		**A. Eigenkapital**	5.700,00
I. Sachanlagen			
1. andere Anlagen, Betriebs- und Geschäftsausstattung	13.350,00	**B. Verbindlichkeiten**	
		1. Verbindlichkeiten gegenüber Kreditinstituten	10.000,00
B. Umlaufvermögen		2. Verbindlichkeiten aus Lieferungen und Leistungen	800,00
I. Vorräte			
1. Waren	2.300,00		
II. Kassenbestand und Guthaben bei Kreditinstituten			
1. Bankguthaben	250,00		
2. Kassenbestand	600,00		
	16.500,00		16.500,00

Lösung zu Übungsaufgabe 5

Bilanz

AKTIVA	Walter Holzprodukte GmbH zum 31.12.20..		**PASSIVA**
	€		€
A. Anlagevermögen		**A. Eigenkapital**	8.460,00
I. Sachanlagen			
1. Technische Anlagen und Maschinen	28.900,00	**B. Verbindlichkeiten**	
2. andere Anlagen, Betriebs- und Geschäftsausstattung	37.130,00	1. Verbindlichkeiten gegenüber Kreditinstituten	80.000,00
		2. Verbindlichkeiten aus Lieferungen und Leistungen	1.300,00
B. Umlaufvermögen			
I. Vorräte			
1. Roh-, Hilfs- und Betriebsstoffe	15.100,00		
II. Forderungen und sonstige Vermögensgegenstände			
1. Forderungen aus Lieferungen und Leistungen	2.380,00		
III. Kassenbestand und Guthaben bei Kreditinstituten	6.250,00		
	89.760,00		89.760,00

D. Bilanzveränderungen und Buchen auf Bestandskonten, Debitoren und Kreditoren

Lösung zu Lernjob 1

Teil 1

a) Die folgenden beiden Bestände würden sich in der Bilanz verändern: Büroeinrichtung und Bank.

b) Beide Positionen befinden sich auf der Aktiva-Seite der Bilanz.

c) Die Summe der Bilanz bleibt unverändert, da sich eine Aktiva-Position in derselben Höhe verringert wie sich eine andere Aktiva-Position erhöht.

Teil 2

a) Arten der Bilanzveränderungen:

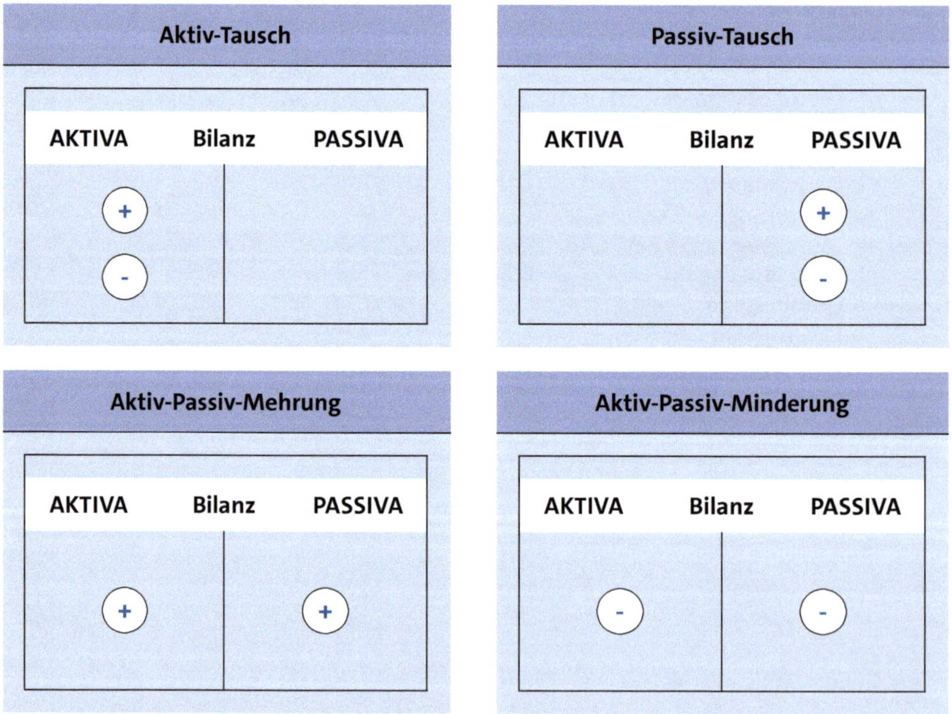

b) Bilanzveränderungen durch die Geschäftsvorfälle 1. - 3. der „Bürowelt e. K.“

1.	Aktivtausch:	Aktiv-Position „Büroeinrichtung“	erhöht sich,
		Aktiv-Position „Bank“	verringert sich.
2.	Aktivtausch:	Aktiv-Position „Bank“	erhöht sich,
		Aktiv-Position „Forderungen a LuL“	verringert sich.
3.	Aktiv-Passiv-Minderung:	Aktiv-Position „Bank“	verringert sich,
		Passiv-Position „Verbindlichkeiten a LuL“	verringert sich.

Lösung zu Lernjob 2

AKTIVA	**Bilanz**	**PASSIVA**

Aktivseite	Passivseite
Aktivpositionen der Bilanz (Vermögen)	Passivpositionen der Bilanz (Eigenkapital und Verbindlichkeiten)
↓	↓
Aktivkonten	**Passivkonten**
↓	↓

Soll	Kontobezeichnung **Haben**
Anfangsbestand (AB) **Mehrungen (Zugänge)**	**Minderungen (Abgänge)**

Soll	Kontobezeichnung **Haben**
Minderungen (Abgänge)	**Anfangsbestand (AB)** **Mehrungen (Zugänge)**

Lösung zu Lernjob 3

a)

		SKR 03	**SKR 04**
Gliederungsprinzip		Prozessgliederungsprinzip (nach dem Ablauf des betrieblichen Leistungsprozesses)	Abschlussgliederungsprinzip (nach der Anordnung im Jahresabschluss)
Titel der Kontenklassen	**0**	Anlage- und Kapitalkonten	Anlagevermögenskonten
	1	Finanz- und Privatkonten	Umlaufvermögenskonten
	2	Abgrenzungskonten	Eigenkapitalkonten/Fremdkapitalkonten
	3	Wareneingangs- und Bestandskonten	Fremdkapitalkonten
	4	Betriebliche Aufwendungen	Betriebliche Erträge
	5		Betriebliche Aufwendungen
	6		Betriebliche Aufwendungen
	7	Bestände an Erzeugnissen	Weitere Erträge und Aufwendungen
	8	Erlöskonten	
	9	Vortrags-, Kapital-, Korrektur- und statistische Konten	Vortrags-, Kapital-, Korrektur- und statistische Konten

b)

	Kontobezeichnung	Konto-nummer SKR 03	Konto-nummer SKR 04
1.	Grundstückswerte eigener bebauter Grundstücke	0085	0235
2.	Geschäftsbauten	0090	0240
3.	Maschinen	0210	0440
4.	Pkw	0320	0520
5.	Lkw	0350	0540
6.	Betriebsausstattung	0400	0630
7.	Geschäftsausstattung	0410	0635
8.	Büroeinrichtung	0420	0650
9.	Ladeneinrichtung	0430	0640
10.	Kasse	1000	1600
11.	Bank	1200	1800
12.	Forderungen aus Lieferungen und Leistungen	1400	1200
13.	Verbindlichkeiten aus Lieferungen und Leistungen	1600	3300
14.	Variables Kapital (Vollhafter/Einzelunternehmer)	0880	2010
15.	Zinsaufwendungen für langfristige Verbindlichkeiten	2120	7320
16.	Wareneingang	3200	5200
17.	Löhne und Gehälter	4100	6000
18.	Raumkosten	4200	6305
19.	Versicherungen	4360	6400
20.	Fahrzeugkosten	4500	6500
21.	Umsatzerlöse	8000	4000

Lösung zu Lernjob 4

0085 (0235)
Grundstücke

S			H
AB	140.000,00		

0880 (2010)
Eigenkapital

S			H
		AB	343.600,00

0090 (0240)
Geschäftsbauten

S			H
AB	350.000,00		

0630 (3150)
Verbindlichkeiten gegenüber Kreditinstituten

S			H
		AB	210.000,00

0420 (0650)
Büroeinrichtung

S			H
AB	56.000,00		
1)	2.500,00		

1600 (3300)
Verbindlichkeiten aus Lieferungen und Leistungen

S			H
3)	3.800,00	AB	6.100,00

1400 (1200) Forderungen aus Lieferungen und Leistungen

S			H
AB	2.500,00	2)	1.600,00

1000 (1600) Kasse

S			H
AB	2.200,00		

1200 (1800) Bank

S			H
AB	9.000,00	1)	2.500,00
2)	1.600,00	3)	3.800,00

Eröffnungsbilanzkonto (EBK)

S			H
0880 (2010)	343.600,00	0085 (0235)	140.000,00
0630 (3150)	210.000,00	0090 (0240)	350.000,00
1600 (3300)	6.100,00	0420 (0650)	56.000,00
		1400 (1200)	2.500,00
		1000 (1600)	2.200,00
		1200 (1800)	9.000,00
	559.700,00		559.700,00

Lösung zu Lernjob 5

0085 (0235) Grundstücke

S			H
AB	140.000,00	SBK	140.000,00
	140.000,00		140.000,00

0880 (2010) Eigenkapital

S			H
SBK	343.600,00	AB	343.600,00
	343.600,00		343.600,00

0090 (0240) Geschäftsbauten

S			H
AB	350.000,00	SBK	350.000,00
	350.000,00		350.000,00

0630 (3150) Verbindlichkeiten gegenüber Kreditinstituten

S			H
SBK	210.000,00	AB	210.000,00
	210.000,00		210.000,00

0420 (0650) Büroeinrichtung

S			H
AB	56.000,00	SBK	58.500,00
1)	2.500,00		
	58.500,00		58.500,00

1600 (3300) Verbindlichkeiten aus Lieferungen und Leistungen

S			H
3)	3.800,00	AB	6.100,00
SBK	2.300,00		
	6.100,00		6.100,00

1400 (1200) Forderungen aus Lieferungen und Leistungen

S			H
AB	2.500,00	2)	1.600,00
		SBK	900,00
	2.500,00		2.500,00

1000 (1600) Kasse

S			H
AB	2.200,00	SBK	2.200,00
	2.200,00		2.200,00

1200 (1800) Bank

S			H
AB	9.000,00	1)	2.500,00
2)	1.600,00	3)	3.800,00
		SBK	4.300,00
	10.600,00		10.600,00

Schlussbilanzkonto (SBK)

S			H
0085 (0235)	140.000,00	0880 (2010)	343.600,00
0090 (0240)	350.000,00	0630 (3150)	210.000,00
0420 (0650)	58.500,00	1600 (3300)	2.300,00
1400 (1200)	900,00		
1000 (1600)	2.200,00		
1200 (1800)	4.300,00		
	555.900,00		555.900,00

Lösung zu Lernjob 6

a) Ein Buchungssatz drückt in Sprachform aus, wie bei einer Buchung vorgegangen wird. Er ist nach dem folgenden Muster aufgebaut:

Sollkonto an **Habenkonto** Betrag in €

Man kann Buchungssätze auch in *Tabellenform* notieren. Dann werden sie in folgender Reihenfolge aufgeschrieben:

Sollkonto		Betrag in €	Habenkonto	
Bezeichnung	Kontonummer		Bezeichnung	Kontonummer

b) **Sprachform**

1. Büroeinrichtung an Bank 2.500 €
2. Bank an Forderungen aus Lieferungen und Leistungen 1.600 €
3. Verbindlichkeiten aus Lieferungen und Leistungen an Bank 3.800 €

Tabellenform

Nr.	SOLL	Betrag	HABEN
	Bezeichnung	€	Bezeichnung
1.	Büroeinrichtung	2.500,00	Bank
2.	Bank	1.600,00	Forderungen aus Lieferungen und Leistungen
3.	Verbindlichkeiten aus Lieferungen und Leistungen	3.800,00	Bank

Lösung zu Lernjob 7

a) Debitoren sind i. d. R. die Kunden eines Unternehmens. Die Lieferung oder Leistung wurde bereits ausgeführt, eine Rechnung gestellt und die Forderung gegenüber dem Kunden ist noch offen.

Kreditoren sind grundsätzlich die Lieferanten eines Unternehmens. Die Rechnung über eine Lieferung oder Leistung ist eingegangen, wurde aber noch nicht beglichen. Es entsteht ein sogenannter „Offener Posten".

Debitoren- und Kreditorenkonten sind sog. „Personenkonten". Debitoren haben sowohl im SKR 03 als auch im SKR 04 i. d. R. Kontonummern zwischen 10.000 und 69.999, Kreditoren zwischen 70.000 und 99.999.

b)

1200 (1800)

S	Bank		H
2)	1.600,00	3)	3.800,00

S	Harald Schmied		H
AB	1.600,00	2)	1.600,00

S	Papier Max OHG		H
3)	3.800,00	AB	3.800,00

Ergänzende Übungsaufgaben

Lösung zu Übungsaufgabe 1

Nr.	Art der Bilanzveränderung	Begründung
1.	Aktiv-Tausch	Mehrung Betriebsausstattung (A) und Minderung Kasse (A)
2.	Aktiv-Passiv-Minderung	Minderung Forderungen a LuL (A) und Minderung Verbindlichkeiten a LuL (P)
3.	Aktiv-Passiv-Mehrung	Mehrung Warenbestand (A) und Mehrung Verbindlichkeiten a LuL (P)
4.	Aktiv-Passiv-Minderung	Minderung Bank (A) und Minderung Verbindlichkeiten a LuL (P)
5.	Aktiv-Passiv-Mehrung	Mehrung Betriebsausstattung (A) und Mehrung Verbindlichkeiten a LuL (P)
6.	Passiv-Tausch	Minderung kurzfristige Verbindlichkeiten (P) und Mehrung Darlehen (P)
7.	Aktiv-Passiv-Minderung	Minderung Bank (A) und Minderung Darlehen (P)
8.	Aktiv-Passiv-Mehrung	Mehrung Bank (A) und Mehrung Darlehen (P)

Lösung zu Übungsaufgabe 2

Aktivkonten	Passivkonten
► unbebaute Grundstücke ► Technische Anlagen ► Betriebsausstattung ► Geschäftsausstattung ► Hilfsstoffe ► Waren ► Bank (Guthaben) ► Kasse	► Eigenkapital ► Verbindlichkeiten gegenüber Kreditinstituten ► Verbindlichkeiten aus Lieferungen und Leistungen ► sonstige Verbindlichkeiten

Lösung zu Übungsaufgabe 3

Der **SKR 03** ist nach dem **Leistungsprozess** bzw. Betriebsablauf in einem Unternehmen gegliedert.

Die Kontenklassen 0 und 1 beziehen sich auf die grundlegende **Leistungsvorbereitung**. Dazu gehören z. B. die Bereitstellung von Maschinen und Betriebs- und Geschäftsausstattung (**Anlage**vermögen) und deren **Finanzierung** (z. B. Eigenkapital, Bankdarlehen und Lieferantenkredite).

Die Kontenklasse 2 dient der Abgrenzung von sogenannten **neutralen** Aufwendungen und Erträgen. Diese Vorgänge werden nicht durch den betrieblichen Leistungsprozess verursacht. Zwei Beispiele wären Erträge aus der Vermietung eines Gebäudes eines Industrieunternehmens oder Zinsaufwendungen.

In der Kontenklasse 3 wird die Leistungsvorbereitung im Rahmen des **Umlauf**vermögens erfasst. Dieser Bereich umfasst sowohl die **Waren** als auch die **Roh-**, **Hilfs-** und **Betriebs**stoffe (Aufwands- und Bestandskonten).

Die Kontenklasse 4 bildet in einem nächsten Schritt die **betrieblichen** Aufwendungen im Rahmen der **Leistungserstellung** ab. Dazu gehören unter anderem Löhne und Gehälter, Raumkosten, Kfz-Kosten, Werbe- und Reisekosten.

Die **Ergebnisse** der betrieblichen Leistungsprozesse finden in den Kontenklassen 7 und 8 ihren Platz. Die **unfertigen und fertigen Erzeugnisse**, die im Lager liegen, werden in die Kontenklasse 7 und die **Umsatzerlöse** aus verkauften Produkten in die Kontenklasse 8 gebucht.

Die Konten für den **Abschluss** einer Buchhaltung befinden sich in Kontenklasse 9.

Der Kontenrahmen **SKR 04** ist nach der Anordnung der Posten im **Jahresabschluss** gegliedert.

Die Bilanzpositionen der **Aktiva** befinden sich in den Kontenklassen 0 (**Anlage**vermögen) und Kontenklasse 1 (**Umlauf**vermögen).

Die folgenden beiden Kontenklassen bilden die **Passiva**-Positionen einer Bilanz ab: Kontenklasse 2 für das **Eigenkapital** und Kontenklasse 3 für das **Fremdkapital**.

Die sich anschließenden Kontenklassen dienen der Buchung von **Aufwendungen** und **Erträgen**, die mit dem Abschluss in die Ergebnisrechnung einfließen. In der Kontenklasse 4 befinden sich die **Ertrags**konten, wie z. B. Umsatzerlöse. Der **Materialaufwand** eines Unternehmens wird in die Kontenklasse 5 gebucht, alle anderen **betrieblichen** Aufwendungen in die Kontenklasse 6. Die **neutralen** Aufwendungen und Erträge finden in der Kontenklasse 7 ihren Platz.

Die Kontenklasse 9 dient, wie im SKR 03, dem **Abschluss** der Buchhaltung.

Lösung zu Übungsaufgabe 4

0320 (0520)
Pkw

S			H
AB	42.500,00	SBK	42.500,00
	42.500,00		42.500,00

0880 (2010)
Eigenkapital

S			H
SBK	99.675,00	AB	99.675,00
	99.675,00		99.675,00

0490 (0690)
sonstige Betriebs- und Geschäftsausstattung

S			H
AB	16.000,00	SBK	17.150,00
2)	1.150,00		
	17.150,00		17.150,00

0630 (3150)
Verbindlichkeiten gegenüber Kreditinstituten

S			H
SBK	29.500,00	AB	27.000,00
		5)	2.500,00
	29.500,00		29.500,00

3980 (1140)
Waren (Bestand)

S			H
AB	6.000,00	SBK	8.750,00
4)	2.750,00		
	8.750,00		8.750,00

1600 (3300)
Verbindlichkeiten a LuL

S			H
SBK	19.250,00	AB	16.500,00
		4)	2.750,00
	19.250,00		19.250,00

1400 (1200)
Forderungen aus LuL

S			H
AB	72.000,00	1)	3.500,00
		SBK	68.500,00
	72.000,00		72.000,00

1200 (1800)
Bank

S			H
AB	4.750,00	3)	250,00
1)	3.500,00	SBK	10.500,00
5)	2.500,00		
	10.750,00		10.750,00

1000 (1600)
Kasse

S			H
AB	1.925,00	2)	1.150,00
3)	250,00	SBK	1.025,00
	2.175,00		2.175,00

S	Eröffnungsbilanzkonto (EBK)		H
0880 (2010)	99.675,00	0320 (0520)	42.500,00
0630 (3150)	27.000,00	0490 (0690)	16.000,00
1600 (3300)	16.500,00	3980 (1140)	6.000,00
		1400 (1200)	72.000,00
		1200 (1800)	4.750,00
		1000 (1600)	1.925,00
	143.175,00		143.175,00

S	Schlussbilanzkonto (SBK)		H
0320 (0520)	42.500,00	0880 (2010)	99.675,00
0490 (0690)	17.150,00	0630 (3150)	29.500,00
3980 (1140)	8.750,00	1600 (3300)	19.250,00
1400 (1200)	68.500,00		
1200 (1800)	10.500,00		
1000 (1600)	1.025,00		
	148.425,00		148.425,00

Bilanz

Marcus Wagner zum 31.01.20..

AKTIVA	€	PASSIVA	€
A. Anlagevermögen		**A. Eigenkapital**	99.675,00
I. Sachanlagen			
1. Betriebs- und Geschäftsausstattung	59.650,00	**B. Verbindlichkeiten**	
		1. Verbindlichkeiten gegenüber Kreditinstituten	29.500,00
B. Umlaufvermögen			
I. Vorräte		2. Verbindlichkeiten aus Lieferungen und Leistungen	19.250,00
1. Waren	8.750,00		
II. Forderungen und sonstige Vermögensgegenstände			
1. Forderungen aus Lieferungen und Leistungen	68.500,00		
III. Kassenbestand und Guthaben bei Kreditinstituten			
1. Bankguthaben	10.500,00		
2. Kassenbestand	1.025,00		
	148.425,00		148.425,00

Lösung zu Übungsaufgabe 5

Buchungssätze in Sprachform

1.	Büroeinrichtung oder 0420 (0650)	an an	Verbindlichkeiten a LuL 1600 (3300)	500,00 € 500,00 €
2.	Verbindlichkeiten a LuL oder 1600 (3300)	an an	Verb. ggü. Kreditinstituten 0630 (3150)	16.000,00 € 16.000,00 €
3.	Kasse oder 1000 (1600)	an an	Bank 1200 (1800)	600,00 € 600,00 €
4.	Verbindlichkeiten a LuL oder 1600 (3300)	an an	Bank 1200 (1800)	4.000,00 € 4.000,00 €
5.	Verb. ggü. Kreditinstituten oder 0630 (3150)	an an	Bank 1200 (1800)	1.500,00 € 1.500,00 €

Buchungssätze in Tabellenform

Nr.	SOLL		Betrag €	HABEN	
	Konto-Bezeichnung	Konto-Nr. SKR 03 (SKR 04)		Konto-Bezeichnung	Konto-Nr. SKR 03 (SKR 04)
1.	Büroeinrichtung	0420 (0650)	500,00	Verbindlichkeiten a LuL	1600 (3300)
2.	Verbindlichkeiten a LuL	1600 (3300)	16.000,00	Verb. ggü. Kredit-instituten	0630 (3150)
3.	Kasse	1000 (1600)	600,00	Bank	1200 (1800)
4.	Verbindlichkeiten a LuL	1600 (3300)	4.000,00	Bank	1200 (1800)
5.	Verb. ggü. Kredit-instituten	0630 (3150)	1.500,00	Bank	1200 (1800)

Lösung zu Übungsaufgabe 6

Nr.	SOLL		Betrag €	HABEN	
	Konto-Bezeichnung	Konto-Nr. SKR 03 (SKR 04)		Konto-Bezeichnung	Konto-Nr. SKR 03 (SKR 04)
1.	Ladeneinrichtung	0430 (0640)	24.000,00	Verbindlichkeiten a LuL	1600 (3300)
2.	Verbindlichkeiten a LuL	1600 (3300)	16.000,00	Bank	1200 (1800)
3.	Bank	1200 (1800)	2.000,00	Kasse	1000 (1600)
4.	Kasse	1000 (1600)	800,00	Bank	1200 (1800)
5.	Bank	1200 (1800)	60.000,00	Verbindlichkeiten ggü. Kreditinstituten	0630 (3150)
6.	Kasse	1000 (1600)	400,00	Forderungen a LuL	1400 (1200)
7.	Geschäftsausstattung	0410 (0635)	800,00	Verbindlichkeiten a LuL	1600 (3300)
8.	Verbindlichkeiten ggü. Kreditinstituten	0630 (3150)	1.000,00	Bank	1200 (1800)

Lösung zu Übungsaufgabe 7

a)

Nr.	SOLL		Betrag €	HABEN	
	Konto-Bezeichnung	Konto-Nr. SKR 03 (SKR 04)		Konto-Bezeichnung	Konto-Nr. SKR 03 (SKR 04)
1.	Bank	1200 (1800)	300,00	Kasse	1000 (1600)
2.	Verbindlichkeiten ggü. Kreditinstituten	0630 (3150)	150,00	Bank	1200 (1800)
3.	Bank	1200 (1800)	800,00	Forderungen a LuL	1400 (1200)
4.	Betriebsausstattung	0400 (0630)	450,00	Bank	1200 (1800)
5.	Verbindlichkeiten a LuL	1600 (3300)	2.300,00	Bank	1200 (1800)
6.	Technische Anlagen	0240 (0420)	3.000,00	Verbindlichkeiten a LuL	1600 (3300)

b) bis d)

0240 (0420) Technische Anlagen

S			H
AB	23.000,00	SBK	26.000,00
6)	3.000,00		
	26.000,00		26.000,00

0880 (2010) Eigenkapital

S			H
SBK	46.570,00	AB	46.570,00
	46.570,00		46.570,00

0400 (0630) Betriebsausstattung

S			H
AB	19.000,00	SBK	19.450,00
4)	450,00		
	19.450,00		19.450,00

0630 (3150) Verbindlichkeiten gegenüber Kreditinstituten

S			H
2)	150,00	AB	37.000,00
SBK	36.850,00		
	37.000,00		37.000,00

3980 (1140) Waren (Bestand)

S			H
AB	31.000,00	SBK	31.000,00
	31.000,00		31.000,00

1600 (3300) Verbindlichkeiten aus Lieferungen und Leistungen

S			H
5)	2.300,00	AB	12.000,00
SBK	12.700,00	6)	3.000,00
	15.000,00		15.000,00

1400 (1200) Forderungen aus Lieferungen und Leistungen

S			H
AB	9.000,00	3)	800,00
		SBK	8.200,00
	9.000,00		9.000,00

1200 (1800) Bank

S			H
AB	12.250,00	2)	150,00
1)	300,00	4)	450,00
3)	800,00	5)	2.300,00
		SBK	10.450,00
	13.350,00		13.350,00

1000 (1600) Kasse

S			H
AB	1.320,00	1)	300,00
		SBK	1.020,00
	1.320,00		1.320,00

S Eröffnungsbilanzkonto (EBK) H

S		H	
0880 (2010)	46.570,00	0240 (0420)	23.000,00
0630 (3150)	37.000,00	0400 (0630)	19.000,00
1600 (3300)	12.000,00	3980 (1140)	31.000,00
		1400 (1200)	9.000,00
		1200 (1800)	12.250,00
		1000 (1600)	1.320,00
	95.570,00		95.570,00

S Schlussbilanzkonto (SBK) H

S		H	
0240 (0420)	26.000,00	0880 (2010)	46.570,00
0400 (0630)	19.450,00	0630 (3150)	36.850,00
3980 (1140)	31.000,00	1600 (3300)	12.700,00
1400 (1200)	8.200,00		
1200 (1800)	10.450,00		
1000 (1600)	1.020,00		
	96.120,00		96.120,00

E. Buchen auf Erfolgskonten und Gewinn- und Verlustrechnung

Lösung zu Lernjob 1

a) bis c)

0085 (0235) Grundstücke

S		H	
AB	140.000,00	SBK	140.000,00
	140.000,00		140.000,00

0880 (2010) Eigenkapital

S		H	
1)	150,00	AB	343.600,00
3)	50,00	2)	220,00
SBK	343.680,00	4)	60,00
	343.880,00		343.880,00

0090 (0240) Geschäftsbauten

S		H	
AB	350.000,00	SBK	350.000,00
	350.000,00		350.000,00

0630 (3150) Verbindlichkeiten gegenüber Kreditinstituten

S		H	
SBK	210.000,00	AB	210.000,00
	210.000,00		210.000,00

0420 (0650) Büroeinrichtung

S		H	
AB	58.500,00	SBK	58.500,00
	58.500,00		58.500,00

1600 (3300) Verbindlichkeiten aus Lieferungen und Leistungen

S		H	
SBK	2.450,00	AB	2.300,00
		1)	150,00
	2.450,00		2.450,00

S 1400 (1200) Forderungen aus Lieferungen und Leistungen H

S			H
AB	900,00	SBK	900,00
	900,00		900,00

S Eröffnungsbilanzkonto (EBK) H

S			H
0880 (2010)	343.600,00	0085 (0235)	140.000,00
0630 (3150)	210.000,00	0090 (0240)	350.000,00
1600 (3300)	2.300,00	0420 (0650)	58.500,00
		1400 (1200)	900,00
		1000 (1600)	2.200,00
		1200 (1800)	4.300,00
	555.900,00		555.900,00

S 1000 (1600) Kasse H

S			H
AB	2.200,00	SBK	2.200,00
	2.200,00		2.200,00

S 1200 (1800) Bank H

S			H
AB	4.300,00	3)	50,00
2)	220,00	SBK	4.530,00
4)	60,00		
	4.580,00		4.580,00

S Schlussbilanzkonto (SBK) H

S			H
0085 (0235)	140.000,00	0880 (2010)	343.680,00
0090 (0240)	350.000,00	0630 (3150)	210.000,00
0420 (0650)	58.500,00	1600 (3300)	2.450,00
1400 (1200)	900,00		
1000 (1600)	2.200,00		
1200 (1800)	4.530,00		
	556.130,00		556.130,00

d) Durch die vier Geschäftsvorfälle haben sich die folgenden Konten verändert:

- Der Bestand des Bankkontos, d. h. das Vermögen des Unternehmens, wurde um 230 € vermehrt (Schlussbestand - Anfangsbestand = 4.530 € - 4.300 € = 230 €).
- Die Verbindlichkeiten a LuL, d. h. die Schulden des Unternehmens, wurden um 150 € vermehrt (SB - AB = 2.450 € - 2.300 € = 150 €).
- Dadurch wurde das Eigenkapital insgesamt um 80 € (230 € - 150 €) vermehrt.

Lösung zu Lernjob 2

Erfolgswirksame Geschäftsvorfälle

... beeinflussen das **Eigenkapital** des Unternehmen unmittelbar.

Soll	**Eigenkapital**	Haben
-		+
Aufwendungen		**Erträge**

Aus Gründen der **Übersichtlichkeit** werden aus dem Eigenkapitalkonto die sogenannten **Erfolgskonten** abgeleitet.

S **Aufwandskonto**	H
Minderung des EK → Aufwandsbuchung im **Soll**	

S **Ertragskonto**	H
	Mehrung des EK → Ertragsbuchung im **Haben**

Erfolgskonten werden über das **Gewinn- und Verlustkonto (GuVK)** abgeschlossen. Dieses Konto wiederum wird dann über das **Eigenkapitalkonto** abgeschlossen.

Die Differenz zwischen den Aufwendungen und den Erträgen der Abrechnungsperiode bildet den **Gewinn** oder **Verlust** des Unternehmens als Saldo auf dem Gewinn- und Verlustkonto ab und erhöht oder vermindert das Eigenkapital:

S **Gewinn- und Verlustkonto**	H
Salden der **Aufwands**konten	Salden der **Ertrags**konten
Gewinn	(**Verlust**)

S **Eigenkapital**	H
	Anfangsbestand
(**Verlust**)	**Gewinn**

oder

Lösung zu Lernjob 3

4920 (6805) Telefon

S			H
1)	150,00	GuVK	150,00
	150,00		150,00

2750 (4860) Grundstückserträge

S			H
GuVK	220,00	2)	220,00
	220,00		220,00

4210 (6310) Miete

S			H
3)	50,00	GuVK	50,00
	50,00		50,00

2650 (7100) Sonstige Zinsen und ähnliche Erträge

S			H
GuVK	60,00	4)	60,00
	60,00		60,00

1200 (1800) Bank

S			H
AB	4.300,00	3)	50,00
2)	220,00		
4)	60,00		

1600 (3300) Verbindlichkeiten a LuL

S			H
		AB	2.300,00
		1)	150,00

Gewinn- und Verlustkonto (GuVK)

S			H
4920 (6805)	150,00	2750 (4860)	220,00
4210 (6310)	50,00	2650 (7100)	60,00
Gewinn	80,00		
	280,00		280,00

0880 (2010) Eigenkapital

S			H
		AB	343.600,00
		Gewinn	80,00

Ergänzende Übungsaufgaben

Lösung zu Übungsaufgabe 1

Aufwandskonten	Ertragskonten
► Porto ► Bürobedarf ► Miete ► Darlehenszinsen ► Telefonkosten	► (Verkaufs-)Erlöse ► Grundstückserträge ► Zinserträge

Lösung zu Übungsaufgabe 2

Nr.	SOLL		Betrag €	HABEN		Auf-wand	Er-trag
	Konto-Bezeichnung	Konto-Nr. SKR 03 (SKR 04)		Konto-Bezeichnung	Konto-Nr. SKR 03 (SKR 04)		
1.	Telefon	4920 (6805)	62,00	Bank	1200 (1800)	x	
2.	Gehälter	4120 (6020)	750,00	Kasse	1000 (1600)	x	
3.	Miete	4210 (6310)	2.000,00	Bank	1200 (1800)	x	
4.	Zinsaufw. für kurzfr. Verb.	2110 (7310)	23,00	Bank	1200 (1800)	x	
5.	Ladeneinrichtung	0430 (0640)	2.000,00	Verb. a LuL	1600 (3300)		
6.	Bank	1200 (1800)	400,00	Ford. a LuL	1400 (1200)		
7.	Bank	1200 (1800)	200,00	Grundstücks-erträge	2750 (4860)		x
8.	Porto	4910 (6800)	25,00	Kasse	1000 (1600)	x	
9.	Bank	1200 (1800)	75,00	Sonstige Zinsen und ähnl. Ertr.	2650 (7100)		x
10.	Nebenkosten d. Geldverkehrs	4970 (6855)	15,00	Bank	1200 (1800)	x	

Lösung zu Übungsaufgabe 3

2120 (7320) Zinsaufwendungen für langfristige Verbindlichkeiten

S			H
	275,00	GuVK	275,00
	275,00		275,00

4910 (6800) Porto

S			H
	100,00	GuVK	100,00
	100,00		100,00

4120 (6020) Gehälter

S			H
	2.000,00		500,00
	800,00	GuVK	2.300,00
	2.800,00		2.800,00

4920 (6805) Telefon

S			H
	50,00	GuVK	90,00
	40,00		
	90,00		90,00

4210 (6310) Miete

S			H
	800,00		500,00
	600,00	GuVK	1.600,00
	700,00		
	2.100,00		2.100,00

2750 (4860) Grundstückserträge

S			H
GuVK	5.000,00		5.000,00
	5.000,00		5.000,00

0880 (2010) Eigenkapital

S			H
SBK	27.760,00	AB	27.125,00
		Gewinn	635,00
	27.760,00		27.760,00

GuVK

S			H
2120 (7320)	275,00	2750 (4860)	5.000,00
4120 (6020)	2.300,00		
4210 (6310)	1.600,00		
4910 (6800)	100,00		
4920 (6805)	90,00		
Gewinn	635,00		
	5.000,00		5.000,00

Lösung zu Übungsaufgabe 4

a)

Nr.	SOLL		Betrag €	HABEN		Auf-wand	Er-trag
	Konto-Bezeichnung	Konto-Nr. SKR 03 (SKR 04)		Konto-Bezeichnung	Konto-Nr. SKR 03 (SKR 04)		
1.	Gehälter	4120 (6020)	1.250,00	Bank	1200 (1800)	x	
2.	Telefon	4920 (6805)	100,00	Bank	1200 (1800)	x	
3.	Bank	1200 (1800)	2.700,00	Grundstücks-erträge	2750 (4860)		x
4.	Porto	4910 (6800)	50,00	Kasse	1000 (1600)	x	
5.	Miete	4210 (6310)	750,00	Bank	1200 (1800)	x	
6.	Pkw	0320 (0520)	26.500,00	Verb. a LuL	1600 (3300)		
7.	Zinsaufw. für kurzfr. Verb.	2110 (7310)	50,00	Bank	1200 (1800)	x	
8.	Bank	1200 (1800)	5.000,00	Ford. a LuL	1400 (1200)		

b) bis d)

Bestandskonten

0320 (0520)
S Pkw H

S		H	
AB	31.000,00	SBK	57.500,00
6)	26.500,00		
	57.500,00		57.500,00

0880 (2010)
S Eigenkapital H

S		H	
SBK	63.500,00	AB	63.000,00
		Gewinn	500,00
	63.500,00		63.500,00

0430 (0640)
S Ladeneinrichtung H

S		H	
AB	25.500,00	SBK	25.500,00
	25.500,00		25.500,00

1600 (3300)
S Verbindlichkeiten a LuL H

S		H	
SBK	46.500,00	AB	20.000,00
		6)	26.500,00
	46.500,00		46.500,00

3980 (1140)
S Waren (Bestand) H

S		H	
AB	13.000,00	SBK	13.000,00
	13.000,00		13.000,00

1400 (1200)
S Forderungen a LuL H

S		H	
AB	7.500,00	8)	5.000,00
		SBK	2.500,00
	7.500,00		7.500,00

1200 (1800) Bank

S			H
AB	5.500,00	1)	1.250,00
3)	2.700,00	2)	100,00
8)	5.000,00	5)	750,00
		7)	50,00
		SBK	11.050,00
	13.200,00		13.200,00

1000 (1600) Kasse

S			H
AB	500,00	4)	50,00
		SBK	450,00
	500,00		500,00

Schlussbilanzkonto (SBK)

S			H
0320 (0520)	57.500,00	0880 (2010)	63.500,00
0430 (0640)	25.500,00	1600 (3300)	46.500,00
3980 (1140)	13.000,00		
1400 (1200)	2.500,00		
1200 (1800)	11.050,00		
1000 (1600)	450,00		
	110.000,00		110.000,00

Eröffnungsbilanzkonto (EBK)

S			H
0880 (2010)	63.000,00	0320 (0520)	31.000,00
1600 (3300)	20.000,00	0430 (0640)	25.500,00
		3980 (1140)	13.000,00
		1400 (1200)	7.500,00
		1200 (1800)	5.500,00
		1000 (1600)	500,00
	83.000,00		83.000,00

Erfolgskonten

4120 (6020) Gehälter

S			H
1)	1.250,00	GuVK	1.250,00
	1.250,00		1.250,00

4920 (6805) Telefon

S			H
2)	100,00	GuVK	100,00
	100,00		100,00

2750 (4860) Grundstückserträge

S			H
GuVK	2.700,00	3)	2.700,00
	2.700,00		2.700,00

4910 (6800) Porto

S			H
4)	50,00	GuVK	50,00
	50,00		50,00

S 4210 (6310) Miete H

5)	750,00	GuVK	750,00
	750,00		750,00

S 2110 (7310) Zinsaufwendungen für kurzfristige Verbindlichkeiten H

7)	50,00	GuVK	50,00
	50,00		50,00

S Gewinn- und Verlustkonto (GuVK) H

2110 (7310)	50,00	2750 (4860)	2.700,00
4120 (6020)	1.250,00		
4210 (6310)	750,00		
4910 (6800)	50,00		
4920 (6805)	100,00		
Gewinn	500,00		
	2.700,00		2.700,00

Lösung zu Übungsaufgabe 5

Nr.	SOLL		Betrag €	HABEN		Auf-wand	Er-trag
	Konto-Bezeichnung	Konto-Nr. SKR 03 (SKR 04)		Konto-Bezeichnung	Konto-Nr. SKR 03 (SKR 04)		
1.	Bank	1200 (1800)	800,00	Ford. a LuL	1400 (1200)		
2.	Nebenkosten d. Geldverkehrs	4970 (6855)	17,00	Bank	1200 (1800)	x	
3.	Miete	4210 (6310)	2.400,00	Bank	1200 (1800)	x	
4.	Porto	4910 (6800)	100,00	Kasse	1000 (1600)	x	
5.	Gehälter	4120 (6020)	1.980,00	Bank	1200 (1800)	x	
6.	Telefon	4920 (6805)	60,00	Bank	1200 (1800)	x	
7.	Ladeneinrichtung	0430 (0640)	10.000,00	Verb. a LuL	1600 (3300)		
8.	Zinsaufw. für kurzfr. Verb.	2110 (7310)	140,00	Bank	1200 (1800)	x	

Lösung zu Übungsaufgabe 6

Nr.	SOLL		Betrag €	HABEN		Auf- wand	Er- trag
	Konto-Bezeichnung	Konto-Nr. SKR 03 (SKR 04)		Konto-Bezeichnung	Konto-Nr. SKR 03 (SKR 04)		
1.	Gehälter	4120 (6020)	6.800,00	Bank	1200 (1800)	x	
2.	Internetkosten	4925 (6810)	45,00	Bank	1200 (1800)	x	
3.	Buchführungs-kosten	4955 (6830)	200,00	Verb. a LuL	1600 (3300)	x	
4.	Laufende Kfz-Betriebskosten	4530 (6530)	68,50	Kasse	1000 (1600)	x	
5.	Miete	4210 (6310)	1.800,00	Bank	1200 (1800)	x	
6.	Zinsaufw. für langfr. Verb.	2120 (7320)	250,00	Bank	1200 (1800)	x	
7.	Verb. a LuL	1600 (3300)	1.250,00	Bank	1200 (1800)		
8.	Verb. ggü. Kredit-instituten	0630 (3150)	500,00	Bank	1200 (1800)		
9.	Bank	1200 (1800)	8.300,00	Ford. a LuL	1400 (1200)		
10.	Bank	1200 (1800)	150,00	Grundstücks-erträge	2750 (4860)		x

F. Umsatzsteuer und Vorsteuer

Lösung zu Lernjob 1

a) Der reine Waren- oder Leistungswert ohne Umsatzsteuer nennt sich „Nettowert".

b) Die Umsatzsteuer wird grundsätzlich wie folgt berechnet:
Nettowert • Steuersatz = Umsatzsteuer.

c) Der Verkaufswert einschließlich der Umsatzsteuer nennt sich „Bruttowert".

d) Der Regelsteuersatz beträgt 19 %.

e) Der ermäßigte Steuersatz für bestimmte Waren und Dienstleistungen beträgt 7 %.

Lösung zu Lernjob 2

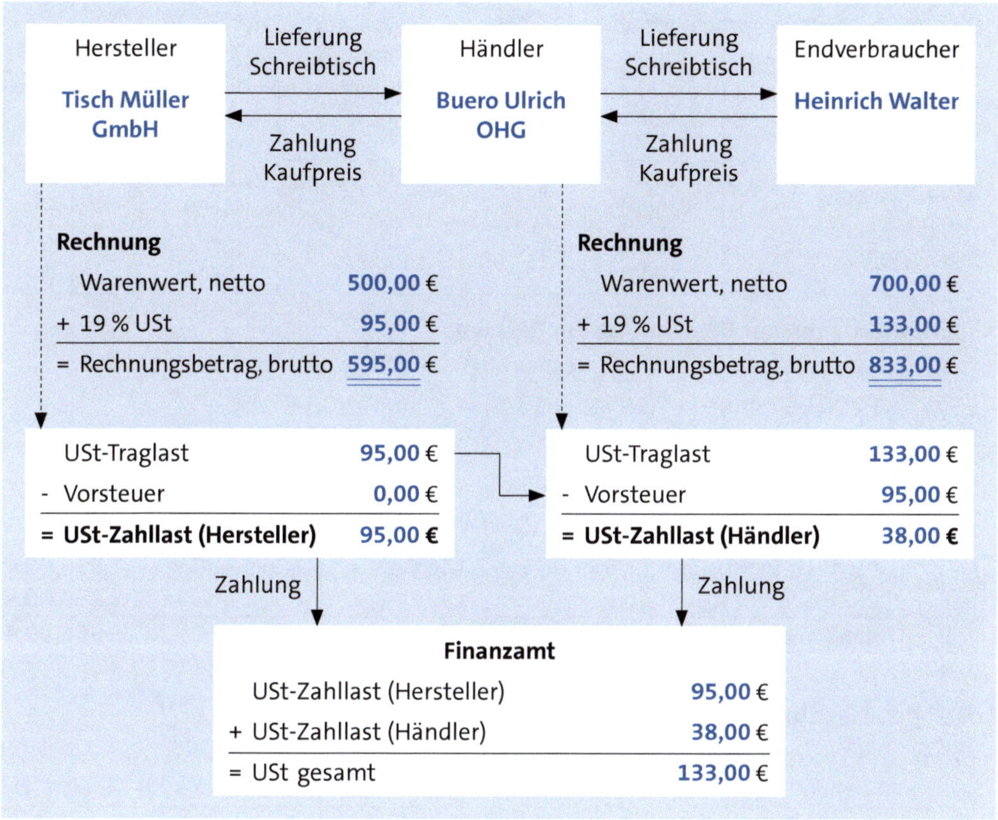

Lösung zu Lernjob 3

a)

Nr.	SOLL		Betrag €	HABEN		Auf-wand	Er-trag
	Konto-Bezeichnung	**Konto-Nr. SKR 03 (SKR 04)**		**Konto-Bezeichnung**	**Konto-Nr. SKR 03 (SKR 04)**		
1.	Kasse	1000 (1600)	1.700,00	Erlöse 19 % USt	8400 (4400)		x
	Kasse	1000 (1600)	323,00	USt 19 %	1776 (3806)		
2.	Wareneingang 19 % Vorsteuer	3400 (5400)	5.000,00	Verb. a LuL	1600 (3300)	x	
	Abziehbare Vorsteuer 19 %	1576 (1406)	950,00	Verb. a LuL	1600 (3300)		
3.	Ford. a LuL	1400 (1200)	6.000,00	Erlöse 19 % USt	8400 (4400)		x

Nr.	SOLL		Betrag €	HABEN		Auf-wand	Er-trag
	Konto-Bezeichnung	Konto-Nr. SKR 03 (SKR 04)		Konto-Bezeichnung	Konto-Nr. SKR 03 (SKR 04)		
	Ford. a LuL	1400 (1200)	1.140,00	USt 19 %	1776 (3806)		
4.	Kasse	1000 (1600)	800,00	Erlöse 19 % USt	8400 (4400)		x
	Kasse	1000 (1600)	152,00	USt 19 %	1776 (3806)		

Erläuterungen zur Berechnung der Beträge

zu 1. 2.023,00 € brutto : 1,19 (oder 119 %) = 1.700,00 € netto
1.700,00 € netto • 0,19 (oder 19 %) = 323,00 € USt

zu 2. 5.000,00 € netto • 0,19 (oder 19 %) = 950,00 € Vorsteuer

zu 3. 30 Monitore • 200,00 € pro Stück = 6.000,00 € netto
6.000,00 € netto • 0,19 (oder 19 %) = 1.140,00 € USt

b) Umsatzsteuer-Traglast = 323,00 € + 1.140,00 € + 152,00 € = 1.615,00 €
- abziehbare Vorsteuer 950,00 €
= **Umsatzsteuer-Zahllast** **665,00 €**

Lösung zu Lernjob 4

1576 (1406)

S	Abziehbare Vorsteuer 19 %		H
2)	950,00	1792 (3630)	950,00
	950,00		950,00

1776 (3806)

S	Umsatzsteuer 19 %		H
1792 (3630)	1.615,00	1)	323,00
		3)	1.140,00
		4)	152,00
	1.615,00		1.615,00

1780 (3820)

S	Umsatzsteuer-Vorauszahlungen		H
	220,00	1792 (3630)	590,00
	130,00		
	240,00		
	590,00		590,00

1792 (3630)

S	Umsatzsteuer-Verrechnungskonto		H
1576 (3840)	950,00	1776 (3806)	1.615,00
1780 (3820)	590,00		
SBK	75,00		
	1.615,00		1.615,00

S	Schlussbilanzkonto (SBK)		H
		1792 (3630)	75,00

Ergänzende Übungsaufgaben

Lösung zu Übungsaufgabe 1

Nr.	Vorgang	Bruttobetrag €	Nettobetrag €	USt €	VoSt €
1.	Einnahmen im Laden mit 19 % USt (Barverkäufe)	53.550,00	45.000,00	8.550,00	
2.	Einnahmen im Laden mit 7 % USt (Barverkäufe)	29.425,00	27.500,00	1.925,00	
3.	Kauf von Büromaterial gegen Barzahlung mit 19 % USt	190,40	160,00		30,40
4.	Kauf von Fachliteratur auf Rechnung mit 7 % USt	256,80	240,00		16,80

Berechnungen

zu 1. 53.550,00 € : 1,19 (oder 119 %) = 45.000,00 € netto
45.000,00 € • 0,19 (oder 19 %) = 8.550,00 € USt

zu 2. 29.425,00 € : 1,07 (oder 107 %) = 27.500,00 € netto
27.500,00 € • 0,07 (oder 7 %) = 1.925,00 € USt

zu 3. 190,40 € : 1,19 (oder 119 %) = 160,00 € netto
160,00 € • 0,19 (oder 19 %) = 30,40 € Vorsteuer

zu 4. 256,80 € : 1,07 (oder 107 %) = 240,00 € netto
240,00 € • 0,07 (oder 7 %) = 16,80 € Vorsteuer

Lösung zu Übungsaufgabe 2

Nr.	Nettobetrag (in €)	USt (in €)	VoSt (in €)
1.	16.500,00	3.135,00	
2.	14.000,00	2.660,00	
3.	12.500,00		2.375,00
4.	1.500,00		285,00
5.	30,00		5,70
Summe USt (= USt-Traglast)		5.795,00	--
Summe VoSt		--	2.665,70
USt-Zahllast		**3.129,30 €**	

Berechnungen

zu 1. 19.635,00 € : 1,19 (oder 119 %) = 16.500,00 € netto
16.500,00 € • 0,19 (oder 19 %) = 3.135,00 € USt

zu 2. 14.000,00 € • 0,19 (oder 19 %) = 2.660,00 € USt

zu 3. 12.500,00 € • 0,19 (oder 19 %) = 2.375,00 € Vorsteuer

zu 4. 1.500,00 € • 0,19 (oder 19 %) = 285,00 € Vorsteuer

zu 5. 35,70 € : 1,19 (oder 119 %) = 30,00 € netto
30,00 € • 0,19 (oder 19 %) = 5,70 € Vorsteuer

Lösung zu Übungsaufgabe 3

Nr.	SOLL		Betrag €	HABEN		Auf-wand	Er-trag
	Konto-Bezeichnung	Konto-Nr. SKR 03 (SKR 04)		Konto-Bezeichnung	Konto-Nr. SKR 03 (SKR 04)		
1.	Ford. a LuL	1400 (1200)	3.000,00	Erlöse 19 % USt	8400 (4400)		x
	Ford. a LuL	1400 (1200)	570,00	USt 19 %	1776 (3806)		
2.	Kasse	1000 (1600)	10.460,00	Erlöse 19 % USt	8400 (4400)		x
	Kasse	1000 (1600)	1.987,40	USt 19 %	1776 (3806)		
3.	Kasse	1000 (1600)	60,00	Erlöse 19 % USt	8400 (4400)		x
	Kasse	1000 (1600)	11,40	USt 19 %	1776 (3806)		

Berechnungen

zu 1. 3.570,00 € : 1,19 (oder 119 %) = 3.000,00 € netto
3.000,00 € • 0,19 (oder 19 %) = 570,00 € Umsatzsteuer

zu 3. 71,40 € : 1,19 (oder 119 %) = 60,00 € netto
60,00 € • 0,19 (oder 19 %) = 11,40 € Umsatzsteuer

Lösung zu Übungsaufgabe 4

Nr.	SOLL		Betrag €	HABEN		Auf-wand	Er-trag
	Konto-Bezeichnung	Konto-Nr. SKR 03 (SKR 04)		Konto-Bezeichnung	Konto-Nr. SKR 03 (SKR 04)		
1.	Bürobedarf	4930 (6815)	75,00	Kasse	1000 (1600)	x	
	Abziehbare Vorsteuer 19 %	1576 (1406)	14,25	Kasse	1000 (1600)		
2.	Kfz-Reparaturen	4540 (6540)	400,00	Bank	1200 (1800)	x	
	Abziehbare Vorsteuer 19 %	1576 (1406)	76,00	Bank	1200 (1800)		
3.	Ladeneinrichtung	0430 (0640)	5.000,00	Verb. a LuL	1600 (3300)		
	Abziehbare Vorsteuer 19 %	1576 (1406)	950,00	Verb. a LuL	1600 (3300)		

Berechnungen

zu 1. 89,25 € : 1,19 (oder 119 %) = 75,00 € netto
75,00 € • 0,19 (oder 19 %) = 14,25 € Vorsteuer

zu 3. 5.000,00 € • 0,19 (oder 19 %) = 950,00 € Vorsteuer

Lösung zu Übungsaufgabe 5

Nr.	SOLL		Betrag €	HABEN		Aufwand	Ertrag
	Konto-Bezeichnung	Konto-Nr. SKR 03 (SKR 04)		Konto-Bezeichnung	Konto-Nr. SKR 03 (SKR 04)		
1.	Büroeinrichtung	0420 (0650)	2.200,00	Verb. a LuL	1600 (3300)		
	Abziehbare Vorsteuer 19 %	1576 (1406)	418,00	Verb. a LuL	1600 (3300)		
2.	Ford. a LuL	1400 (1200)	40.000,00	Erlöse 19 % USt	8400 (4400)		x
	Ford. a LuL	1400 (1200)	7.600,00	USt 19 %	1776 (3806)		
3.	Bank	1200 (1800)	5.950,00	Ford. a LuL	1400 (1200)		
4.	Bürobedarf	4930 (6815)	75,00	Kasse	1000 (1600)	x	
	Abziehbare Vorsteuer 19 %	1576 (1406)	14,25	Kasse	1000 (1600)		
5.	Laufende Kfz-Betriebskosten	4530 (6530)	90,00	Kasse	1000 (1600)	x	
	Abziehbare Vorsteuer 19 %	1576 (1406)	17,10	Kasse	1000 (1600)		

Berechnungen

zu 1. 2.200,00 € • 0,19 (oder 19 %) = 418,00 € Vorsteuer

zu 5. 107,10 € : 1,19 (oder 119 %) = 90,00 € netto
90,00 € • 0,19 (oder 19 %) = 17,10 € Vorsteuer

Lösung zu Übungsaufgabe 6

1576 (1406)
S Abziehbare Vorsteuer 19 % H

S		H	
	3.896,23	1)	3.896,23
	3.896,23		3.896,23

1776 (3806)
S Umsatzsteuer 19 % H

S		H	
1)	3.896,23		8.888,93
2)	3.265,98		
SBK	1.726,72		
	8.888,93		8.888,93

1780 (3820)
S USt-Vorauszahlungen H

S		H	
	3.265,98	2)	3.265,98
	3.265,98		3.265,98

S Schlussbilanzkonto (SBK) H

S		H	
		1776	1.726,72

Nr.	SOLL		Betrag €	HABEN		Aufwand	Ertrag
	Konto-Bezeichnung	Konto-Nr. SKR 03 (SKR 04)		Konto-Bezeichnung	Konto-Nr. SKR 03 (SKR 04)		
1.	USt 19 %	1776 (3806)	3.896,23	Abziehbare Vorsteuer 19 %	1576 (1406)		
2.	USt 19 %	1776 (3806)	3.265,98	USt-Vorauszahlungen	1780 (3820)		
3.	USt 19 %	1776 (3806)	1.726,72	SBK			

Berechnungen

zu 3.	Umsatzsteuer 19 %	8.888,93 €
-	abziehbare Vorsteuer	3.896,23 €
-	Umsatzsteuer-Vorauszahlungen	3.265,98 €
=	**Umsatzsteuer-Nachzahlung**	**1.726,72 €**

Lösung zu Übungsaufgabe 7

1571 (1401)

S	Abziehbare Vorsteuer 7 %		H
	17.539,12	1)	17.539,12
	17.539,12		17.539,12

1771 (3801)

S	Umsatzsteuer 7 %		H
2)	18.842,48		18.842,48
	18.842,48		18.842,48

1780 (3820)

S	USt-Vorauszahlungen		H
	6.667,74	3)	6.667,74
	6.667,74		6.667,74

1792 (3630)

S	USt-Verrechnungskonto		H
1)	17.539,12	2)	18.842,48
3)	6.667,74	SBK	5.364,38
	24.206,86		24.206,86

S	Schlussbilanzkonto (SBK)		H
1792	5.364,38		

Nr.	SOLL		Betrag €	HABEN		Auf-wand	Er-trag
	Konto-Bezeichnung	Konto-Nr. SKR 03 (SKR 04)		Konto-Bezeichnung	Konto-Nr. SKR 03 (SKR 04)		
1.	USt-Verrechnungskonto	1792 (3630)	17.539,12	Abziehbare Vorsteuer 7 %	1571 (1401)		
2.	USt 7 %	1771 (3801)	18.842,48	USt-Verrechnungskonto	1792 (3630)		
3.	USt-Verrechnungskonto	1792 (3630)	6.667,74	USt-Vorauszahlungen	1780 (3820)		
4.	SBK		5.364,38	USt-Verrechnungskonto	1792 (3630)		

Berechnungen

zu 4.	Umsatzsteuer 7 %	18.842,48 €
-	abziehbare Vorsteuer 7 %	17.539,12 €
-	Umsatzsteuer-Vorauszahlungen	6.667,74 €
=	**Umsatzsteuer-Guthaben**	**- 5.364,38 €**

Lösung zu Übungsaufgabe 8

Nr.	SOLL		Betrag €	HABEN		Auf-wand	Er-trag
	Konto-Bezeichnung	Konto-Nr. SKR 03 (SKR 04)		Konto-Bezeichnung	Konto-Nr. SKR 03 (SKR 04)		
1.	USt-Verrechnungskonto	1792 (3630)	5.688,69	Abziehbare Vorsteuer 7 %	1571 (1401)		
2.	USt-Verrechnungskonto	1792 (3630)	9.769,89	Abziehbare Vorsteuer 19 %	1576 (1406)		
3.	USt 7 %	1771 (3801)	17.692,59	USt-Verrechnungskonto	1792 (3630)		
4.	USt 19 %	1776 (3806)	20.774,43	USt-Verrechnungskonto	1792 (3630)		
5.	USt-Verrechnungskonto	1792 (3630)	20.988,00	USt-Vorauszahlungen	1780 (3820)		
6.	USt-Verrechnungskonto	1792 (3630)	2.020,44	SBK			

Berechnungen

zu 6.	Umsatzsteuer-Traglast	17.692,59 € + 20.774,43 €	38.467,02 €
-	abziehbare Vorsteuer	5.688,69 € + 9.769,89 €	15.458,58 €
=	Umsatzsteuer-Zahllast		23.008,44 €
-	Umsatzsteuer-Vorauszahlungen		20.988,00 €
=	**Umsatzsteuer-Nachzahlung**		**2.020,44 €**

G. Warenverkehr

Lösung zu Lernjob 1

a) Waren**einkäufe** werden grundsätzlich mit ihren **Einkaufspreisen** (Einstandspreise) in der Finanzbuchführung erfasst.

Waren**verkäufe** werden mit ihren **Verkaufspreisen** (Absatzpreise) erfasst.

b)

	Umsatzerlöse (= Warenmengen • Verkaufspreise netto = Erträge)
-	Wareneinsatz (= Warenmengen • Einkaufspreise netto = Aufwendungen)
=	**Rohertrag** (-gewinn/-verlust)
-	alle übrigen Aufwendungen (z. B. Gehälter, Mieten, Telefongebühren)
+	alle übrigen Erträge (z. B. Mieteinnahmen, Zinseinnahmen)
=	**Reinertrag** (-gewinn/-verlust)

c) Der Waren**einkauf** stellt für das Unternehmen einen **Aufwand** dar, weil dies der „Einsatz“ des Betriebs ist, um Umsatzerlöse zu erzielen.

d)

Wareneingang	3200 (5200)
Wareneingang 7 % Vorsteuer	3300 (5300)
Wareneingang 19 % Vorsteuer	3400 (5400)

e) Über welches Konto werden die Waren**eingang**skonten **abgeschlossen**? Kreuzen Sie an.

☐ Schlussbilanzkonto (SBK)

☒ Gewinn- und Verlustkonto (GuVK)

f)

Erlöse	8200 (4200)
Erlöse 7 % USt	8300 (4300)
Erlöse 19 % USt	8400 (4400)

g) **Warenvertriebskosten** sind sofort abzugsfähige Aufwendungen/Betriebskosten, die auf den Konten „Kosten der Warenabgabe 4700 (6700)“ und folgende erfasst werden.

h) Über welches Konto werden die Waren**verkauf**skonten **abgeschlossen**? Kreuzen Sie an.

☐ Schlussbilanzkonto (SBK)

☒ Gewinn- und Verlustkonto (GuVK)

Lösung zu Lernjob 2

Nr.	SOLL Konto-Bezeichnung	SOLL Konto-Nr. SKR 03 (SKR 04)	Betrag €	HABEN Konto-Bezeichnung	HABEN Konto-Nr. SKR 03 (SKR 04)	Aufwand	Ertrag
1.	Wareneingang 19 % Vorsteuer	3400 (5400)	7.600,00	Verb. a LuL	1600 (3300)	+	
	Abziehbare Vorsteuer 19 %	1576 (1406)	1.444,00	Verb. a LuL	1600 (3300)		
2.	Wareneingang 19 % Vorsteuer	3400 (5400)	2.000,00	Verb. a LuL	1600 (3300)	+	
	Bezugs-nebenkosten	3800 (5800)	100,00	Verb. a LuL	1600 (3300)	+	
	Abziehbare Vorsteuer 19 %	1576 (1406)	399,00	Verb. a LuL	1600 (3300)		
3.	Wareneingang 19 % Vorsteuer	3400 (5400)	1.250,00	Verb. a LuL	1600 (3300)	+	
	Leergut	3830 (5820)	150,00	Verb. a LuL	1600 (3300)	+	
	Abziehbare Vorsteuer 19 %	1576 (1406)	266,00	Verb. a LuL	1600 (3300)		
4.	Wareneingang 19 % Vorsteuer	3400 (5400)	2.100,00	Verb. a LuL	1600 (3300)	+	
	Verb. a LuL	1600 (3300)	315,00	Erhaltene Rabatte 19 % Vorsteuer	3790 (5790)	-	
	Abziehbare Vorsteuer 19 %	1576 (1406)	339,15	Verb. a LuL	1600 (3300)		
5.	Verb. a LuL	1600 (3300)	583,10	Bank	1200 (1800)		
	Verb. a LuL	1600 (3300)	10,00	Erhaltene Skonti 19 % Vorsteuer	3736 (5736)	-	
	Verb. a LuL	1600 (3300)	1,90	Abziehbare Vorsteuer 19 %	1576 (1406)		

Berechnungen

zu 1. 8 Kleiderschränke • 950,00 € = 7.600,00 € netto
7.600,00 € • 0,19 (oder 19 %) = 1.444,00 € Vorsteuer

zu 2. 2.499,00 € : 1,19 (oder 119 %) = 2.100,00 € netto
(= 100,00 € Lieferkosten + 2.000,00 € Warenwert)
2.100,00 € • 0,19 (oder 19 %) = 399,00 € Vorsteuer

zu 3.

	1.400,00 €	Netto-Rechnungsbetrag
-	150,00 €	Pfand
=	1.250,00 €	Netto-Warenwert

zu 4. 2.100,00 € • 0,15 (oder 15 %) = 315,00 € Rabatt
2.100,00 € - 315,00 € = 1.785,00 € netto
1.785,00 € • 0,19 (oder 19 %) = 339,15 € Vorsteuer

zu 5. 595,00 € • 0,98
(oder 98 % = 100 % - 2 % Skonto) = 583,10 € Überweisungsbetrag
595,00 € - 583,10 € = 11,90 € Skonto brutto
11,90 € : 1,19 (oder 119 %) = 10,00 € Skonto netto
10,00 € • 0,19 (oder 19 %) = 1,90 € Vorsteuerkorrektur

Lösung zu Lernjob 3

Nr.	SOLL		Betrag €	HABEN		Aufwand	Ertrag
	Konto-Bezeichnung	Konto-Nr. SKR 03 (SKR 04)		Konto-Bezeichnung	Konto-Nr. SKR 03 (SKR 04)		
1.	Bank	1200 (1800)	950,00	Erlöse 19 % USt	8400 (4400)		+
	Bank	1200 (1800)	180,50	USt 19 %	1776 (3806)		
2.	Ausgangsfrachten	4730 (6740)	640,00	Bank	1200 (1800)	+	
	Abziehbare Vorsteuer 19 %	1576 (1406)	121,60	Bank	1200 (1800)		
3.	Ford. a LuL	1400 (1200)	3.400,00	Erlöse 19 % USt	8400 (4400)		+
	Gew. Rabatte 19 % USt	8790 (4790)	850,00	Ford. a LuL	1400 (1200)		-
	Ford. a LuL	1400 (1200)	484,50	USt 19 %	1776 (3806)		
4.	Erlösschmäler. 19 % USt	8720 (4720)	180,00	Bank	1200 (1800)		-
	USt 19 %	1776 (3806)	34,20	Bank	1200 (1800)		
5.	Bank	1200 (1800)	9.465,26	Ford. a LuL	1400 (1200)		
	Gewährte Skonti 19 % USt	8736 (4736)	246,00	Ford. a LuL	1400 (1200)		-
	USt 19 %	1776 (3806)	46,74	Ford. a LuL	1400 (1200)		

Berechnungen

zu 1. 1.130,50 € : 1,19 (oder 119 %) = 950,00 € netto
950,00 € • 0,19 (oder 19 %) = 180,50 € Umsatzsteuer

zu 2. 640,00 € • 0,19 (oder 19 %) = 121,60 € Vorsteuer

zu 3. 3.400,00 € • 0,25 (oder 25 %) = 850,00 € Rabatt
3.400,00 € - 850 € Rabatt = 2.550,00 € netto
2.550,00 € • 0,19 (oder 19 %) = 484,50 € Umsatzsteuer

zu 4. 180,00 € • 0,19 (oder 19 %) = 34,20 € Umsatzsteuerkorrektur

zu 5. 9.758,00 € • 0,97
(oder 97 % = 100 % - 3 % Skonto) = 9.465,26 € Überweisungsbetrag
9.758,00 € - 9.456,26 € = 292,74 € Skonto brutto
292,74 € : 1,19 (oder 119 %) = 246,00 € Skonto netto
246,00 € • 0,19 (oder 19 %) = 46,74 € Umsatzsteuerkorrektur

Lösung zu Lernjob 4

a)

	Anfangsbestand 01.01. in €	Schlussbestand 31.12. in €	Bestands-veränderung in €
Kleiderschrank „Marcy“	2.600,00	3.900,00	+ 1.300,00
Tisch „Jimmy“	3.400,00	2.720,00	- 680,00
Stuhl „Chris“	1.080,00	1.080,00	0,00

Berechnungen

jeweils: Stückzahl • Stückpreis = Bestand
Schlussbestand - Anfangsbestand = Bestandsveränderung

b) 1. **Kontoart des Kontos „Waren (Bestand) 3980 (1140)“**

☒ Aktivkonto ☐ Passivkonto ☐ Ertragskonto ☐ Aufwandskonto

2. **Kontoseite für Erhöhungen auf dem Konto „Waren (Bestand) 3980 (1140)“**

☒ Soll ☐ Haben

3. **(Gegen-)Konto zur Buchung der Bestandsveränderungen in den Aufwand**

Bestandsveränderungen Waren 3950 (5881)

4. **Abschluss des Kontos „Bestandsveränderungen Waren“ über**

Wareneingang, z. B. 3200 (5200)

c) **Buchungssätze zur Lernsituation**

	SOLL		Betrag €	HABEN		Auf-wand	Er-trag
	Konto-Bezeichnung	Konto-Nr. SKR 03 (SKR 04)		Konto-Bezeichnung	Konto-Nr. SKR 03 (SKR 04)		
	Waren (Bestand)	3980 (1140)	1.300,00	Bestands-veränderungen Waren	3950 (5881)	-	
	Bestands-veränderungen Waren	3950 (5881)	680,00	Waren (Bestand)	3980 (1140)	+	

Ergänzende Übungsaufgaben

Lösung zu Übungsaufgabe 1

Nr.	SOLL		Betrag €	HABEN		Aufwand	Ertrag
	Konto-Bezeichnung	Konto-Nr. SKR 03 (SKR 04)		Konto-Bezeichnung	Konto-Nr. SKR 03 (SKR 04)		
1.	Wareneingang 19 % Vorsteuer	3400 (5400)	2.000,00	Bank	1200 (1800)	+	
	Abziehbare Vorsteuer 19 %	1576 (1406)	380,00	Bank	1200 (1800)		
2.	Bezugs-nebenkosten	3800 (5800)	300,00	Kasse	1000 (1600)	+	
	Abziehbare Vorsteuer 19 %	1576 (1406)	57,00	Kasse	1000 (1600)		
3.	Wareneingang 19 % Vorsteuer	3400 (5400)	4.000,00	Verb. a LuL	1600 (3300)	+	
	Bezugs-nebenkosten	3800 (5800)	150,00	Verb. a LuL	1600 (3300)	+	
	Abziehbare Vorsteuer 19 %	1576 (1406)	788,50	Verb. a LuL	1600 (3300)		
4.	Bezugs-nebenkosten	3800 (5800)	90,00	Bank	1200 (1800)	+	
5.	Wareneingang 19 % Vorsteuer	3400 (5400)	2.500,00	Verb. a LuL	1600 (3300)	+	
	Bezugs-nebenkosten	3800 (5800)	120,00	Verb. a LuL	1600 (3300)	+	
	Leergut	3830 (5820)	240,00	Verb. a LuL	1600 (3300)	+	
	Abziehbare Vorsteuer 19 %	1576 (1406)	543,40	Verb. a LuL	1600 (3300)		
6.	Verb. a LuL	1600 (3300)	240,00	Leergut	3830 (5820)	-	
	Verb. a LuL	1600 (3300)	45,60	Abziehbare Vorsteuer 19 %	1576 (1406)		

Lösung zu Übungsaufgabe 2

Nr.	SOLL		Betrag €	HABEN		Auf-wand	Er-trag
	Konto-Bezeichnung	Konto-Nr. SKR 03 (SKR 04)		Konto-Bezeichnung	Konto-Nr. SKR 03 (SKR 04)		
1.	Wareneingang 19 % Vorsteuer	3400 (5400)	850,00	Verb. a LuL	1600 (3300)	+	
	Abziehbare Vorsteuer 19 %	1576 (1406)	161,50	Verb. a LuL	1600 (3300)		
2.	Wareneingang 19 % Vorsteuer	3400 (5400)	120,00	Verb. a LuL	1600 (3300)	+	
	oder						
	Bezugs-nebenkosten	3800 (5800)	120,00	Verb. a LuL	1600 (3300)	+	
	Abziehbare Vorsteuer 19 %	1576 (1406)	22,80	Verb. a LuL	1600 (3300)		
3.	Wareneingang 19 % Vorsteuer	3400 (5400)	1.012,00	Verb. a LuL	1600 (3300)	+	
	Abziehbare Vorsteuer 19 %	1576 (1406)	192,28	Verb. a LuL	1600 (3300)		
4.	Wareneingang 19 % Vorsteuer	3400 (5400)	60,00	Bank	1200 (1800)	+	
	oder						
	Bezugs-nebenkosten	3800 (5800)	60,00	Bank	1200 (1800)	+	
5.	Wareneingang 19 % Vorsteuer	3400 (5400)	510,00	Verb. a LuL	1600 (3300)	+	
	Abziehbare Vorsteuer 19 %	1576 (1406)	96,90	Verb. a LuL	1600 (3300)		
6.	Verb. a LuL	1600 (3300)	280,00	Wareneingang 19 % Vorsteuer	3400 (5400)	-	
	Verb. a LuL	1600 (3300)	53,20	Abziehbare Vorsteuer 19 %	1576 (1406)		

Berechnungen

zu 1. 850,00 € • 0,19 (oder 19 %) = 161,50 € Vorsteuer

zu 3. 1.100,00 € • 0,92
(oder 92 % = 100 % - 8 % Rabatt) = 1.012,00 € netto
1.012,00 € • 0,19 (oder 19 %) = 192,28 € Vorsteuer

zu 5. 600,00 € • 0,85
(oder 85 % = 100 % - 15 % Rabatt) = 510,00 € netto
510,00 € • 0,19 (oder 19 %) = 96,90 € Vorsteuer

Lösung zu Übungsaufgabe 3

Nr.	SOLL		Betrag €	HABEN		Auf-wand	Er-trag
	Konto-Bezeichnung	Konto-Nr. SKR 03 (SKR 04)		Konto-Bezeichnung	Konto-Nr. SKR 03 (SKR 04)		
1.	Verb. a LuL	1600 (3300)	23.086,00	Bank	1200 (1800)		
	Verb. a LuL	1600 (3300)	600,00	Erhaltene Skonti 19 % Vorsteuer	3736 (5736)	-	
	Verb. a LuL	1600 (3300)	114,00	Abziehbare Vorsteuer 19 %	1576 (1406)		
2.	Wareneingang 19 % Vorsteuer	3400 (5400)	10.575,00	Verb. a LuL	1600 (3300)	+	
	Abziehbare Vorsteuer 19 %	1576 (1406)	2.009,25	Verb. a LuL	1600 (3300)		
3.	Verb. a LuL	1600 (3300)	2.115,00	Wareneingang 19 % Vorsteuer	3400 (5400)	-	
	Verb. a LuL	1600 (3300)	401,85	Abziehbare Vorsteuer 19 %	1576 (1406)		
4.	Bezugs-nebenkosten	3800 (5800)	350,00	Verb. a LuL	1600 (3300)	+	
	Abziehbare Vorsteuer 19 %	1576 (1406)	66,50	Verb. a LuL	1600 (3300)		
5.	Verb. a LuL	1600 (3300)	9.866,05	Bank	1200 (1800)		
	Verb. a LuL	1600 (3300)	169,20	Erhaltene Skonti 19 % Vorsteuer	3736 (5736)	-	
	Verb. a LuL	1600 (3300)	32,15	Abziehbare Vorsteuer 19 %	1576 (1406)		

Berechnungen

zu 1.		Rechnungsbetrag, netto	20.000,00 €
	+	19 % USt	3.800,00 €
	=	Rechnungsbetrag, brutto	23.800,00 €
	-	3 % Skonto	714,00 €
	=	Überweisungsbetrag	**23.086,00 €**
	Skonto netto = 714 € : 1,19 (oder 119 %) =		**600,00 €**
	Vorsteuerberichtigung = 600 € • 0,19 (oder 19 %) =		**114,00 €**
zu 2.		Warenwert, netto	11.250,00 €
	-	6 % Rabatt	675,00 €
	=	Rechnungsbetrag, netto	**10.575,00 €**
	+	19 % USt	**2.009,25 €**
	=	Rechnungsbetrag, brutto	12.584,25 €
zu 3.	10.575,00 € • 0,2 (oder 20 %) =		**2.115,00 €** Gutschrift netto
	2.115,00 € • 0,19 (oder 19 %) =		**401,85 €** Vorsteuerkorrektur
zu 5.		Rechnung Nr. 2, brutto	12.584,25 €
	-	Gutschrift Nr. 3, brutto	2.516,85 €
	=	Restbetrag, brutto	10.067,40 €
	-	2 % Skonto vom Restbetrag	201,35 €
	=	Überweisungsbetrag	**9.866,05 €**
	Skonto netto = 201,35 € : 1,19 (oder 119 %) =		**169,20 €**
	Vorsteuerberichtigung = 169,20 € • 0,19 (oder 19 %) =		**32,15 €**

Lösung zu Übungsaufgabe 4

Nr.	SOLL		Betrag €	HABEN		Auf-wand	Er-trag
	Konto-Bezeichnung	Konto-Nr. SKR 03 (SKR 04)		Konto-Bezeichnung	Konto-Nr. SKR 03 (SKR 04)		
1.	Ford. a LuL	1400 (1200)	300,00	Erlöse 19 % USt	8400 (4400)		+
	Ford. a LuL	1400 (1200)	57,00	USt 19 %	1776 (3806)		
2.	Ausgangs-frachten	4730 (6740)	12,00	Kasse	1000 (1600)	+	
	Abziehbare Vorsteuer 19 %	1576 (1406)	2,28	Kasse	1000 (1600)		
3.	Bank	1200 (1800)	200,00	Erlöse 19 % USt	8400 (4400)		+
	Bank	1200 (1800)	38,00	USt 19 %	1776 (3806)		
4.	Verpackungs-material	4710 (6710)	360,00	Verb. a LuL	1600 (3300)	+	
	Abziehbare Vorsteuer 19 %	1576 (1406)	68,40	Verb. a LuL	1600 (3300)		
5.	Wareneingang 19 % Vorsteuer	3400 (5400)	2.850,00	Verb. a LuL	1600 (3300)	+	
	Leergut	3830 (5820)	200,00	Verb. a LuL	1600 (3300)	+	
	Abziehbare Vorsteuer 19 %	1576 (1406)	579,50	Verb. a LuL	1600 (3300)		
6.	Erlösschmäler. 19 % USt	8720 (4720)	550,00	Kasse	1000 (1600)		-
	USt 19 %	1776 (3806)	104,50	Kasse	1000 (1600)		

Berechnungen

zu 2. 14,28 € : 1,19 (oder 119 %) = 12,00 € netto
12,00 € • 0,19 (oder 19 %) = 2,28 € Vorsteuer

zu 3. 238,00 € : 1,19 (oder 119 %) = 200,00 € netto
200,00 € • 0,19 (oder 19 %) = 38,00 € Umsatzsteuer

zu 4. 360,00 € • 0,19 (oder 19 %) = 68,40 € Vorsteuer

Lösung zu Übungsaufgabe 5

Nr.	SOLL		Betrag €	HABEN		Aufwand	Ertrag
	Konto-Bezeichnung	Konto-Nr. SKR 03 (SKR 04)		Konto-Bezeichnung	Konto-Nr. SKR 03 (SKR 04)		
1.	Bank	1200 (1800)	17.493,00	Ford. a LuL	1400 (1200)		
	Gewährte Skonti 19 % USt	8736 (4736)	300,00	Ford. a LuL	1400 (1200)		-
	USt 19 %	1776 (3806)	57,00	Ford. a LuL	1400 (1200)		
2.	Ford. a LuL	1400 (1200)	10.450,00	Erlöse 19 % USt	8400 (4400)		+
	Ford. a LuL	1400 (1200)	1.985,50	USt 19 %	1776 (3806)		
3.	Ausgangs-frachten	4730 (6740)	450,00	Verb. a LuL	1600 (3300)	+	
	Abziehbare Vorsteuer 19 %	1576 (1406)	85,50	Verb. a LuL	1600 (3300)		
4.	Erlöse 19 %	8400 (4400)	2.300,00	Ford. a LuL	1400 (1200)		-
	oder						
	Erlösschmälerungen 19 % USt	8720 (4720)	2.300,00	Ford. a LuL	1400 (1200)		-
	USt 19 %	1776 (3806)	437,00	Ford. a LuL	1400 (1200)		
5.	Bank	1200 (1800)	9.504,53	Ford. a LuL	1400 (1200)		
	Gewährte Skonti 19 % USt	8736 (4736)	163,00	Ford. a LuL	1400 (1200)		-
	USt 19 %	1776 (3806)	30,97	Ford. a LuL	1400 (1200)		

Berechnungen

zu 1.		Rechnungsbetrag, netto	15.000,00 €
	+	19 % USt	2.850,00 €
	=	Rechnungsbetrag, brutto	17.850,00 €
	-	2 % Skonto	357,00 €
	=	Überweisungsbetrag	**17.493,00 €**

Skonto netto = 357,00 € : 1,19 (oder 119 %) = **300,00 €**

Vorsteuerberichtigung = 300,00 € • 0,19 (oder 19 %) = **57,00 €**

zu 2.		Warenwert, netto	11.000,00 €
	-	5 % Rabatt	550,00 €
	=	Rechnungsbetrag, netto	**10.450,00 €**
	+	19 % USt	**1.985,50 €**
	=	Rechnungsbetrag, brutto	12.435,50 €

zu 4. 2.300,00 € • 0,19 (oder 19 %) = **437,00 €**

zu 5.	Rechnung Nr. 2, brutto	12.435,50 €
-	Gutschrift Nr. 4, brutto	2.737,00 €
=	Restbetrag, brutto	9.698,50 €
-	2 % Skonto	193,97 €
=	Überweisungsbetrag	**9.504,53 €**

Skonto netto = 193,97 € : 1,19 (oder 119 %) = **163,00 €**
Vorsteuerberichtigung = 163,00 € • 0,19 (oder 19 %) = **30,97 €**

Lösung zu Übungsaufgabe 6

Nr.	SOLL		Betrag €	HABEN		Auf-wand	Er-trag
	Konto-Bezeichnung	Konto-Nr. SKR 03 (SKR 04)		Konto-Bezeichnung	Konto-Nr. SKR 03 (SKR 04)		
1.	Verb. a LuL	1600 (3300)	4.462,50	Ford. a LuL	1400 (1200)		
2.	Erlösschmälerungen 19 % USt	8720 (4720)	195,00	Ford. a LuL	1400 (1200)		-
	USt 19 %	1776 (3806)	37,05	Ford. a LuL	1400 (1200)		
3.	Wareneingang 19 % Vorsteuer	3400 (5400)	6.750,00	Verb. a LuL	1600 (3300)	+	
	Abziehbare Vorsteuer 19 %	1576 (1406)	1.282,50	Verb. a LuL	1600 (3300)		
4.	Verb. a LuL	1600 (3300)	532,00	Wareneingang 19 % Vorsteuer	3400 (5400)	-	
	Verb. a LuL	1600 (3300)	101,08	Abziehbare Vorsteuer 19 %	1576 (1406)		
5.	Bank	1200 (1800)	2.099,16	Ford. a LuL	1400 (1200)		
	Gewährte Skonti 19 % USt	8736 (4736)	36,00	Ford. a LuL	1400 (1200)		-
	USt 19 %	1776 (3806)	6,84	Ford. a LuL	1400 (1200)		
6.	Kasse	1000 (1600)	4.650,00	Erlöse 19 % USt	8400 (4400)		+
	Kasse	1000 (1600)	883,50	USt 19 %	1776 (3806)		
	Gewährte Skonti 19 % USt	8736 (4736)	93,00	Kasse	1000 (1600)		-
	USt 19 %	1776 (3806)	17,67	Kasse	1000 (1600)		

Nr.	SOLL		Betrag €	HABEN		Auf-wand	Er-trag
	Konto-Bezeichnung	Konto-Nr. SKR 03 (SKR 04)		Konto-Bezeichnung	Konto-Nr. SKR 03 (SKR 04)		
7.	Ausgangs-frachten	4730 (6740)	337,00	Bank	1200 (1800)	+	
	Abziehbare Vorsteuer 19 %	1576 (1406)	64,03	Bank	1200 (1800)		
8.	Bezugs-nebenkosten	3800 (5800)	112,00	Bank	1200 (1800)	+	
	Abziehbare Vorsteuer 19 %	1576 (1406)	21,28	Bank	1200 (1800)		

Berechnungen

zu 3.

	Warenwert, netto	7.500,00 €
-	10 % Rabatt	750,00 €
=	Rechnungsbetrag, netto	**6.750,00 €**
+	19 % USt	**1.282,50 €**
=	Rechnungsbetrag, brutto	8.032,50 €

zu 5.

2.099,16 € : 0,98		
(oder 98 % = 100 % - 2 % Skonto) =	2.142,00 €	Rechnungsbetrag, brutto
2.142,00 € - 2.099,16 € =	42,84 €	Skonto brutto
42,84 € : 1,19 (oder 119 %) =	**36,00 €**	Skonto netto
36,00 € • 0,19 (oder 19 %) =	**6,84 €**	Umsatzsteuerkorrektur

zu 6.

	Warenwert, netto	5.000,00 €
-	7 % Rabatt	350,00 €
=	Rechnungsbetrag, netto	**4.650,00 €**
+	19 % USt	**883,50 €**
=	Rechnungsbetrag, brutto	5.533,50 €
-	2 % Skonto	110,67 €
=	Zahlungsbetrag	5.422,83 €

Skonto netto = 110,67 € : 1,19 (oder 119 %) = **93,00 €**
Umsatzsteuerkorrektur = 93,00 € • 0,19 (oder 19 %) =**17,67 €**

H. Privatentnahmen und -einlagen

Lösung zu Lernjob 1

a)

	Aussage	R	F
1.	Privatvorgänge müssen nicht getrennt von den Geschäftsvorgängen erfasst werden. **korrekt wäre:** Privatvorgänge müssen getrennt von den Geschäftsvorgängen erfasst werden, damit sie das Ergebnis der Geschäftstätigkeit des Unternehmens (Gewinn/Verlust) nicht beeinflussen.		x
2.	In der Gewinn- und Verlustrechnung werden private Aufwendungen und Erträge gesondert ausgewiesen. **korrekt wäre:** In der Gewinn- und Verlustrechnung dürfen nur geschäftliche Aufwendungen und Erträge ausgewiesen werden, damit sie ausschließlich das Ergebnis der Geschäftstätigkeit des Unternehmens darstellt.		x
3.	Privatentnahmen vermindern das Eigenkapital, Privateinlagen erhöhen das Eigenkapital.	x	

b)

Kontobezeichnung	Kontonummer SKR 03 (SKR 04)
Privatentnahmen allgemein	1820 (2200)
Sonderausgaben, beschränkt abzugsfähig	1890 (2180)
Zuwendungen, Spenden	1800 (2100)
Privatsteuern	1860 (2300)
Sonderausgaben, unbeschränkt abzugsfähig	1880 (2130)
Grundstücksaufwand	1850 (2280)
Privateinlagen	1840 (2250)
Unentgeltliche Wertabgaben	1810 (2150)
Grundstücksertrag	1870 (2350)
Außergewöhnliche Belastungen	1830 (2230)

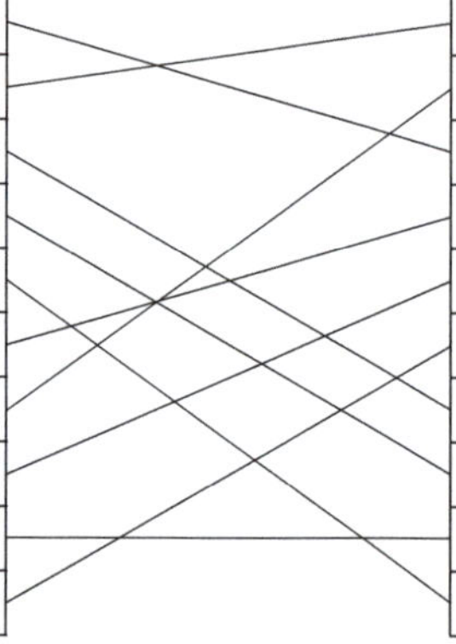

c)

S	Privatentnahmen	H
+		

S	Privateinlagen	H
		+

Erläuterungen

Privatentnahmen =
Eigenkapital-Minderungen

→ EK-Konto = Passivkonto
→ Minderungen auf der Soll-Seite

Erläuterungen

Privateinlagen =
Eigenkapital-Mehrungen

→ EK-Konto = Passivkonto
→ Mehrungen auf der Haben-Seite

Lösung zu Lernjob 2

1. Geldentnahme, da Frau Brach Geld aus der betrieblichen Kasse für einen privaten Einkauf nutzt.
2. Sachentnahme, da Frau Brach Ware aus dem Bestand der „Bäumli e. K." für ihren privaten Bedarf entnimmt.

Buchungssätze

Nr.	SOLL		Betrag €	HABEN		Aufwand	Ertrag
	Konto-Bezeichnung	Konto-Nr. SKR 03 (SKR 04)		Konto-Bezeichnung	Konto-Nr. SKR 03 (SKR 04)		
1.	Privatentnahmen	1800 (2100)	23,80	Kasse	1000 (1600)		
	Sonstiger Betriebsbedarf	4980 (6850)	96,00	Kasse	1000 (1600)	+	
	Abziehbare Vorsteuer 19 %	1576 (1406)	18,24	Kasse	1000 (1600)		
2.	Unentgeltliche Wertabgaben	1880 (2130)	55,00	Entnahme durch den Unternehmer für Zwecke außerhalb des Unternehmens (Waren) 7 % USt	8915 (4610)		
	Unentgeltliche Wertabgaben	1880 (2130)	3,85	USt 7 %	1771 (3801)		

Berechnungen/Erläuterungen

zu 1. 150 € Bargeld - 23,80 € Privatentnahme - 11,96 € Rückgeld = 114,24 € brutto
114,24 € : 1,19 (oder 119 %) = 96,00 € netto
96,00 € • 0,19 (oder 19 %) = 18,24 € Vorsteuer

zu 2. → Buchung der Sachentnahme mit dem Nettoeinkaufspreis zum Zeitpunkt der Entnahme (= Wiederbeschaffungskosten, vgl. H 6.7 (Teilwertvermutungen) EStH 2020), da es sich um Ware (Umlaufvermögen) handelt.

→ Unentgeltliche Wertabgabe (vgl. § 3 Abs. 1b UStG und Abschn. 3.3 UStAE), die der USt unterliegt, da beim Einkauf Vorsteuer geltend gemacht wurde.

→ 55,00 € • 0,07 (oder 7 %) = 3,85 €Umsatzsteuer

Lösung zu Lernjob 3

a) Bei einer *Nutzungsentnahme* verwendet der Unternehmer oder einer seiner Angehörigen einen Gegenstand des Betriebsvermögens für private Zwecke.

Bei einer *Leistungsentnahme* lässt der Unternehmer einen oder mehrere Arbeitnehmer seines Unternehmens während der betrieblichen Arbeitszeit für seine privaten Zwecke arbeiten.

b) Eine Nutzungsentnahme muss mit den tatsächlichen Selbstkosten in der Buchhaltung angesetzt werden, z. B. mit anteiligen Aufwendungen, Abschreibungen und entstandenen Betriebskosten.

c) War beim Einkauf des privat genutzten betrieblichen Gegenstandes oder seiner Bestandteile **Vorsteuerabzug** möglich, so unterliegt die *Nutzungsentnahme* der **Umsatzsteuer**. Es handelt sich um eine sog. „**unentgeltliche Wertabgabe**" in Form einer sonstigen Leistung.

   Bemessungsgrundlage für die anzusetzende Umsatzsteuer sind die **entstandenen Ausgaben** der privaten Nutzung, für die **Vorsteuerabzug** möglich war.

   Für die anteiligen Abschreibungsbeträge von beweglichen Anlagegütern, die Anschaffungs- oder Herstellungskosten von mind. **500** € haben, ist für umsatzsteuerliche Zwecke grundsätzlich (unabhängig von der einkommensteuerrechtlichen Abschreibung) ein Abschreibungszeitraum von **5** Jahren zugrunde zu legen.

   Da es sich bei einer *Leistungsentnahme* um die Erbringung von **sonstigen Leistungen** für Zwecke, die **außerhalb** des Unternehmens liegen, handelt, handelt es sich ebenfalls um eine **unentgeltliche Wertabgabe**, die mit USt zu belasten ist.

   Bemessungsgrundlage für die USt sind die in dem Leistungszeitraum entstandenen **Selbstkosten** wie Arbeitslohn, Lohnnebenkosten und Materialien.

d) Unentgeltliche Wertabgaben 1880 (2130)

e) Verwendung von Gegenständen für Zwecke außerhalb des Unternehmens 19 % USt 8920 (4640)

f) Unentgeltliche Erbringung einer sonstigen Leistung 19 % USt 8925 (4660)

Buchungssätze

Nr.	SOLL		Betrag €	HABEN		Aufwand	Ertrag
	Konto-Bezeichnung	Konto-Nr. SKR 03 (SKR 04)		Konto-Bezeichnung	Konto-Nr. SKR 03 (SKR 04)		
1.	Unentgeltliche Wertabgaben	1880 (2130)	53,50	Verwendung von Gegenständen für Zwecke außerhalb des Unternehmens 19 % USt	8920 (4640)		
	Unentgeltliche Wertabgaben	1880 (2130)	10,17	USt 19 %	1776 (3806)		
2.	Unentgeltliche Wertabgaben	1880 (2130)	2.450,00	Unentgeltliche Erbringung einer sonstigen Leistung 19 % USt	8925 (4660)		
	Unentgeltliche Wertabgaben	1880 (2130)	465,50	USt 19 %	1776 (3806)		

Berechnungen / Erläuterungen

zu 1.		57,12 € : 1,19 (oder 119 %) =	48,00 €	Betriebskosten, netto
	+	82,50 € : 30 Tage • 2 Tage =	5,50 €	anteilige Abschreibung für 2 Tage Nutzung
	=		**53,50 €**	**Selbstkosten**
		53,50 € • 0,19 (oder 19 %) =	**10,17 €**	**Umsatzsteuer**
zu 2.		Lohnkosten	1.920,00 €	
	+	Materialkosten	530,00 €	
	=	**Selbstkosten**	**2.450,00 €**	
		2.450,00 € • 0,19 (oder 19 %) =	**465,50 €**	**Umsatzsteuer**

Lösung zu Lernjob 4

Die private Kfz-Nutzung stellt eine Nutzungsentnahme durch den Unternehmer dar. Sie kann entweder mit Hilfe eines Fahrtenbuchs oder bei Fahrzeugen, die zu mehr als 50 % betrieblich genutzt werden, nach der 1 %-Regelung ermittelt werden.

Für die **Fahrtenbuchmethode** muss ein **ordnungsgemäß geführtes** Fahrtenbuch vorliegen, mit Hilfe dessen dann die folgenden Berechnungen angestellt werden:

Privater Nutzungsanteil in % = **privat zurückgelegte km : insgesamt zurückgelegte km • 100**

Wert der Nutzungsentnahme (umsatzsteuerpflichtig) = **angefallene Kfz-Kosten mit Vorsteuerabzug** • **privater Nutzungsanteil in %** (z. B. Abschreibung, Benzin, Reparaturen)

Umsatzsteuer = **Wert der umsatzsteuerpflichtigen Nutzungsentnahme** • 19 %

Wert der Nutzungsentnahme (umsatzsteuerfrei) = **angefallene Kfz-Kosten ohne Vorsteuerabzug** • **privater Nutzungsanteil in %** (z. B. Kfz-Steuer und Kfz-Versicherung)

Ist das betriebliche Fahrzeug sogenanntes **notwendiges** Betriebsvermögen (betriebliche Nutzung zu mehr als **50 %**), darf die **Prozentmethode** zur Berechnung der Nutzungsentnahme angewendet werden. Die Berechnungen lauten dann wie folgt:

Wert der Nutzungsentnahme (umsatzsteuerpflichtig) = **Bruttolistenpreis** (auf volle 100 € **abgerundet**) • **1 %** pro Monat • **80 %**

Umsatzsteuer = **Wert der umsatzsteuerpflichtigen Nutzungsentnahme** • 19 %

Wert der Nutzungsentnahme (umsatzsteuerfrei) = **Bruttolistenpreis** (auf volle 100 € **abgerundet**) • **1 %** pro Monat • **20 %**

Der Bruttolistenpreis ist nicht der tatsächlich in Rechnung gestellte **Bruttokaufpreis**, sondern der Preis der **Händlerliste** zum Zeitpunkt der **Erstzulassung** zuzüglich Sonderausstattungen einschließlich USt.

Die umsatzsteuerliche Aufteilung in 80 und 20 Prozent ist eine **pauschale** Ermittlung.

Einkommensteuerrechtlich sind die Vergünstigungen für Elektro- und bestimmte Hybridelektrofahrzeuge zu beachten. Diese gelten allerdings bisher nicht für handels- oder **umsatzsteuer**rechtliche Zwecke.

Buchungssätze

Nr.	SOLL		Betrag €	HABEN		Aufwand	Ertrag
	Konto-Bezeichnung	Konto-Nr. SKR 03 (SKR 04)		Konto-Bezeichnung	Konto-Nr. SKR 03 (SKR 04)		
	Unentgeltliche Wertabgaben	1880 (2130)	292,00	Verwendung von Gegenständen für Zwecke außerhalb des Unternehmens 19 % USt (Kfz-Nutzung)	8921 (4645)		
	Unentgeltliche Wertabgaben	1880 (2130)	55,48	USt 19 %	1776 (3806)		
	Unentgeltliche Wertabgaben	1880 (2130)	73,00	Verwendung von Gegenständen für Zwecke außerhalb des Unternehmens ohne USt (Kfz-Nutzung)	8924 (4639)		

Berechnungen/Erläuterungen

Anwendung der *Prozentmethode*, da notwendiges Betriebsvermögen (80 % betrieblich > 50 %) und kein ordnungsgemäß geführtes Fahrtenbuch.

Wert der umsatzsteuerpflichtigen Nutzungsentnahme:
36.500,00 € • 1 % • 80 % = 292,00 €

Umsatzsteuer = 292,00 € • 19 % = 55,48 €

Wert der umsatzsteuerfreien Nutzungsentnahme:
36.500,00 € • 1 % • 20 % = 73,00 €

Lösung zu Lernjob 5

a) 47,60 € : 1,19 (oder 119 %) = 40,00 € Netto-Rechnungsbetrag
40,00 € • 0,7
(oder 70 % = 100 % - 30 % privater Anteil) = **28,00 € Aufwand**

b) Der Vorsteuerbetrag in Zeile 2 wird wie folgt berechnet:
28,00 € • 0,19 (oder 19 %) = **5,32 €**

c) Die laufenden Telefonkosten werden direkt in einen betrieblichen und einen privaten Nutzungsanteil aufgeteilt. Vorsteuerabzug darf nur auf den betrieblichen Anteil erfolgen.

(Durch diese direkte Aufteilung und dadurch, dass kein Vorsteuerabzug auf den privaten Anteil erfolgt, unterliegen die privaten laufenden Kosten nicht der Umsatzsteuer.)

d) Die private Nutzung des Handys durch Frau Brach gilt als unentgeltliche Wertabgabe und unterliegt der USt, weil die Vorsteuer bei der Anschaffung voll geltend gemacht wurde.

e) 12,00 € (monatliche Abschreibung) • 0,3
(oder 30 %, privater Nutzungsanteil) = **3,60 €**
3,60 € • 0,19 (oder 19 %) = **0,68 €** Umsatzsteuer

Lösung zu Lernjob 6

a) Bei diesem Sachverhalt entnimmt die Mandantin nicht etwas für private Zwecke aus dem Unternehmen, sondern sie legt etwas aus ihrem privaten Bereich in das Unternehmen ein. In diesem Fall Bargeld.

b) Es handelt sich um eine sog. *Bareinlage*.

c) Wenn Frau Brach ihren privaten Laptop dem Betriebsvermögen ihres Unternehmens zuordnet, handelt es sich um eine sogenannte *Sacheinlage*. Der Laptop ist dann mit seinem Teilwert zum Zeitpunkt der Einlage zu bewerten. Bei Sachanlagen entspricht dies den sog. fortgeführten Anschaffungs- bzw. Herstellungskosten, das heißt dem Wert der Anschaffungskosten bzw. Herstellungskosten vermindert um zeitanteilige Abschreibungen (sofern es sich um eine abnutzbare Sache handelt).

d) Nutzt Frau Brach einen privaten Gegenstand für betriebliche Zwecke, z. B. ein privates Fahrzeug für eine Geschäftsreise, handelt es sich um eine sog. *Nutzungseinlage*. Der Teilwert der Einlage entspricht dann den Kosten, die durch die betriebliche Nutzung entstanden sind.

Buchungssatz

Nr.	SOLL		Betrag €	HABEN		Auf-wand	Er-trag
	Konto-Bezeichnung	Konto-Nr. SKR 03 (SKR 04)		Konto-Bezeichnung	Konto-Nr. SKR 03 (SKR 04)		
	Kasse	1000 (1600)	220,00	Privateinlagen	1890 (2180)		

Lösung zu Lernjob 7

Bestandskonten

1000 (1600) Kasse

S			H
Lj. 6	220,00	Lj. 2	23,80
		Lj. 2	96,00
		Lj. 2	18,24

0880 (2010) Eigenkapital

S			H
1800 (2100)	3.280,86		

1576 (1406) Abziehbare Vorsteuer 19 %

S			H
Lj. 2	18,24		
Lj. 5	5,32		

1771 (3801) Umsatzsteuer 7 %

S			H
		Lj. 2	3,85

1200 (1800) Bank

S			H
		Lj. 5	28,00
		Lj. 5	5,32
		Lj. 5	14,28

1776 (3806) Umsatzsteuer 19 %

S			H
		Lj. 3	10,17
		Lj. 3	465,50
		Lj. 4	55,48
		Lj. 5	0,68

Aufwands- und Ertragskonten

4980 (6850) Sonstiger Betriebsbedarf

S			H
Lj. 2	96,00		

4920 (6805) Telefon

S			H
Lj. 5	28,00		

8915 (4610) Entnahme durch den Unternehmer für Zwecke außerhalb des Unternehmens (Waren) 7 % USt

S			H
		Lj. 2	55,00

8920 (4640) Verwendung von Gegenständen für Zwecke außerhalb des Unternehmens 19 % USt

S			H
		Lj. 3	53,50

8921 (4645)
Verwendung von Gegenständen für Zwecke außerhalb des Unternehmens 19 % USt (Kfz-Nutzung)

S		H	
		Lj. 4	292,00

8925 (4660)
Unentgeltliche Erbringung einer sonstigen Leistung 19 % USt

S		H	
		Lj. 3	2.450,00

8924 (4639)
Verwendung von Gegenständen für Zwecke außerhalb des Unternehmens ohne USt

S		H	
		Lj. 4	73,00

8922 (4646)
Verwendung von Gegenständen für Zwecke außerhalb des Unternehmens 19 % USt (Telefon-Nutzung)

S		H	
		Lj. 5	3,60

Privatkonten

1800 (2100)
Privatentnahmen

S		H	
Lj. 2	23,80	1890 (2180)	220,00
Lj. 5	14,28	0880 (2010)	3.280,86
1880 (2130)	3.462,78		
	3.500,86		3.500,86

1890 (2180)
Privateinlagen

S		H	
1800 (2100)	220,00	Lj. 6	220,00
	220,00		220,00

1880 (2130)
Unentgeltliche Wertabgaben

S		H	
Lj. 2	55,00	1800 (2100)	3.462,78
Lj. 2	3,85		
Lj. 3	53,50		
Lj. 3	10,17		
Lj. 3	2.450,00		
Lj. 3	465,50		
Lj. 4	292,00		
Lj. 4	55,48		
Lj. 4	73,00		
Lj. 5	3,60		
Lj. 5	0,68		
	3.462,78		3.462,78

Ergänzende Übungsaufgaben

Lösung zu Übungsaufgabe 1

Nr.	SOLL		Betrag €	HABEN		Auf-wand	Er-trag
	Konto-Bezeichnung	Konto-Nr. SKR 03 (SKR 04)		Konto-Bezeichnung	Konto-Nr. SKR 03 (SKR 04)		
1.	Privatentnahmen allgemein	1800 (2100)	952,00	Bank	1200 (1800)		
2.	Privatsteuern	1810 (2150)	1.250,00	Bank	1200 (1800)		
3.	Laufende Kfz-Betriebskosten	4530 (6530)	69,00	Bank	1200 (1800)	+	
	Abziehbare Vorsteuer 19 %	1576 (1406)	13,11	Bank	1200 (1800)		
4.	Zuwendungen, Spenden	1840 (2250)	200,00	Bank	1200 (1800)		
5.	Privatentnahmen allgemein	1800 (2100)	500,00	Kasse	1000 (1600)		

Berechnungen

zu 3. 82,11 € : 1,19 (oder 119 %) = 69,00 € netto
69,00 € • 0,19 (oder 19 %) = 13,11 € Vorsteuer

Lösung zu Übungsaufgabe 2

Nr.	SOLL		Betrag €	HABEN		Auf-wand	Er-trag
	Konto-Bezeichnung	Konto-Nr. SKR 03 (SKR 04)		Konto-Bezeichnung	Konto-Nr. SKR 03 (SKR 04)		
1.	Unentgeltliche Wertabgaben	1880 (2130)	302,70	Entnahme durch den Unternehmer für Zwecke außerhalb des Unternehmens (Waren) 7 % USt	8915 (4610)		
	Unentgeltliche Wertabgaben	1880 (2130)	21,19	USt 7 %	1771 (3801)		
2.	Unentgeltliche Wertabgaben	1880 (2130)	115,63	Entnahme durch den Unternehmer für Zwecke außerhalb des Unternehmens (Waren) 19 % USt	8910 (4620)		
	Unentgeltliche Wertabgaben	1880 (2130)	21,97	USt 19 %	1776 (3806)		

Berechnungen

Zu 1.	Ehemann zu 7 % netto	121,08 €	(1.453,00 € : 12 Monate)
	Ehefrau zu 7 % netto	121,08 €	
	Sohn zu 7 % netto	60,54 €	(121,08 € : 2)
		302,70 €	
	302,70 € • 0,07 (oder 7 %) =	**21,19 €**	
Zu 2.	Ehemann zu 19 % netto	46,25 €	(555,00 € : 12 Monate)
	Ehefrau zu 19 % netto	46,25 €	
	Sohn zu 19 % netto	23,13 €	(46,25 € : 2)
		115,63€	
	115,63 € • 0,19 (oder 19 %) =	**21,97 €**	

Lösung zu Übungsaufgabe 3

Nr.	SOLL		Betrag €	HABEN		Auf-wand	Er-trag
	Konto-Bezeichnung	Konto-Nr. SKR 03 (SKR 04)		Konto-Bezeichnung	Konto-Nr. SKR 03 (SKR 04)		
1.	Unentgeltliche Wertabgaben	1880 (2130)	77,00	Entnahme durch den Unternehmer für Zwecke außerhalb des Unternehmens (Waren) 7 % USt	8915 (4610)		
	Unentgeltliche Wertabgaben	1880 (2130)	5,39	USt 7 %	1771 (3801)		
2.	Unentgeltliche Wertabgaben	1880 (2130)	60,00	Entnahme durch den Unternehmer für Zwecke außerhalb des Unternehmens (Waren) 19 % USt	8910 (4620)		
	Unentgeltliche Wertabgaben	1880 (2130)	11,40	USt 19 %	1776 (3806)		

Berechnungen

zu 1.	77,00 € • 0,07 (oder 7 %) =	5,39 €	Umsatzsteuer
zu 2.	60,00 € • 0,19 (oder 19 %) =	11,40 €	Umsatzsteuer

Lösung zu Übungsaufgabe 4

Berechnung

Bruttolistenpreis zum Zeitpunkt der Erstzulassung	53.625,00 €	
abgerundet auf volle 100 €	53.600,00 €	
davon 1 % pro Monat • 12 Monate (Jahreswert) (= 53.600 € • 0,01 • 12 Monate)	6.432,00 €	
► davon 80 % umsatzsteuerpflichtig (= 6.432 € • 0,8)		5.145,60 €
+ 19 % Umsatzsteuer (= 5.145,60 € • 0,19)		977,66 €
► davon 20 % nicht umsatzsteuerpflichtig (= 6.432 € • 0,2)		1.286,40 €
Privatentnahme Kfz-Nutzung brutto		**7.409,66 €**

Buchungssätze

Nr.	SOLL		Betrag €	HABEN		Auf-wand	Er-trag
	Konto-Bezeichnung	Konto-Nr. SKR 03 (SKR 04)		Konto-Bezeichnung	Konto-Nr. SKR 03 (SKR 04)		
	Unentgeltliche Wertabgaben	1880 (2130)	5.145,60	Verwendung von Gegenständen für Zwecke außerhalb des Unternehmens 19 % USt (Kfz-Nutzung)	8921 (4645)		
	Unentgeltliche Wertabgaben	1880 (2130)	977,66	USt 19 %	1776 (3806)		
	Unentgeltliche Wertabgaben	1880 (2130)	1.286,40	Verwendung von Gegenständen für Zwecke außerhalb des Unternehmens ohne USt (Kfz-Nutzung)	8924 (4639)		

Lösung zu Übungsaufgabe 5

Berechnung

Bruttolistenpreis zum Zeitpunkt der Erstzulassung	58.310,00 €	
abgerundet auf volle 100 €	58.300,00 €	
davon 1 % pro Monat • 9 Monate (April bis Dezember) (= 58.300 € • 0,01 • 9 Monate)	5.247,00 €	
► davon 80 % umsatzsteuerpflichtig (= 5.247 € • 0,8)		4.197,60 €
+ 19 % Umsatzsteuer (= 4.197,60 € • 0,19)		797,54 €
► davon 20 % nicht umsatzsteuerpflichtig (= 5.247 € • 0,2)		1.049,40 €
Privatentnahme Kfz-Nutzung brutto		**6.044,54 €**

Buchungssätze

Nr.	SOLL		Betrag €	HABEN		Auf-wand	Er-trag
	Konto-Bezeichnung	Konto-Nr. SKR 03 (SKR 04)		Konto-Bezeichnung	Konto-Nr. SKR 03 (SKR 04)		
	Unentgeltliche Wertabgaben	1880 (2130)	4.197,60	Verwendung von Gegenständen für Zwecke außerhalb des Unternehmens 19 % USt (Kfz-Nutzung)	8921 (4645)		
	Unentgeltliche Wertabgaben	1880 (2130)	797,54	USt 19 %	1776 (3806)		
	Unentgeltliche Wertabgaben	1880 (2130)	1.049,40	Verwendung von Gegenständen für Zwecke außerhalb des Unternehmens ohne USt (Kfz-Nutzung)	8924 (4639)		

Lösung zu Übungsaufgabe 6

Berechnung

privater Nutzungsanteil = 16.024 km : 133.533 km • 100 = 12 %

Privatnutzung, die der USt unterliegt:	
36.108,68 € • 12 %	4.333,04 €
19 % USt von 4.333,04 €	823,28 €
Privatnutzung, die nicht der USt unterliegt:	
2.320,08 € • 12 %	278,41 €
Privatentnahme Kfz-Nutzung brutto	**5.434,73 €**

Buchungssätze

Nr.	SOLL		Betrag €	HABEN		Auf-wand	Er-trag
	Konto-Bezeichnung	Konto-Nr. SKR 03 (SKR 04)		Konto-Bezeichnung	Konto-Nr. SKR 03 (SKR 04)		
	Unentgeltliche Wertabgaben	1880 (2130)	4.333,04	Verwendung von Gegenständen für Zwecke außerhalb des Unternehmens 19 % USt (Kfz-Nutzung)	8921 (4645)		
	Unentgeltliche Wertabgaben	1880 (2130)	823,28	USt 19 %	1776 (3806)		
	Unentgeltliche Wertabgaben	1880 (2130)	278,41	Verwendung von Gegenständen für Zwecke außerhalb des Unternehmens ohne USt (Kfz-Nutzung)	8924 (4639)		

Lösung zu Übungsaufgabe 7

Berechnung

1. *Privater Nutzungsanteil der Telefonanlage (= Nutzungsentnahme)*

4.200 € : 5 Jahre =	840,00 €	Abschreibung/Jahr
840,00 € • 0,15 (oder 15 %) =	126,00 €	Wert der privaten Nutzung pro Jahr
126,00 € : 12 Monate =	**10,50 €**	Wert der privaten Nutzung pro Monat
10,50 € • 0,19 (oder 19 %) =	**2,00 €**	Umsatzsteuer

2. *Aufteilung der Telefonrechnung (siehe hierzu u. a. Abschn. 3.4 Abs. 4 Sätze 4 - 5 UStAE)*
   - betrieblicher Anteil:
     180,00 € netto • 0,85 (oder 85 %) = **153,00 €**
     153,00 € • 0,19 (oder 19 %) = **29,07 €** (abziehbare Vorsteuer)
   - privater Anteil:
     214,20 € brutto • 0,15 (oder 15 %) = **32,13 €** (Vorsteuer nicht abziehbar)

Buchungssätze

Nr.	SOLL		Betrag €	HABEN		Auf-wand	Er-trag
	Konto-Bezeichnung	Konto-Nr. SKR 03 (SKR 04)		Konto-Bezeichnung	Konto-Nr. SKR 03 (SKR 04)		
1.	Unentgeltliche Wertabgaben	1880 (2130)	10,50	Verwendung von Gegenständen für Zwecke außerhalb des Unternehmens 19 % USt (Telefon-Nutzung)	8922 (4646)		
	Unentgeltliche Wertabgaben	1880 (2130)	2,00	USt 19 %	1776 (3806)		
2.	Telefon	4920 (6805)	153,00	Bank	1200 (1800)	+	
	Abziehbare Vorsteuer 19 %	1576 (1406)	29,07	Bank	1200 (1800)		
	Privatentnahmen allgemein	1800 (2100)	32,13	Bank	1200 (1800)		

Lösung zu Übungsaufgabe 8

Nr.	SOLL		Betrag €	HABEN		Auf-wand	Er-trag
	Konto-Bezeichnung	Konto-Nr. SKR 03 (SKR 04)		Konto-Bezeichnung	Konto-Nr. SKR 03 (SKR 04)		
1.	Geschäftsausstattung	0410 (0635)	952,00	Privateinlagen	1890 (2180)		
2.	Laufende Kfz-Betriebskosten	4530 (6530)	90,00	Privateinlagen	1890 (2180)	+	
	Abziehbare Vorsteuer 19 %	1576 (1406)	17,10	Privateinlagen	1890 (2180)		
3.	Bank	1200 (1800)	645,00	Privateinlagen	1890 (2180)		

Berechnungen

zu 2. 107,10 € : 1,19 (oder 119 %) = 90,00 € netto
90,00 € • 0,19 (oder 19 %) = 17,10 € Vorsteuer

I. Betriebswirtschaftlicher Kurzbericht

Lösung zu Lernjob 1

a) Im Bereich der „Leistung“ werden die Daten über die Gesamtleistung sowie den Rohertrag dargestellt. Die Gesamtleistung setzt sich zusammen aus den Umsatzerlösen und den Bestandsveränderungen von Fertigerzeugnissen und unfertigen Erzeugnissen. Für die Berechnung des Rohertrags wird der Material- bzw. Wareneinkauf von der Gesamtleistung abgezogen. Den „Betrieblichen Rohertrag“ erhält man, wenn zudem noch die sonstigen betrieblichen Erlöse hinzuaddiert werden.

b) Der Rohertrag stellt die Differenz zwischen den Nettoerlösen und dem Wareneinsatz dar. Da jegliche sonstige Erträge und Aufwendungen bei dieser Kennzahl nicht berücksichtig werden, wird der Rohertrag im produzierenden Gewerbe auch „Bruttomarge“ oder „Bruttogewinn“ und im Handelsgewerbe „Handelsspanne“ genannt. Er zeigt die Spanne zwischen dem Einkaufspreis (Material/Wareneinsatz) und dem Verkaufspreis (Umsatzerlöse) der Ware an.

c) Im April des aktuellen Jahres erzielte die „Spaß-Box GmbH“ Umsatzerlöse i. H. v. 215.653,45 €. Im Vergleich zum Vorjahr ergab sich eine absolute Steigerung von über 7.000 €, was rund 3,4 % entspricht. Die berücksichtigten Bestandsveränderungen FE/UE sind ebenfalls gestiegen: um 211,17 €, das heißt ca. 23 %. Insgesamt ergibt sich damit eine Steigerung der Gesamtleistung von fast 7.300 € (ca. 3,5 %) von 209.498,84 € auf 216.777,10 €. Der Wareneinkauf ist dagegen um ca. 1,2 % gesunken und liegt im April des aktuellen Jahres bei rund 103.500 €. Der Rohertrag konnte im Vergleich zum Vorjahr um rund 8.500 € und 8 % gesteigert werden. Im Vorjahr lag er bei ca. 104.800 € und nun bei rund 113.300 €. Die sonstigen betrieblichen Erlöse lagen im April bei ca. 300 €. Dies sind rund 42 % weniger als im April des Vorjahres. Der betriebliche Rohertrag ist um 7,9 % gestiegen und liegt nun bei rund 113.600 €.

Lösung zu Lernjob 2

a) Im „Kosten“-Bereich werden die Daten über alle weiteren Kosten, die in dem Unternehmen neben dem Material-/Wareneinkauf anfallen, dargestellt. Dazu zählen z. B. „Personalkosten“, „Abschreibungen“, „Raumkosten“, „betriebliche Steuern“ und „sonstige Kosten“. Zusammengefasst werden sie dann in der Summe als „Gesamtkosten“.

b) Die Gesamtkosten der „Spaß-Box GmbH“ sind im Vergleich zum April des Vorjahres um insgesamt ca. 12 % gestiegen: Die Personalkosten betrugen im April des Vorjahres ca. 4.000 € (6,7 %) weniger. Sie liegen jetzt bei rund 63.500 €. Die Abschreibungen sind ebenfalls gestiegen: von ca. 4.000 € auf rund 4.800 €. Dies entspricht ca. 20 %. Auch die sonstigen Kosten haben eine Steigerung erfahren: rund 24 % mehr, was einer absoluten Steigerung von ca. 6.300 € entspricht (aktuelles Jahr ca. 33.000 €). Die Gesamtkosten betrugen im April des aktuellen Jahres rund 101.000 €.

Lösung zu Lernjob 3

a) Das Betriebsergebnis berechnet sich grundsätzlich wie folgt:

	Betrieblicher Rohertrag
-	Gesamtkosten
=	**Betriebsergebnis**

b) Das „Neutrale Ergebnis“ ist die Differenz zwischen den neutralen Erträgen und den neutralen Aufwendungen sowie Steuern vom Einkommen und Ertrag des Unternehmens. Neutrale Erträge und Aufwendungen hängen nicht mit dem Betriebszweck des Unternehmens zusammen. Sie sind insbesondere betriebsfremd (z. B. Zinsaufwendungen, Erträge aus Finanzanlagen, Mieterträge), außerordentlich oder periodenfremd (z. B. außerplanmäßige Abschreibungen, Steuernachzahlungen/-rückzahlungen).

Es ist wichtig, das Neutrale Ergebnis getrennt vom Betriebsergebnis auszuweisen, damit dem Unternehmer, den Gläubigern, den Gesellschaftern und anderen Dritten wie Kreditinstituten ersichtlich wird, in welchem Bereich das Unternehmen seinen Erfolg erwirtschaftet.

c) Das Gesamtergebnis des Betriebswirtschaftlichen Kurzberichts ist „vorläufig“, da sich im Rahmen der Abschlussbuchungen bei der Erstellung des Jahresabschlusses in der Regel noch Änderungen ergeben.

d) Die Handelsspanne setzt den Rohertrag zur Gesamtleistung in ein prozentuales Verhältnis. Sie wird wie folgt berechnet:

$$\frac{\text{Rohertrag}}{\text{Gesamtleistung}} \cdot 100$$

Eine Handelsspanne von 50 % bedeutet beispielsweise, dass ein Unternehmen Ware für einen Preis von 10 € einkauft und für 20 € netto verkauft. Man kann die Handelsspanne auch „Handelsaufschlag“ oder „Kalkulationszuschlag“ nennen.

e) Die Umsatzrentabilität stellt den prozentualen Anteil des vorläufigen Ergebnisses an der Gesamtleistung dar. Sie wird wie folgt berechnet:

$$\frac{\text{Vorläufiges Ergebnis}}{\text{Gesamtleistung}} \cdot 100$$

Diese Kennzahl beschreibt die Effizienz eines Unternehmens. Eine Umsatzrentabilität von 5 % bedeutet beispielsweise, dass ein Unternehmen bei einer Gesamtleistung von 100 € einen Gewinn von 5 € erzielt.

f) Das vorläufige Ergebnis der „Spaß-Box GmbH“ beträgt im April des aktuellen Jahres rund 14.000 € und liegt somit ca. 2.100 € niedriger als im April des Vorjahres. Das entspricht einem Ergebnisrückgang von ca. 13 %. Der Großteil dieses Gesamtergebnisses wird durch den Betriebszweck erwirtschaftet (12.500 € im April des aktuellen Jahres). Das Betriebsergebnis sollte allerdings im Auge behalten werden, da es im Vergleich zum Vorjahr um ungefähr 18 % zurückgegangen ist. Das neutrale Ergebnis hat sich hingegen mehr als verdoppelt.

Diese Entwicklung spiegelt sich auch in der Umsatzrentabilität des Unternehmens wider: Sie ist um 1,25 % gesunken, was bedeutet, dass das Unternehmen nicht so effizient gewirtschaftet hat wie im April des Vorjahres.

Zudem ist die Handelsspanne um 2,27 % gestiegen, was bedeutet, dass auf den Einkaufspreis 2,27 % mehr aufgeschlagen wurden.

Lösung zu Lernjob 4

	Wareneingang/-einkauf	103.478,12 €
+	Bezugsnebenkosten	8.345,18 €
-	Anschaffungspreisminderungen	4.398,23 €
+	Bestandsminderungen Waren	98.687,24 €
-	Bestandserhöhungen Waren	76.317,32 €
=	**Wareneinsatz**	**129.794,99 €**

	Gesamtleistung	216.777,10 €
-	Wareneinsatz	129.794,99 €
=	**Rohertrag**	**86.982,11 €**

Ergänzende Übungsaufgaben

Lösung zu Übungsaufgabe 1

a) 1. **Gesamtleistung der ersten Jahreshälfte des aktuellen Jahres und des Vorjahres**

		Januar bis Juni aktuelles Jahr	**Januar bis Juni Vorjahr**
	Umsatzerlöse	411.738,72 €	331.051,56 €
+	Bestandsveränderungen	1.852,21 €	485,62 €
=	**Gesamtleistung**	**413.590,93 €**	**331.537,18 €**

2. **Prozentuale Veränderung der Gesamtleistung im Vergleich zur ersten Jahreshälfte des Vorjahres**

413.590,93 € - 331.537,18 € = 82.053,75 € absolute Änderung

82.053,75 € : 331.537,18 € • 100 = **24,75 % Steigerung**

3. **Rohertrag der ersten Jahreshälfte des aktuellen Jahres und des Vorjahres**

		Januar bis Juni aktuelles Jahr	**Januar bis Juni Vorjahr**
	Gesamtleistung	413.590,93 €	331.537,18 €
-	Material/Wareneinkauf	149.108,70 €	189.128,74 €
=	**Rohertrag**	**264.482,23 €**	**142.408,44 €**

4. **Prozentuale Veränderung des Rohertrags im Vergleich zur ersten Jahreshälfte des Vorjahres**

   264.482,23 € - 142.408,44 € = 122.073,79 € absolute Änderung

   122.073,79 € : 142.408,44 € • 100 = **85,72 % Steigerung**

5. **Gesamtkosten der ersten Jahreshälfte des aktuellen Jahres und des Vorjahres**

		Januar bis Juni aktuelles Jahr	Januar bis Juni Vorjahr
	Personalkosten	42.124,72 €	29.074,50 €
+	Abschreibungen	4.135,38 €	5.079,48 €
+	sonstige Kosten	41.137,92 €	28.921,70 €
=	**Gesamtkosten**	**87.398,02 €**	**63.075,68 €**

6. **Prozentuale Veränderung der Gesamtkosten der ersten Jahreshälfte im Vergleich zum Vorjahr**

   87.398,02 € - 63.075,68 € = 24.322,34 € absolute Änderung

   24.322,34 € : 63.075,68 € • 100 = **38,56 % Steigerung**

7. **Vorläufiges Ergebnis der ersten Jahreshälfte des aktuellen Jahres und des Vorjahres**

		Januar bis Juni aktuelles Jahr	Januar bis Juni Vorjahr
	Rohertrag	264.482,23 €	142.408,44 €
+	sonstige betriebliche Erlöse	385,69 €	249,47 €
-	Gesamtkosten	87.398,02 €	63.075,68 €
=	Betriebsergebnis	177.469,90 €	79.582,23 €
+	neutrales Ergebnis	- 47,58 €	65,98 €
=	**Vorläufiges Ergebnis**	**177.422,32 €**	**79.648,21 €**

8. **Prozentuale Veränderung des vorläufigen Ergebnisses der ersten Jahreshälfte im Vergleich zum Vorjahr**

   177.422,32 € - 79.648,21 € = 97.774,11 € absolute Änderung

   97.774,11 € : 79.648,21 € • 100 = **122,76 % Steigerung**

9. **Umsatzrentabilität der ersten Jahreshälfte des aktuellen Jahres**
   (= vorl. Ergebnis : Gesamtleistung • 100)

   = 177.422,32 € : 413.590,93 € • 100 = **42,90 %**

10. **Handelsspanne der ersten Jahreshälfte des aktuellen Jahres**
    (= Rohertrag : Gesamtleistung • 100)

    = 264.482,23 € : 413.590,93 € • 100 = **63,95 %**

b) Die „Car Solutions GmbH" konnte ihre Gesamtleistung in der ersten Jahreshälfte im Vergleich zum Vorjahr um rund 25 % steigern. Da die GmbH erst im Vorjahr gegründet wurde, könnte dies die Ursache für die Steigerung sein. Der Rohertrag hat sich im Vergleich zur ersten Jahreshälfte des Vorjahres sogar um rund 85 %

erhöht, da der Wareneinkauf trotz gesteigerter Gesamtleistung um ca. 40.000 € gesunken ist.

Das vorläufige Ergebnis der ersten Jahreshälfte beträgt im aktuellen Jahr rund 177.000 €. Im Vergleich zum Vorjahr (ca. 80.000 €) ist dies eine Steigerung von rund 123 %. Dies ist eine beachtliche Erhöhung des Gesamtergebnisses. Betrachtet man in diesem Zusammenhang die Entwicklung der Gesamtkosten, wird klar, dass diese zwar ebenfalls gestiegen sind, jedoch im Vergleich zur Steigerung des Rohertrags „nur" um ca. 39 %.

Anscheinend konnte die GmbH in der ersten Jahreshälfte des aktuellen Jahres sehr effizient wirtschaften, denn die Umsatzrentabilität beträgt ca. 43 %. Das bedeutet, dass fast die Hälfte der Gesamtleistung in Gewinn resultiert.

Die Handelsspanne ist mit rund 64 % relativ hoch, denn 64 % bedeuten, dass die GmbH 64 % auf die Einkaufspreise aufschlägt bevor sie sie verkauft.

Lernfeld 3: Umsatzsteuerrechtliche Sachverhalte

A. System der Umsatzsteuer

Lernsituation 1

Lösung zu Lernjob 1

Ein Schreibtisch entsteht ...

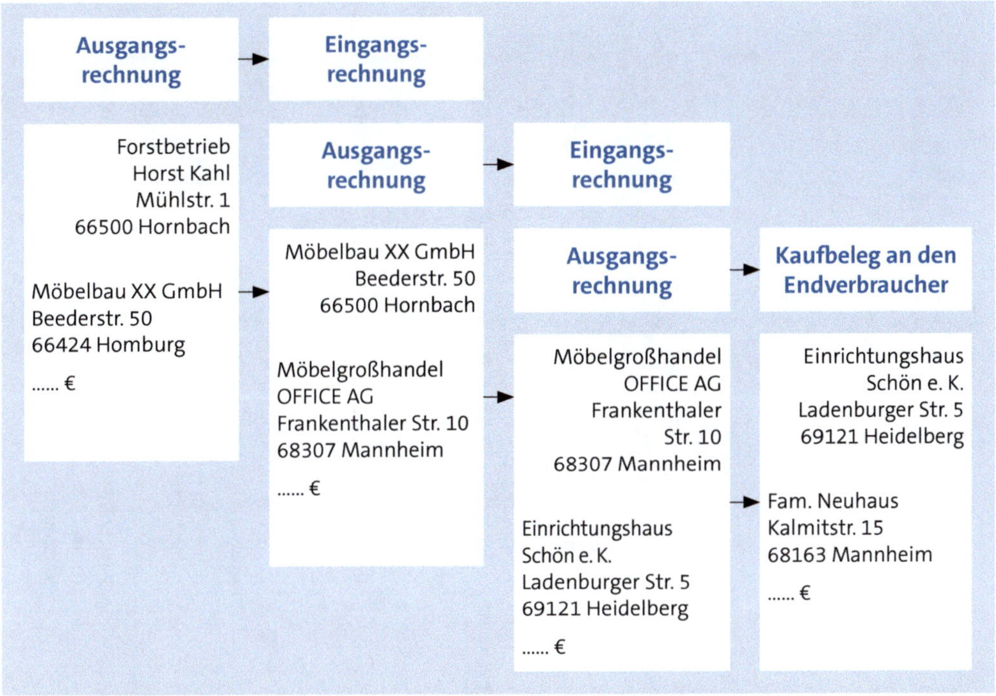

Lösung zu Lernjob 2

Finanzamt

insgesamt = 133,00 €

3,80 € + 53,20 € + 19,00 € + 57,00 €

Forstbetrieb
Horst Kahl

In der Urproduktion benötigt der Forstbetrieb im Beispiel keinen Einkauf von Materialien, um die Bretter herzustellen und zu verkaufen. Daher keine Angabe zu einer ER.

Warenwert (AR):	
(netto)	20,00 €
+ 19 % USt	3,80 €
= Verkaufspreis (brutto)	23,80 €

Mehrwert:

Warenwert AR	20,00 €
- Warenwert ER	000 €
= MW	20,00 €

ZAHLLAST (Umsatzsteuer – Vorsteuer) 3,80 €

Möbelbau
XX GmbH

Warenwert (ER):	
(netto)	20,00 €
+ 19 % USt	3,80 €
= Einkaufspreis (brutto)	23,80 €

Warenwert (AR):	
(netto)	300,00 €
+ 19 % USt	57,00 €
= Verkaufspreis (brutto)	357,00 €

Mehrwert:

Warenwert AR	300,00 €
- Warenwert ER	20,00 €
= MW	280,00 €

ZAHLLAST (Umsatzsteuer – Vorsteuer) 53,20 €

Möbelgroßhandel
OFFICE AG

Warenwert (ER):	
(netto)	300,00 €
+ 19 % USt	57,00 €
= Einkaufspreis (brutto)	357,00 €

Warenwert (AR):	
(netto)	400,00 €
+ 19 % USt	76,00 €
= Verkaufspreis (brutto)	476,00 €

Mehrwert:

Warenwert AR	400,00 €
- Warenwert ER	300,00 €
= MW	100,00 €

ZAHLLAST (Umsatzsteuer – Vorsteuer) 19,00 €

Einrichtungshaus
Schön e. K.

Warenwert (ER):	
(netto)	400,00 €
+ 19 % USt	76,00 €
= Einkaufspreis (brutto)	476,00 €

Warenwert (AR):	
(netto)	700,00 €
+ 19 % USt	133,00 €
= Verkaufspreis (brutto)	833,00 €

Mehrwert:

Warenwert AR	700,00 €
- Warenwert ER	400,00 €
= MW	300,00 €

ZAHLLAST (Umsatzsteuer – Vorsteuer) 57,00 €

Endverbraucher
Fam. Neuhaus

Einkaufpreis einschl. 19 % Umsatzsteuer 833,00 €

Kundenrechnung setzt sich zusammen:

Warenwert:	
(netto)	700,00 €
+ 19 % USt	133,00 €
= Endpreis (brutto)	833,00 €

Lösung zu Lernjob 3

a)

Forstbetrieb Horst Kahl:	Mehrwert	20,00 € • 0,19 =	3,80 €
Möbelbau XX GmbH	Mehrwert	280,00 € • 0,19 =	53,20 €
Möbelgroßhandel OFFICE AG:	Mehrwert	100,00 € • 0,19 =	19,00 €
Einrichtungshaus Schön e. K.:	Mehrwert	300,00 € • 0,19 =	57,00 €

Jeder Unternehmer muss nur einen Teil der gesamten Umsatzsteuer an das Finanzamt abführen.

Der Endverbraucher hat die gesamte Umsatzsteuerlast zu tragen.

b) Die einzelnen Unternehmen müssen *in jeder Phase/Stufe der Wertschöpfungskette* nur die Umsatzsteuer ihres Mehrwertes an das Finanzamt überweisen.

(Hieraus erklärt sich das noch oft benutzte Wort der Mehrwertsteuer.)

c) Nein.

Zum einen kann der Unternehmer die Umsatzsteuer aus der Eingangsrechnung als Vorsteuer gegenüber dem Finanzamt geltend machen.

Zum anderen stellt das veräußernde Unternehmen die Umsatzsteuer für den Käufer gesondert in Rechnung und bekommt diese dann auch vom Käufer überwiesen.

Ergänzende Übungsaufgaben

Lösung zu Übungsaufgabe 1

	Sachverhalte	richtig	falsch
1	Alle Unternehmen der Wertschöpfungskette haben einen Teil der Umsatzsteuer selbst zu tragen und müssen daher die Umsatzsteuer in den Warenwert mit einzukalkulieren.		X
2	Steuerschuldner und Steuerträger sind bei der Umsatzsteuer verschiedene Personen (= indirekte Steuer).	X	
3	Steuerschuldner und Steuerträger sind ein und dieselbe Person (= direkte Steuer).		X
4	Die USt in Höhe des an den jeweiligen Vorunternehmer (als Teil des Rechnungsbetrages) zu zahlenden USt-Betrages hat das kaufende Unternehmen selbst zu tragen.		X
5	Letztendlich zahlt der Endverbraucher die gesamte Umsatzsteuer mit Zahlung des Kaufpreises.	X	
6	In der betrieblichen Praxis unterscheidet man nicht die Umsatzsteuer in der Eingangs- und Ausgangsrechnung.		X
7	Auf jeder Wirtschaftsstufe wird die USt erhoben und die Unternehmen haben diese an das Finanzamt abzuführen.	X	
8	Die Umsatzsteuer ist für ein Unternehmen wettbewerbsneutral, d. h. die abzuführende Umsatzsteuer stellt für ihn keine Kosten dar.	X	

	Sachverhalte	richtig	falsch
9	Die Umsatzsteuer in den Eingangsrechnungen werden in der Praxis als Vorsteuer gebucht und können von der Umsatzsteuer der Ausgangsrechnung abgezogen werden.	X	

zu 1: Die Umsatzsteuer ist für den Unternehmer kostenneutral. Er wird nicht mit der Umsatzsteuer belastet.

zu 3: Steuerträger ist der Endverbraucher. Steuerschuldner ist/sind das/die Unternehmen.

zu 4: Die Umsatzsteuer in der Eingangsrechnung eines Unternehmens ist in der Praxis die Vorsteuer, die von der Umsatzsteuerschuld abgezogen werden kann. Somit stellt sie keinen Kostenfaktor dar.

zu 6: Die Umsatzsteuer in der ER entspricht der Vorsteuer (= Forderung gegenüber dem Finanzamt) und die Umsatzsteuer in der AR entspricht der Umsatzsteuer (= Verbindlichkeit gegenüber dem Finanzamt). Diese müssen in der Buchhaltung getrennt erfasst werden.

Lösung zu Übungsaufgabe 2

Bochumer Stahllieferant	Metal-Box GmbH Gütersloh	Großhändler für Möbelbedarf Hamburg	Top-Modern GmbH Köln	diverse Endverbraucher
ER: nicht bekannt.	Warenwert (ER): (netto) 4.200,00 € + 19 % USt 798,00 € = Einkaufspreis (brutto) 4.998,00 €	Warenwert (ER): (netto) 7.200,00 € + 19 % USt 1.368,00 € = Einkaufspreis (brutto) 8.568,00 €	Warenwert (ER): (netto) 10.000,00 € + 19 % USt 1.900,00 € = Einkaufspreis (brutto) 11.900,00 €	Endpreis, brutto 17.850,00 €
Warenwert (AR): (netto) 4.200,00 € + 19 % USt 798,00 € = Verkaufspreis (brutto) 4.998,00 €	Warenwert (AR): (netto) 7.200,00 € + 19 % USt 1.368,00 € = Verkaufspreis (brutto) 8.568,00 €	Warenwert (AR): (netto) 10.000,00 € + 19 % USt 1.900,00 € = Verkaufspreis (brutto) 11.900,00 €	Warenwert (AR): (netto) 15.000,00 € + 19 % USt 2.850,00 € = Verkaufspreis (brutto) 17.850,00 €	**Kundenrechnung:** Warenwert: (netto) 15.000,00 € + 19 % USt 2.850,00 € = Verkaufspreis (brutto) 17.850,00 €
ZAHLLAST 798,00 € (USt - Vorsteuer)	**ZAHLLAST** 570,00 € (USt - Vorsteuer)	**ZAHLLAST** 532,00 € (USt -Vorsteuer)	**ZAHLLAST** 950,00 € (USt -Vorsteuer)	

Der Endverbraucher hat insgesamt 2.850,00 € Umsatzsteuer zu tragen. Die Zahllast der einzelnen Unternehmen s. o.

B. Der Unternehmer und das Unternehmen im Umsatzsteuerrecht

Lernsituation 1

Lösung zu Lernjob 1

Herr Schlosser geht einer selbständigen, gewerblichen Tätigkeit bei der Montage der Sicherheitstechnik nach. Die Kriterien des § 2 Abs. 2 Nr. 1 UStG zur Nichtselbständigkeit treffen nicht zu, da Herr Schlosser weder in einem Unternehmen eingegliedert, noch bei dieser Tätigkeit weisungsgebunden ist. Es ist auch eindeutig, dass Herr Schlosser diese Tätigkeit nachhaltig ausübt und weiter ausüben wird, um Einnahmen zu erzielen.

Dabei ist die Absicht, Gewinn zu erzielen ohne Bedeutung, gem. § 2 Abs. 1 Satz 3 UStG.

Die Unternehmereigenschaft beginnt mit dem ersten nach außen erkennbar gerichteten Tätigwerden und der Absicht, sich diese Leistungen entgeltlich vergüten zu lassen. H. Schlosser ist somit ab Juli 2025 Unternehmer.

Lösung zu Lernjob 2

Zum Unternehmen gehören die ausgeführten Tätigkeiten im Rahmen der Sicherheitstechnik.

Seine Tätigkeit als Hausmeister fällt nicht unter den Rahmen des Unternehmens, da Herr Schlosser als Angestellter der Stadt Hanau u. a. weisungsgebunden und zur persönlichen Arbeitsleistung verpflichtet ist.

Der Verkauf der privaten Dinge im Internet fällt in die Privatsphäre (nicht im Rahmen des Unternehmens).

Lernsituation 2

Lösung zu Lernjob 1

Unternehmerischer Bereich:
(1) Bauunternehmen, (2) Vermietung u. An- und Verkauf von Anhängern, (4) Waldgrundstück mit Holzverkauf, (5) Bekleidungsgeschäft für Kinder, (6) kleines Café in Ladenburg, (7) vermietetes Mehrfamilienhaus, (9) Influencer

Außerunternehmerischer Bereich:
(3) selbstgenutztes Einfamilienhaus, (8) drei private Autos

Lösung zu Lernjob 2

- Herr Emir Dogan
- Frau Alina Dogan
- Eheleute Dogan
- Brüder Emir und Kadir Dogan

Lösung zu Lernjob 3

Unternehmen Emir Dogan: (2) Vermietung mit An-/Verkauf von Anhängern

Unternehmen Alina Dogan: (5) Bekleidungsgeschäft für Kinder, (7) vermietetes Mehrfamilienhaus, (9) Influencer-Tätigkeit

Unternehmen Eheleute Dogan: (6) kleines Café in Ladenburg

Unternehmen Brüder Dogan: (1) Bauunternehmen, (4) Waldgrundstück mit Verkauf v. Brennholz

Merke:
Ein Unternehmer kann mehreren gewerblichen bzw. beruflichen Tätigkeiten nachgehen, aber er hat nur ein Unternehmen.

Lösung zu Lernjob 4

- In der Umsatzsteuervoranmeldung und Umsatzsteuererklärung werden die verschiedenen Tätigkeiten des Unternehmens zusammengefasst. Es wird **nur 1 USt-VA und 1 USt-Erklärung** an das FA übermittelt.
- Umsätze, die zwischen den verschiedenen inländischen Betrieben innerhalb einer Unternehmenseinheit stattfinden, sind sogenannte **Innenumsätze** und unterliegen nicht der Umsatzsteuer (Abschnitt 2.7 Abs. 1 Satz 2 UStAE).
- Es wird bei Antragstellung beim Bundesamt für Steuern nur **eine Umsatzsteuer-Identifikationsnummer** gem. § 27a UStG vergeben.

Lernsituation 3

Lösung zu Lernjob 1

Rahmen des Unternehmens

Grundgeschäfte	Hilfsgeschäfte	Nebengeschäfte
Bilden den eigentlichen Gegenstand der geschäftlichen Betätigung (Hauptzweck).	Hierzu gehört jede Tätigkeit, die die Haupttätigkeit mit sich bringt.	Sie ergeben sich nicht notwendig aus der Haupttätigkeit, hängen aber mit dieser wirtschaftlich zusammen.
► Beratung, Betreuung und Vertretung vor Gericht ► Tätigkeit als Testamentsvollstrecker	► Verkauf gebrauchter Büromöbel	► Lehrauftrag an der Uni Mainz ► Veröffentlichungen von Abhandlungen in Zeitschriften ► Prüfer der Rechtsanwaltsfachangestellten

Ergänzende Übungsaufgaben

Lösung zu Übungsaufgabe 1

1. Peter Müller ist kein Unternehmer. Er übt die Tätigkeit der Testamentsvollstreckung nicht nachhaltig aus. Es liegt auch keine Beteiligung am allgemeinen Wirtschaftsleben vor. (Abschnitt 2.3 Abs. 5 und 6 UStAE)
2. Markus Schöngeist ist als Autor für Reiselektüre Unternehmer. Er übt eine gewerbliche Tätigkeit selbständig und nachhaltig aus.
3. Frau Baumeister ist zunächst als selbständige Ingenieurin in Diez Unternehmerin. Bei Aufnahme ihrer selbständigen Tätigkeit lag Wiederholungsabsicht vor (§ 2 Abs. 1 UStG).
4. Gerald Schrauber ist im Rahmen seiner Arbeitnehmertätigkeit kein Unternehmer (nicht selbständig und weisungsgebunden). Die Reparaturtätigkeiten für den Freundeskreis führt er selbständig, gewerblich und nachhaltig aus und gilt somit als Unternehmer.

C. Lieferung: Begriffsbestimmung, Steuerbarkeit und Steuerbefreiung

Lernsituation

Lösung zu Lernjob 1

Frau von Hohendorf ist als Unternehmerin tätig, da sie eine gewerbliche Tätigkeit selbständig ausübt. Es handelt sich um eine nachhaltige Tätigkeit mit Einnahmeerzielung.

Lösung zu Lernjob 2

Gesetzesgrundlage: § 3 Abs. 1 UStG

Definition: Lieferungen sind Leistungen, durch die der Unternehmer oder in seinem Auftrag ein Dritter dem Abnehmer die Verfügungsmacht über einen Gegenstand verschafft.

Der Begriff „Gegenstand" ist im BGB umschrieben. Demnach gehören zu Gegenständen:

- Sachen (körperliche Sachen) (§ 90 BGB) und
- Tiere (keine Sachen) (§ 90a BGB)

Lösung zu Lernjob 3

1. ☒ Lieferung ☐ keine Lieferung

   Begründung: Dreams of Roses verschafft der Privatperson aus Frankfurt die Verfügungsmacht über einen **Gegenstand** (30 Rosenstämme).

2. ☐ Lieferung ☒ keine Lieferung

   Begründung: Es erfolgt keine Verschaffung der Verfügungsmacht über einen **Gegenstand.**

3. ☒ Lieferung ☐ keine Lieferung

   Begründung: Dreams of Roses verschafft der Kundin aus Lindau die Verfügungsmacht über die Stammrose. Der Transport als Nebenleistung wird ebenso als Lieferung behandelt, da umsatzsteuerrechtlich die Nebenleistung stets das Schicksal der Hauptleistung teilt.

4. ☒ Lieferung ☐ keine Lieferung

   Begründung: Dreams of Roses verschafft dem Hotelier die Verfügungsmacht über einen **Gegenstand** (die Gartendekoration).

5. ☐ Lieferung ☒ keine Lieferung

   Begründung: Der Kunde aus Neustadt erhält **keine Verfügungsmacht** an dem Minibagger.

6. ☒ Lieferung ☐ keine Lieferung

   Begründung: Das Bauunternehmen in Landau erlangt die Verfügungsmacht an dem Minibagger. Trotz des Eigentumsvorbehaltes ist das Bauunternehmen berechtigt, den Minibagger wie ein Eigentümer zu nutzen (und ggf. auch zu veräußern).

7. ☐ Lieferung ☒ keine Lieferung

   Begründung: Es wird keine Verfügungsmacht an einem **Gegenstand** verschafft.

8. ☒ Lieferung ☐ keine Lieferung

   Begründung: Dreams of Roses verschafft den Käufern die Verfügungsmacht über die DVDs.

9 ☒ Lieferung ☐ keine Lieferung

   Begründung: Dreams of Roses verschafft dem Nachbarbetrieb die Verfügungsmacht über das Grundstück.

Lösung zu Lernjob 4

a)
Ergänzen Sie:

1. Die Lieferung muss **durch einen Unternehmer** ausgeführt werden. (siehe LS B)
2. Die Lieferung muss **im Rahmen des Unternehmens** erbracht werden. (siehe LS B)
3. Die Lieferung muss **im Inland** erfolgen.
4. Die Lieferung muss **gegen Entgelt** erfolgen.

b)
In § 1 Abs. 2 UStG ist der Begriff „Inland" definiert. Ergänzen Sie:

Bundesrepublik Deutschland
- Gemeinde Büsingen
- Insel Helgoland
- Freihäfen in Bremerhaven und Cuxhaven
- 12-Seemeilengebiet zwischen Strandlinie und Hoheitsgrenze
- deutsche Schiffe und Luftfahrzeuge, die zu keinem Zollgebiet gehören

= **Inland**

c)
Eine **Beförderungslieferung** liegt vor, wenn der Lieferer oder der Abnehmer den Gegenstand selbst befördert oder durch einen unselbständigen Beauftragten (Erfüllungsgehilfen) befördern lässt.

Ort der Lieferung ist bei einer Beförderungslieferung dort, wo die Beförderung beginnt.

Eine **Versendungslieferung** liegt vor, wenn der Lieferer oder der Abnehmer den Gegenstand durch einen selbständigen Beauftragten (Dritten) fortbewegen lässt.

Ort der Lieferung ist bei einer Versendungslieferung dort, wo die Übergabe an den selbständigen Beauftragten erfolgt.

d)
Und wo ist der Ort der Lieferung bei einer **unbewegten Warenlieferung** gem. § 3 Abs. 7 UStG?
Der Ort der Lieferung ist dort, wo sich der Gegenstand zum Zeitpunkt der Verschaffung der Verfügungsmacht befindet.

e)

Nr.	Art der Lieferung	Ort der Lieferung	Gesetzesgrundlage
1	Beförderungslieferung	Königsstadt	§ 3 Abs. 6 UStG
3	Versendungslieferung	Königsstadt	§ 3 Abs. 6 UStG
4	Beförderungslieferung	Königsstadt	§ 3 Abs. 6 UStG
6	Beförderungslieferung	Königsstadt	§ 3 Abs. 6 UStG
8	Beförderungslieferung	Königsstadt	§ 3 Abs. 6 UStG
9	Unbewegte Lieferung	Mußdorf	§ 3 Abs. 7 UStG

Lösung zu Lernjob 5

a)
Damit eine Lieferung steuerbar ist, muss sie gegen **Entgelt** erfolgen. Der Begriff Entgelt ist in § 10 Abs. 1 Satz 2 UStG erläutert:
Entgelt ist alles, was der leistende Unternehmer vom Abnehmer für seine Lieferung erhält, jedoch ohne Umsatzsteuer (= netto).

b)
Beurteilen Sie, ob in den folgenden Sachverhalten für „Dreams of Roses" jeweils das Tatbestandsmerkmal „Entgelt" erfüllt ist:

1. Es liegt ein Entgelt in Form einer (Gegen-) Lieferung vor. Es handelt sich um einen Tausch.
2. § 10 Abs. 1 Satz 2 UStG spricht vom leistenden Unternehmer und dem Leistungsempfänger.

   Es muss sich also um zwei verschiedene Personen handeln. Hier sind Leistender und Leistungsempfänger identisch, somit findet kein Leistungsaustausch statt. Es handelt sich um einen nicht steuerbaren Innenumsatz.

3. Hier liegt kein Leistungsaustausch vor („Dreams of Roses" hat keine Leistung erbracht). Somit ist der Begriff „Entgelt" nach Umsatzsteuerrecht nicht gegeben. Es handelt sich um einen „echten Schadensersatz".

   Welche Folge ergibt sich in diesem Fall im Hinblick auf die Steuerbarkeit gem. § 1 Abs. 1 Nr. 1 UStG?

   Da das Tatbestandsmerkmal „Entgelt" als eine der vier Voraussetzungen der Steuerbarkeit fehlt, ist der „echter Schadensersatz" nicht steuerbar.

Lösung zu Lernjob 6

a)

Gesetzesgrundlage	**Um welche Lieferungen handelt es sich?** Ergänzen Sie:
§ 4 Nr. 9. Buchst. a) UStG	Umsätze, die unter das Grunderwerbsteuergesetz fallen
§ 4 Nr. 19. Buchst. a) und b) UStG	Umsätze von Blinden und Blindenwerkstätten
§ 4 Nr. 28 UStG	Verkauf von Gegenständen von steuerbefreiten Unternehmern (z. B. Ärzte)

b)
Muss „Dreams of Roses" für diesen Umsatz Umsatzsteuer entrichten?
Bei dem Verkauf des Grundstücks handelt es sich um eine steuerbare Lieferung, die gem. § 4 Nr. 9a UStG steuerfrei ist. Demnach fällt beim Verkauf des Grundstückes grundsätzlich keine Umsatzsteuer an.

c)
Erläutern Sie die Alternative mit der entsprechenden Konsequenz für „Dreams of Roses":
Da der Verkauf des Grundstückes an einen anderen Unternehmer für dessen Unternehmen (Nachbarbetrieb) erfolgt, kann gem. § 9 Abs. 1 UStG auf die Umsatzsteuerbefreiung verzichtet werden. Es kann also zur Umsatzsteuerpflicht optiert werden. Die Option zur Umsatzsteuerpflicht muss gem. § 9 Abs. 3 Satz 2 UStG in dem notariell zu beurkundenden Kaufvertrag erklärt werden. Eine Erklärung zu einem späteren Zeitpunkt ist nicht möglich.

Ergänzende Übungsaufgaben

Lösung zur Übungsaufgabe 1

Sachverhalte b) und c)

Lösung zur Übungsaufgabe 2

Gebiete a), b), e), f), i), k)

Lösung zur Übungsaufgabe 3

Sachverhalt	Beförderungs-lieferung	Versendungs-lieferung
Der Kunde lässt die Ware durch einen seiner Arbeitnehmer abholen und in sein Lager transportieren.	X	
Der Kunde holt die Ware persönlich ab und transportiert sie in sein eigenes Lager.	X	
Der Kunde beauftragt einen Spediteur, die Abholung und den Transport der Ware in sein Lager zu besorgen.		X
Der Lieferer lässt die Ware durch einen seiner Mitarbeiter zum Abnehmer (Kunden) transportieren.	X	
Der Lieferer transportiert die Ware selbst zu seinem Kunden.	X	
Der Lieferer übergibt die Ware an DHL mit dem Auftrag, sie zu seinem Kunden zu transportieren.		X

Lösung zur Übungsaufgabe 4

Nr.	Umsatzart	Ort des Umsatzes und §	steuerbar	nicht steuerbar (Kurze Begründung)
a)	keine	entfällt		X Echter Schadensersatz
b)	Beförderungslieferung	Hannover § 3 Abs. 6 UStG	X	
c)	Versendungslieferung	Gimmeldingen § 3 Abs. 6 UStG		X fehlende Unternehmer-eigenschaft (keine Nachhaltigkeit)
d)	Unbewegte Lieferung	Helgoland § 3 Abs. 7 UStG		X nicht im Inland erfolgter Umsatz
e)	Unbewegte Lieferung	Bonn § 3 Abs. 7 UStG	X	
f)	Beförderungslieferung	Konstanz § 3 Abs. 6 UStG		X nicht im Rahmen des Unternehmens

D. Sonstige Leistung: Begriffsbestimmung, Steuerbarkeit und Steuerbefreiung

Lernsituation 1

Lösung zu Lernjob 1

Genaue gesetzliche Grundlage: § 3 Abs. 9 UStG

Definition: Sonstige Leistungen sind Leistungen, die keine Lieferungen sind. Sie können auch in einem Unterlassen oder im Dulden einer Handlung oder eines Zustandes bestehen.

Lösung zu Lernjob 2

Sonstige Leistungen
können bestehen in einem ...

TUN	**Dulden**	**Unterlassen** (einer Handlung oder eines Zustands)
z. B. ► Tätigkeit eines Arztes ► Vermittlungsleistung ► Beförderungsleistung ► Tätigkeit eines Architekten ► Tätigkeit eines Steuerberaters	z. B. ► Wohnungsvermietung ► Vermietung von Hotelzimmern ► Nutzung eines Patents ► Überlassung von Lizenzen ► Werbung an der Hauswand	z. B. ► Verzicht von Verkaufshandlungen in einem bestimmten Gebiet oder ggü einem bestimmten Kundenkreis ► Entschädigung für vorzeitigen Ausstieg aus einem Vertrag, z. B. Mietvertrag

Lösung zu Lernjob 3

Nr.	**Art** der sonstigen Leistung	**B2B** oder **B2C**	genaue **gesetzliche Grundlage** für den Ort der s. L. im UStG	**Ort der sonstigen Leistung** ► Ortsbezeichnung lt. Gesetz ► Ortbestimmung lt. Aufgabe	**steuerbar?** ja/nein
1.	kurzfristige Vermietung eines Ferienhauses	B2C	§ 3a Abs. 3 Nr. 1 Buchst. a)	► Ort, wo das Grundstück liegt (= Belegenheitsort/Lageort) ► Singen	ja
2.	kurzfristige Vermietung eines Ferienhauses	B2C	§ 3a Abs. 3 Nr. 1 Buchst. a)	► Belegenheitsort/Lageort ► Colmar/Frankreich	nein (nicht im Inland)
3.	steuerliche Beratung und Buchhaltung	B2B	§ 3a Abs. 2 (Es liegt keine Spezialregelung vor.)	► Ort, wo der Leistungsempfänger sein Unternehmen betreibt (Sitz d. Leistungsempfängers) ► Husum	ja
4.	steuerliche Beratung	B2C	§ 3a Abs. 1 (Es liegt keine Spezialregelung vor.)	► Ort, wo der leistende Unternehmer sein Unternehmen betreibt. ► Flensburg	ja
5.	Vermittlungsleistung im Zusammenhang mit einem Grundstück	B2C	§ 3a Abs. 3 Nr. 1 Buchst. b)	► Belegenheitsort/Lageort ► Esslingen	ja
6.	Reparatur an einer beweglichen körperlichen Sache	B2C	§ 3a Abs. 3 Nr. 3a Buchst. b)	► Ort, wo die s. L. tatsächlich erbracht wird. (Tätigkeitsort) ► Freiburg	ja
7.	Reparatur an einer beweglichen körperlichen Sache	B2C	§ 3a Abs. 3 Nr. 3a Buchst. b)	► Tätigkeitsort ► Freiburg	ja
8.	Reparatur an einer beweglichen körperlichen Sache	B2B	§ 3a Abs. 2 (Es liegt keine Spezialregelung vor.)	► Sitz des Leistungsempfängers ► Rastatt	ja
9.	s. L. im Zusammenhang mit der Erschließung von Grundstücken	B2B	§ 3a Abs. 3 Nr. 1 Buchst. c)	► Belegenheitsort/Lageort ► Franzenbad/Tschechien	nein (nicht im Inland)

Nr.	**Art** der sonstigen Leistung	**B2B** oder **B2C**	genaue **gesetzliche Grundlage** für den Ort der s. L. im UStG	**Ort der sonstigen Leistung** ► Ortsbezeichnung lt. Gesetz ► Ortbestimmung lt. Aufgabe	**steuerbar?** ja/nein
10.	kurzfr. Vermietung von Pkw	a) B2C	§ 3a Abs. 3 Nr. 2 Buchst. b)	► Ort, an dem das Beförderungsmittel dem Empfänger zur Verfügung gestellt wird. (Ort der Übergabe) ► Bamberg	ja
		b) B2B			ja
11.	Langfristige Vermietung von Pkw	a) B2C	§ 3a Abs. 3 Nr. 2 Satz 3	► Ort, an dem der Empfänger seinen Wohnsitz hat ► Fürth	ja
		b) B2B	§ 3a Abs. 2 (Es liegt keine Spezialregelung vor.)	► Sitz des Leistungsempfängers ► Fürth	ja
12.	Vermittlung von Frachtlieferung	B2B (zwischen Schnell-Sicher GmbH + Obst-Gemüse Handel GmbH)	§ 3a Abs. 2 (Es liegt keine Spezialregelung vor.)	► Sitz des Leistungsempfängers ► Nordhausen	ja
13.	Planung und Durchführung von Veranstaltungen	B2B	§ 3a Abs. 3 Nr. 5	► Ort, an dem die Veranstaltung durchgeführt wird ► Berlin	ja
14.	Restaurationsleistung	B2C	§ 3a Abs. 3 Nr. 3a Buchst. a)	► Tätigkeitsort (Ort der Bewirtung) ► Radolfzell	ja

Lernsituation 2

Lösung zu Lernjob 1

Nebenleistungen teilen umsatzsteuerrechtlich das Schicksal der Hauptleistung. (Abschn. 3.10 Abs. 5 UStAE).

Ein einheitlicher wirtschaftlicher Vorgang darf umsatzsteuerrechtlich nicht in mehrere Leistungen aufgeteilt werden. (Abschn. 3.10 Abs. 3 UStAE).

Voraussetzung für das Vorliegen einer einheitlichen Leistung anstelle mehrerer selbständiger Leistungen ist stets, dass es sich um Tätigkeiten desselben Unternehmers handelt (Abschn. 3.10 Abs. 4 UStAE).

Lösung zu Lernjob 2

AR „Gutwill“:

Hauptleistung: Sonstige Leistung
(Büromaterial wird als Nebenleistung gesehen)

AR „Obst-Gemüse Handel GmbH“:

Hauptleistung: Lieferung
(Beförderungs- u. Versicherungsleistung sind Nebenleistungen!)

Lösung zu Lernjob 3

1. Der Ort der Leistung fällt bei Lieferung und der sonstigen Leistung unterschiedlich aus, da unterschiedliche gesetzl. Bestimmungen gelten. Dies hat Auswirkungen auf die Steuerbarkeit und auf die Steuerpflicht.
2. Bei einer Lieferung ist die Person des Leistungsempfängers nicht von Bedeutung, während bei der sonstigen Leistung durchaus unterschiedliche Leistungsorte bestimmt werden, je nachdem ob der Leistungsempfänger eine Privatperson (Consumer) oder ein Unternehmer (Business) ist.
3. Gegebenenfalls fällt der anzuwendende Steuersatz in der Höhe anders aus (Ansatz des ermäßigten Steuersatzes).

Lernsituation 3

Lösung zu Lernjob 1

Gesetzesgrundlage im UStG	**Um welche sonstige Leistung handelt es sich?** Ergänzen Sie:
§ 4 Nr. 8 Buchst. a)	Gewährung und Vermittlung von Krediten
§ 4 Nr. 9 Buchst. a)	Umsätze, die unter das Grunderwerbgesetz fallen
§ 4 Nr. 11	Umsätze aus der Tätigkeit von Bausparkassen-, Versicherungsvertretern und Versicherungsmaklern
§ 4 Nr. 12	Vermietung und Verpachtung von Grundstücken
§ 4 Nr. 14 Buchst. a)	Heilbehandlungen im Bereich der Humanmedizin
§ 4 Nr. 16	Leistungen zur Betreuung und Pflege bedürftiger Personen bestimmter im Gesetz genannter Einrichtungen
§ 4 Nr. 19 Buchst. a)	Umsätze der Blinden, die nicht mehr als 2 Mitarbeiter beschäftigen
§ 4 Nr. 21 Buchst. a)	unmittelbar dem Schul- und Bildungszweck dienende Leistungen privater Schulen und anderer allgem. bildender oder berufsbildender Einrichtungen

Lösung zu Lernjob 2

1. a) Steuerbefreiung nach § 4 Nr. 14 Buchst. a) UStG. Somit nicht umsatzsteuerpflichtig.
   b) Keine Steuerbefreiung nach § 4 Nr. 14 Buchst. a) Satz 2 UStG. Die Prothese wird in der eigenen Zahnpraxis gefertigt. Somit umsatzsteuerpflichtig.
   c) Steuerbefreiung nach § 4 Nr. 14 Buchst. a) UStG. Somit nicht umsatzsteuerpflichtig.
   d) Es handelt sich bei der Autorentätigkeit nicht um eine typische, ärztliche Tätigkeit, daher keine Befreiung nach § 4 Nr. 14 Buchst. a) UStG. Somit umsatzsteuerpflichtig.
   e) Es handelt sich bei dem Vortrag nicht um eine typische, ärztliche Tätigkeit, daher keine Befreiung nach § 4 Nr. 14 Buchst. a) UStG. Somit umsatzsteuerpflichtig.
2. a) Die Vermietung der beiden Wohnungen ist nach § 4 Nr. 12 Buchst. a) UStG umsatzsteuerbefreit. Somit nicht umsatzsteuerpflichtig.
   b) Die kurzfristige Vermietung von Wohn- und Schlafräumen zur Beherbergung von Fremden ist nicht umsatzsteuerbefreit, § 4 Nr. 12 Buchst. a) Satz 2 UStG. Somit umsatzsteuerpflichtig
   c) Es handelt sich hierbei um einen Vertrag besonderer Art. Es kommt keine Steuerbefreiung nach § 4 Nr. 12 in Betracht. Somit umsatzsteuerpflichtig. (siehe nach Abschnitt 4.12.6 Abs. 1 u. 2 UStAE)
   d) Die Vermietung der Campingplätze an Dauermieter ist nach § 4 Nr. 12 UStG umsatzsteuerbefreit. Die kurzfristen Vermietungen an die Urlaubscamper sind hingegen nicht umsatzsteuerbefreit, § 4 Nr. 12 Satz 2 UStG. Somit umsatzsteuerpflichtig.
   e) Die kurzfristige Vermietung der Hotelzimmer und Garagenplätze ist nicht umsatzsteuerbefreit nach § 4 Nr. 12 Satz 2. Daher sind die Umsätze alle umsatzsteuerpflichtig.

Lernsituation 4

Lösung zu Lernjob 1

Nach § 15 Abs. 2 UStG sind steuerbefreite Umsätze grundsätzlich vom Abzug der Vorsteuer ausgeschlossen, sog. Ausschlussumsätze.

Für einige steuerfreie Umsätze erhält der Unternehmer aber eine Optionsmöglichkeit, d. h. er nutzt das Wahlrecht nach § 9 UStG, um einen grundsätzlich steuerfreien Umsatz zum steuerpflichtigen Umsatz zu ändern/optieren. Dadurch erhält der Unternehmer die Möglichkeit, die in den Eingangsrechnungen, die zu dem ausgeführten Umsatz führten, ausgewiesene Umsatzsteuer als Vorsteuer vom Finanzamt zurückzuerhalten. Der USt-Ausweis in der Ausgangsrechnung stellt für den umsatzausführenden Unternehmer keinen Kostenfaktor dar, da der Leistungsempfänger die Umsatzsteuer trägt.

Lösung zu Lernjob 2

Nr.	Ort der Sonstigen Leistung und Feststellung der Steuerbarkeit nach § 1 Abs. 1 Nr. 1 UStG	steuerfreier Umsatz? Gesetzl. Grundlage im UStG	Option nach § 9 UStG möglich? Mit Begründung
a)	Zum Umfang seines Unternehmens gehören sowohl das Gebäude als auch seine Immobiliengeschäfte, daher nicht steuerbarer Innenumsatz	entfällt	entfällt
b)	Ort = Fulda = steuerbarer Umsatz	Ja, nach § 4 Nr. 12	Nein, da der Kinderarzt steuerfreie Umsätze tätigt, die den Vorsteuerabzug ausschließen, ist die Voraussetzung des § 9 Abs. 2 i. V. m. § 4 Nr. 14 Buchst. a) und § 15 Abs. 2 UStG nicht erfüllt.
c)	Ort = Fulda = steuerbarer Umsatz	Ja, nach § 4 Nr. 12	Ja, der Rechtsanwalt ist Unternehmer und tätigt steuerpflichtige Umsätze, die zum Vorsteuerabzug berechtigen. § 9 Abs. 1 u. 2 i. V. m. § 15 Abs. 1 Nr. 1 UStG.
d)	Ort = Fulda = steuerbarer Umsatz	Ja, nach § 4 Nr. 12	Nein, da die Mieter (Mutter und Rechtsanwalt als Privatperson) keine Unternehmer sind, daher ist § 9 Abs. 1 UStG nicht erfüllt.

Ergänzende Übungsaufgaben

Lösung zu Übungsaufgabe 1

1.

Nr.	**Art** der sonstigen Leistung	**B2B** oder **B2C**	genaue **gesetzliche Grundlage** für den Ort der s. L. im UStG	**Ort der sonstigen Leistung** ► Ortsbezeichnung lt. Gesetz ► Ortbestimmung lt. Aufgabe	**steuerbar?** ja/nein
a)	Juristische Tätigkeiten einschl. Beratung	B2C	§ 3a Abs. 1 (Es liegt keine Spezialregelung vor.)	► Ort, wo der leistende Unternehmer sein Unternehmen betreibt. ► Dresden	ja
b)	Beratung und notarielle Beurkundung für einen Grundstückskauf	B2C	§ 3a Abs. 3 Nr. 1 Buchst. b)	► Belegenheitsort/Lageort ► Meißen	ja

Nr.	**Art** der sonstigen Leistung	**B2B** oder **B2C**	genaue **gesetzliche Grundlage** für den Ort der s. L. im UStG	**Ort der sonstigen Leistung** ► Ortsbezeichnung lt. Gesetz ► Ortbestimmung lt. Aufgabe	**steuerbar?** ja/nein
c)	Notarielle Tätigkeit – Protokollierung	B2B	§ 3a Abs. 2 (Es liegt keine Spezialregelung vor.)	► Sitz des Leistungsempfängers ► Pirna	ja
d)	Rechtsanwaltliche Beratung	B2B	§ 3a Abs. 2 (Es liegt keine Spezialregelung vor.)	► Sitz des Leistungsempfängers ► Stuttgart	ja
e)	Rechtsanwaltliche Beratung	B2B	§ 3a Abs. 2 (Es liegt keine Spezialregelung vor.)	► Sitz des Leistungsempfängers ► Warschau/Polen	nein (nicht im Inland)

2.

Nr.	**Art** der sonstigen Leistung	**B2B** oder **B2C**	genaue **gesetzliche Grundlage** für den Ort der s. L. im UStG	**Ort der sonstigen Leistung** ► Ortsbezeichnung lt. Gesetz ► Ortbestimmung lt. Aufgabe	**steuerbar?** ja/nein
a)	s. L. im Zusammenhang mit der Erschließung von Grundstücken	B2B	§ 3a Abs. 3 Nr. 1 Buchst. c)	► Belegenheitsort/Lageort ► Straubing	ja
b)	Beförderungsleistung	B2B	§ 3a Abs. 2 (Es liegt keine Spezialregelung des § 3b vor.)	► Sitz des Leistungsempfängers ► Darmstadt	ja
c)	Vermietung von Kopierern	B2B	§ 3a Abs. 2 (Es liegt keine Spezialregelung vor.)	► Sitz des Leistungsempfängers ► Frankfurt/Main	ja
d)	Vermietung eines Krans	B2B	§ 3a Abs. 3 Nr. 1 Buchst. c)	► Belegenheitsort/Lageort ► Straßburg/Frankreich	nein (nicht im Inland)

3.

Nr.	**Art** der sonstigen Leistung	**B2B** oder **B2C**	genaue **gesetzliche Grundlage** für den Ort der s. L. im UStG	**Ort der sonstigen Leistung** ► Ortsbezeichnung lt. Gesetz ► Ortbestimmung lt. Aufgabe	**steuerbar?** ja/nein
a)	Personenbeförderungsleistung	B2C	§ 3b Abs. 1 S. 1	► Ort, wo die Beförderung bewirkt wird (= Beförderungsstrecke: Erfurt-Berlin) ► nur Inland	ja
b)	Güterbeförderungsleistung	B2B	§ 3a Abs. 2 (Es liegt keine Spezialregelung des § 3b UStG vor)	► Sitzort des Leistungsempfängers ► Jena	ja

Nr.	**Art** der sonstigen Leistung	**B2B** oder **B2C**	genaue **gesetzliche Grundlage** für den Ort der s. L. im UStG	**Ort der sonstigen Leistung** ► Ortsbezeichnung lt. Gesetz ► Ortbestimmung lt. Aufgabe	**steuerbar?** ja/nein
c)	Personenbeförderungsleistung	B2C	§ 3b Abs. 1 S. 1 und 2	► Ort, wo die Beförderung bewirkt wird (= Beförderungsstrecke) = Streckenort ► 55 % nur Inland	ja (nur der auf das Inland entfallende Streckenanteil)
d)	Güterbeförderung	B2C	§ 3b Abs. 1 S. 3 i. V. m Satz 1	► Ort, wo die Beförderung bewirkt wird (= Beförderungsstrecke) = Streckenort ► Inland	ja

Lösung zu Übungsaufgabe 2

1. Es liegt eine **sonstige Leistung** nach § 3 Abs. 9 UStG vor. Die Vertragspartner: B2C; Ort der s. L. nach § 3a Abs. 1 UStG: Ort des leistenden Unternehmens = **Landau**.

   Damit ist der Umsatz **steuerbar** nach § 1 Abs. 1 Nr. 1 UStG.

   Es gibt für die Umsätze der Tierärzte **keine Umsatzsteuerbefreiung**, daher ist der Umsatz **umsatzsteuerpflichtig**.

2. Es liegt eine **sonstige Leistung** (Kreditgewährung) nach § 3 Abs. 9 UStG vor. Vertragspartner sind Kreditbank und P. Hausmann: B2C;

   Nach § 3a Abs. 1 UStG ist der Ort der s. L. Sitzort des leistenden Unternehmens = **Bad Kreuznach**.

   Steuerbar nach § 1 Abs. 1 Nr. 1 UStG.

   Die s. L. ist nach § 4 Nr. 8 Buchst. a) UStG **umsatzsteuerfrei** und somit **nicht umsatzsteuerpflichtig**.

3. Es liegt eine unbewegte **Lieferung** nach § 3 Abs. 1 UStG vor.

   Ort der Lieferung nach § 3 Abs. 7 UStG = **Alzey**.

   Der Umsatz ist **steuerbar** nach § 1 Abs. 1 Nr. 1 UStG.

   Nach § 4 Nr. 9 Buchst. a) UStG ist dieser Umsatz **umsatzsteuerfrei**. Eine Option nach § 9 UStG ist nicht möglich, da der Käufer kein Unternehmer ist. Damit ist der **Umsatz nicht umsatzsteuerpflichtig**.

4. Es liegt eine **Lieferung** nach § 3 Abs. 1 UStG vor.

   Ort der Lieferung ist nach § 3 Abs. 6 UStG der Beginn der Beförderung, hier **Marburg**.

   Damit ist der Umsatz **steuerbar** nach § 1 Abs. 1 Nr. 1 UStG.

   Der Umsatz ist **nicht umsatzsteuerfrei** nach § 4 Nr. 19 Buchst. a) UStG, da Frau Sommer mehr als 2 Mitarbeiter beschäftigt. Der Umsatz ist somit **umsatzsteuerpflichtig**.

5. Es liegen **sonstige Leistungen** nach § 3 Abs. 9 UStG vor. Die Vertragspartner: B2C; Ort der s. L. nach § 3a Abs. 1 UStG: Ort des leistenden Unternehmens = **Kaiserslautern**.

   Damit ist der Umsatz **steuerbar** nach § 1 Abs. 1 Nr. 1 UStG.

   Der Umsatz ist **umsatzsteuerbefreit** nach § 4 Nr. 14 Buchst. a) UStG. Daher ist der Umsatz **nicht umsatzsteuerpflichtig**.

Lösung zu Übungsaufgabe 3

Nr.	Umsatz-art	Ort der Leistung Angabe des §	steuerbarer Umsatz oder nicht steuer-barer Umsatz?	steuerfreier Umsatz? Angabe des §	Option nach § 9 UStG möglich? Mit Begründung.	steuer-pflich-tig? ja/nein
1.	Sonstige Leistung	B2C = § 3a Abs. 1 = Herrsching	steuerbar	nein	—	ja
2.	Sonstige Leistung	B2C = § 3a Abs. 1 = Landsberg	steuerbar	nein	—	ja
3.	Sonstige Leistung	Innenumsatz	nicht steuer-bar	—	—	—
4.	Sonstige Leistung	Belegenheitsort nach § 3a Abs. 3 Nr. 1 Buchst. a) = Landsberg	steuerbar	steuerfrei nach § 4 Nr. 12	Ja, Dr. Ross ist Unterneh-mer und tätigt Umsätze, die zum VoSt-Abzug be-rechtigen. Voraussetzun-gen nach § 9 Abs. 1 und Abs. 2 sind erfüllt.	ja
5.	Sonstige Leistung	Belegenheitsort nach § 3a Abs. 3 Nr. 1 Buchst. a) = Landsberg	steuerbar	steuerfrei nach § 4 Nr. 12	Nein, Ersatzschule tätigt nach § 4 Nr. 21 umsatz-steuerfreie Umsätze, die nach § 15 Abs. 2 nicht zum VoStAbzug berech-tigen. Voraussetzung nach § 9 Abs. 2 nicht erfüllt.	nein
6.	Sonstige Leistung	Belegenheitsort nach § 3a Abs. 3 Nr. 1 Buchst. a) = Landsberg	steuerbar	steuerfrei nach § 4 Nr. 12	Ja, die Schnell GmbH ist Unternehmer und tätigt Umsätze, die zum VoSt-Abzug berechtigen. Vor-aussetzungen nach § 9 Abs. 1 und Abs. 2 sind erfüllt.	ja
7.	Sonstige Leistung	Belegenheitsort nach § 3a Abs. 3 Nr. 1 Buchst. a) = Landsberg	steuerbar	steuerfrei nach § 4 Nr. 12	Ja, der Notar ist Unter-nehmer und tätigt Umsätze, die zum VoSt-Abzug berechtigen.	ja
8.	Sonstige Leistung	Belegenheitsort nach § 3a Abs. 3 Nr. 1 Buchst. a) = Landsberg	steuerbar	steuerfrei nach § 4 Nr. 12	Nein, der Mieter ist kein Unternehmer. Voraussetzung nach § 9 Abs. 1 und Abs. 2 nicht erfüllt.	nein

E. Unentgeltliche Wertabgaben

Lernsituation

Lösung zu Lernjob 1

Unentgeltliche Wertabgaben
können sein...

Unentgeltliche Lieferungen gemäß § 3 Abs. 1b UStG	Unentgeltliche Sonstige Leistungen gemäß § 3 Abs. 9a UStG

Lösung zu Lernjob 2

1. ☒ u. e. Wertabgabe ☐ keine u. e. Wertabgabe

   Begründung:

   Es liegt eine unentgeltliche Zuwendung eines Gegenstandes (Leuchte) an einen Arbeitnehmer vor.

   Aufgrund des Wertes des Geschenkes i. H. v. 800 € handelt es sich nicht mehr um eine Aufmerksamkeit (max. 60 € brutto).

   Voraussetzungen erfüllt, da beim Einkauf der Leuchte der Vorsteuerabzug erfolgte.

   Gesetzesgrundlage: § 3 Abs. 1b Nr. 2 UStG

2. ☒ u. e. Wertabgabe ☐ keine u. e. Wertabgabe

   Begründung:

   Es erfolgt die Entnahme eines Gegenstandes (Schreibtisch) durch den Unternehmer Warnken aus seinem Unternehmen für private Zwecke.

   Voraussetzungen erfüllt, da beim Einkauf des Schreibtisches der Vorsteuerabzug erfolgte.

   Gesetzesgrundlage: § 3 Abs. 1b Nr. 1 UStG

3. ☒ u. e. Wertabgabe ☐ keine u. e. Wertabgabe

   Begründung:

   Es erfolgt der Einsatz von Personal (des angestellten Schreiners) des Herrn Warnken in seinem Privathaus (= sonstige Leistung).

   Weitere Voraussetzungen (Vorsteuerabzug) sind nicht zu prüfen.

   Gesetzesgrundlage: § 3 Abs. 9a Nr. 2 UStG

4. ☐ u. e. Wertabgabe ☒ keine u. e. Wertabgabe

   Begründung:

   Es liegt zwar grundsätzlich eine unentgeltliche Zuwendung eines Gegenstandes (Kugelschreiber) durch Herrn Warnken an das Personal vor.

   Zudem erfolgte beim Einkauf des Kugelschreibers der Vorsteuerabzug.

   Aber aufgrund der Höhe des Geschenkes bis 60 € brutto handelt es sich hier um eine Aufmerksamkeit. Somit liegt **keine** unentgeltliche Wertabgabe vor (siehe H 19.6 LStR Amtl. Hinweise 2024).

   Gesetzesgrundlage: § 3 Abs. 1b Nr. 2 UStG

5. ☒ u. e. Wertabgabe ☐ keine u. e. Wertabgabe

   Begründung:

   Es erfolgt die Nutzung eines unternehmerischen Gegenstandes (Sprinter) durch das Personal des Herrn Warnken für private Zwecke.

   Der Einkauf des Sprinters erfolgte mit Vorsteuerabzug.

   Gesetzesgrundlage: § 3 Abs. 9a Nr. 1 UStG

6. ☒ u. e. Wertabgabe ☐ keine u. e. Wertabgabe

   Es erfolgt die Zuwendung von Gegenständen des Unternehmens (Regale) durch den Unternehmer Warnken aus unternehmerischen Gründen (Werbezwecke/Imagepflege).

   Voraussetzungen erfüllt, da beim Einkauf der Regale der Vorsteuerabzug erfolgte.

   Gesetzesgrundlage: § 3 Abs. 1b Nr. 3 UStG

7. ☐ u. e. Wertabgabe ☒ keine u. e. Wertabgabe

   Begründung:

   Es erfolgt die Zuwendung von Gegenständen des Unternehmens (Kugelschreiber) durch den Unternehmer Warnken aus unternehmerischen Gründen (Werbezwecke).

   Zudem erfolgte beim Einkauf der Kugelschreiber der Vorsteuerabzug.

   Da es sich aber um Streuwerbeartikel (bis 10 € netto) handelt, liegt keine unentgeltliche Wertabgabe vor.

   Gesetzesgrundlage: § 3 Abs. 1b Nr. 3 UStG

Lösung zu Lernjob 3

Herr Warnken konnte beim Einkauf der Gegenstände Vorsteuer gegenüber dem Finanzamt geltend machen. Wenn er die Gegenstände anschließend für private Zwecke „verwendet", muss eine Belastung mit Umsatzsteuer erfolgen. Somit wird der vorgenommene Vorsteuerabzug durch die Belastung mit Umsatzsteuer ausgeglichen/korrigiert. Denn ansonsten würde ein Unternehmer besser als eine Privatperson gestellt, denn eine Privatperson als Endverbraucher hat stets die volle Umsatzsteuer zu tragen.

Lösung zu Lernjob 4

Gemäß § 3 Abs. 6 UStG handelt es sich um eine Beförderungslieferung, da Herr Warnken den Schreibtisch selbst befördert. Ort der unentgeltlichen Lieferung ist somit dort, wo die Beförderung beginnt, somit in Limburg.

Da alle Tatbestandmerkmale erfüllt sind, liegt eine steuerbare u. e. Wertabgabe vor.

Lösung zu Lernjob 5

Da der Erwerb von einer Privatperson und damit ohne Umsatzsteuer erfolgte, konnte beim Kauf kein Vorsteuer-Abzug vorgenommen werden.

Somit liegt keine u. e. Wertabgabe gem. § 3 Abs. 1b Nr. 1 i. V. m. Abs. 1b Satz 2 UStG vor und es erfolgt somit keine Umsatzbesteuerung bei der Entnahme des Bildbandes.

Lösung zu Lernjob 6

Unentgeltliche Wertabgaben

Unentgeltliche Lieferungen	Unentgeltliche sonstige Leistungen
Ort: § 3 Abs. 6 oder Abs. 7 UStG	**Ort:** i. d. R. § 3a UStG (ggf. auch § 3b und § 3e UStG)
Bemessungsgrundlage **§ 10 Abs. 4 Satz 1 Nr. 1 UStG:** = Einkaufspreis einschl. Nebenkosten oder Selbstkosten zum Zeitpunkt der Entnahme	**Bemessungsgrundlage für Umsätze** ► **im Fall § 3 Abs. 9a Nr. 1 UStG:** = Entstandene Ausgaben, nur soweit sie zum VoSt-Abzug berechtigt haben § 10 Abs. 4 Satz 1 Nr. 2 UStG ► **im Fall § 3 Abs. 9a Nr. 2 UStG:** = Entstandene Ausgaben § 10 Abs. 4 Satz 1 Nr. 3 UStG

Ergänzende Übungsaufgaben

Lösung zur Übungsaufgabe 1

a)	Art:	unentgeltl. Lieferung	§ 3 Abs. 1b Nr. 1 UStG
	Ort:	Dresden	§ 3 Abs. 6 UStG
	Bemessungsgrundlage:	20.000,00 €	

b)	Art:	unentgeltl. Lieferung	§ 3 Abs. 1b Nr. 1 UStG
	Ort:	Mannheim	§ 3 Abs. 6 UStG
	Bemessungsgrundlage:	400,00 €	
c)	Art:	unentgeltl. sonst. Leistung	§ 3 Abs. 9a Nr. 2 UStG
	Ort:	Mannheim	§ 3a Abs. 3 Nr. 3c UStG
	Bemessungsgrundlage:	80,00 €	
d)	Art:	kein Umsatz (keine unentgeltl. Lieferung gem. § 3 Abs. 1b Nr. 2 UStG), da kein VoSt-Abzug beim Kauf möglich war. Der Arzt ist vom Vorsteuerabzug ausgeschlossen, siehe § 15 Abs. 2 Satz 1 Nr. 1 i. V. m. § 4 Nr. 14a UStG.	
	Ort u. BMG:	nicht relevant	

Lösung zur Übungsaufgabe 2

a) unentgeltl. sonst. Leistung — § 3 Abs. 9a Nr. 1 UStG

b) unentgeltl. sonst. Leistung — § 3 Abs. 9a Nr. 2 UStG

c) keine unentgeltl. Wertabgabe, da Tätigkeit für das Unternehmen

d) keine unentgeltl. Wertabgabe, da nicht steuerbarer Innenumsatz (das Unternehmen umfasst das Bauunternehmen und die Vermietung)

e) unentgeltl. Lieferung (für die 2 Kisten Bier) — § 3 Abs. 1b Nr. 1 UStG

Lösung zur Übungsaufgabe 3

a)	Umsatzart:	unentgetl. sonst. Leistung	§ 3 Abs. 9a Nr. 2 UStG
	Steuerbar?	nein, da Ort der unentgelt. sonst. Leistung Mallorca ist (§ 3a Abs. 3 Nr. 1c UStG)	
b)	Umsatzart:	unentgeltl. Lieferung	§ 3 Abs. 1b Nr. 3 UStG
	Steuerbar?	ja, da unentgeltl. Zuwendung eines Gegenstandes aus unternehmerischen Gründen (Werbezwecke). Annahme: Gegenstand wurde mit Vorsteuer-Abzug erworben.	
c)	Umsatzart:	KEINE Es handelt sich bei dem Geschenk um eine nicht abzugsfähige Betriebsausgabe. Entsprechend ist für das Geschenk bei Einkauf kein VoSt-Abzug möglich. Ein evtl. vorgenommener VoSt-Abzug muss rückgängig gemacht werden.	
	Steuerbar?	Nein, es entfällt wegen des nicht möglichen Vorsteuerabzuges eine Umsatzbesteuerung bei Abgabe des Geschenkes.	

d)	Umsatzart:	KEINE da Aufmerksamkeit an Personal: Geschenk bis 60 € (einschl. USt)	
	Steuerbar?	entfällt	
e)	Umsatzart:	unentgeltl. sonst. Leistung	§ 1 Abs. 1 Nr. 1 i. V. m. § 3 Abs. 9a Nr. 1 UStG
	Steuerbar?	Ja, da Verwendung eines unternehmerischen Gegenstandes für Zwecke außerhalb des Unternehmens. Annahme Pkw wurde mit Vorsteuerabzug erworben.	
f)	Umsatzart:	Lieferung	§ 1 Abs. 1 Nr. 1 i. V. m. § 3 Abs. 1 UStG
	Steuerbar?	Ja, da Leistung durch U im Rahmen seines U gegen Entgelt im Inland ausgeführt wird.	
g)	Umsatzart:	sonstige Leistung	§ 1 Abs. 1 Nr. 1 UStG i. V. m. § 3 Abs. 9 UStG
	Steuerbar?	Nein, da kein Entgelt erzielt wird.	
h)	Umsatzart:	Lieferung	§ 1 Abs. 1 Nr. 1 i. V. m. § 3 Abs. 1 UStG
	Steuerbar?	Nein, da Leistung nicht im Inland ausgeführt wird.	
i)	Umsatzart:	Lieferung	§ 1 Abs. 1 Nr. 1 i. V. m. § 3 Abs. 1 UStG
	Steuerbar?	Ja, da Leistung durch U im Rahmen seines U gegen Entgelt im Inland ausgeführt wird.	
j)	Umsatzart:	unentgeltl. Lieferung	§ 1 Abs. 1 Nr. 1 i. V. m. § 3 Abs. 1b Nr. 1 UStG
	Steuerbar?	Ja, da Entnahme eines Gegenstandes durch den U aus dem Unternehmen für Zwecke außerhalb des Unternehmens. Für die entnommenen Gegenstände war ein Vorsteuerabzug im Rahmen des Erwerbs der Backzutaten möglich.	
k)	Umsatzart:	Für die verkauften 10 Exemplare: Lieferung	 § 3 Abs. 3 UStG i. V. m. § 1 Abs. 1 Nr. 1 UStG
	Steuerbar?	Ja, da Leistung durch U im Rahmen ihres Unternehmens gegen Entgelt im Inland ausgeführt wird.	

F. Besonderheiten: Werklieferung – Werkleistung, Kommissions- und Agenturgeschäft

Lernsituation 1

Lösung zu Lernjob 1

In der Tätigkeitsbeschreibung liegen sowohl Lieferungen der Werkstoffe als auch sonstige Leistungen der Schreinerarbeiten vor.

Lösung zu Lernjob 2

a) Vertragspartner sind:

- Unternehmer: ist zur Herstellung des versprochenen Werkes verpflichtet.
- Besteller: ist zur Entrichtung der vereinbarten Vergütung verpflichtet.

b)

Ein **Werkvertrag** führt zu einer ...

Werklieferung	Werkleistung
Der Werkunternehmer übernimmt die Be- oder Verarbeitung eines **fremden Gegenstandes** und verwendet dafür einen oder mehrere selbst beschaffte Hauptstoffe.	Der Werkunternehmer verwendet bei seiner Leistung keinerlei selbst beschaffte Hauptstoffe. Alle Hauptstoffe werden vom Besteller (Auftraggeber/Kunden) beschafft.
Es überwiegen die Merkmale der Lieferung	Es überwiegen die Merkmale der Sonstigen Leistung
§: § 3 Abs. 4 UStG, § 3 Abs. 6 Satz 1 UStG i. V. m. § 3 Abs. 1 UStG	§: § 3 Abs. 10 UStG i. V. m. § 3 Abs. 9 UStG (Abschnitt 3.8 Abs. 1 Satz 3 UStAE)

Lösung zu Lernjob 3

a)	Art der Leistung und §:	Werklieferung, § 3 Abs. 4 UStG
	Begründung:	Der Hersteller/Unternehmer (Kleist) hat einen Teil der Hauptstoffe beschafft.
	Ort der Leistung:	Ort der Lieferung, § 3 Abs. 6 UStG = Düren
b)	Art der Leistung und §:	Werkleistung, § 3 Abs. 10 UStG
	Begründung:	Der Hersteller/Unternehmer (Kleist) hat keinen Hauptstoff zur Verfügung gestellt. Es wurden nur Kleinteile durch den Unternehmer verarbeitet.
	Ort der Leistung:	Sonstige Leistung, Kunde ist Privatmann, daher B2C-Umsatz § 3a Abs. 3 Nr. 3c UStG: Tätigkeitsort = Bergheim

c) Art der Leistung und §: Werkleistung, § 3 Abs. 10 UStG

Begründung: Der Hersteller/Unternehmer (Kleist) hat keinen Hauptstoff zur Verfügung gestellt. Der Auftraggeber hat die Türen selbst besorgt. Kleist hat nur Kleinteile verarbeitet.

Ort der Leistung: Sonstige Leistung, Stadtwerke Aachen ist Unternehmer, daher B2B-Umsatz

§ 3a Abs. 2 UStG: Ort des Leistungsempfängers = Aachen

d) Art der Leistung und §: Werkleistung, § 3 Abs. 10 UStG

Begründung: Der Hersteller/Unternehmer (Kleist) hat keinen Hauptstoff zur Verfügung gestellt. Der Auftraggeber hat den Hauptbestandteil des Tisches gestellt.

Ort der Leistung: Sonstige Leistung, Auftraggeber ist eine Privatperson, daher B2C-Umsatz

§ 3a Abs. 3 Nr. 3c UStG: Tätigkeitsort = Düren

e) Art der Leistung und §: Lieferung, § 3 Abs. 1 UStG

Begründung: Der Hersteller/Unternehmer (Kleist) bearbeitet keinen fremden Gegenstand.

Ort der Leistung: § 3 Abs. 7 UStG: Ort, wo sich der Gegenstand zur Zeit der Verschaffung der Verfügungsmacht befindet = Eschweiler.

Lernsituation 2

Lösung zu Lernjob 1

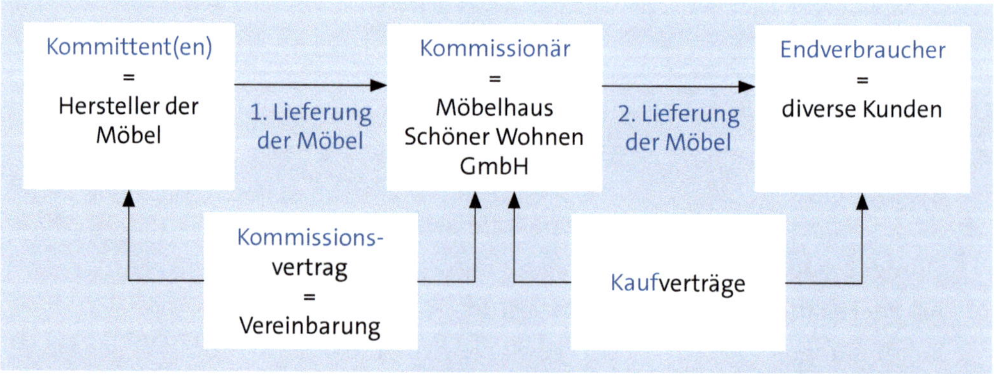

Lösung zu Lernjob 2

a) 1. Lieferung zwischen Kommittent/en (Hersteller) und Kommissionär (Möbelhaus).

2. Lieferung zwischen Kommissionär (Möbelhaus) und den Endverbrauchern.

b) 1. nach § 3 Abs. 7 UStG, es handelt sich um eine unbewegte Lieferung.

2. nach § 3 Abs. 6 UStG, es handelt sich um eine bewegte Lieferung.

Lernsituation 3

Lösung zu Lernjob 1

Die Tankstelle Reni Service Station in Landau verkauft den Kraftstoff im Namen und für Rechnung einer anderen Person, hier für: Reni Kraftstoff Deutschland GmbH, Mannheim.

Lösung zu Lernjob 2

Handelsmakler, Handelsvertreter, Auktionator, Gebrauchtwagenhändler.

Lösung zu Lernjob 3

a) und b)

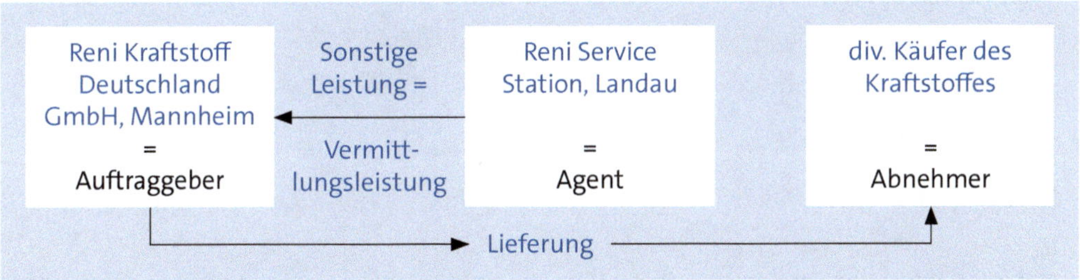

1. Lieferung zwischen Auftraggeber (Reni Kraftstoff Deutschland GmbH, Mannheim) und Abnehmer (Kunde der Tankstelle)
2. Sonstige Leistung zwischen Agent/Vermittler (Reni Service Station, Landau) und Auftraggeber (Reni Kraftstoff Deutschland GmbH, Mannheim)

Lösung zu Lernjob 4

1. 1.1 Umsatz zwischen	Chic & Glitzer GmbH (Auftraggeber u. Leistungsempfänger) und Bernd Arnold (Agent/Handelsvertreter und Leistender)
Art der Leistung:	Sonstige Leistung (=Vermittlungsleistung)
Ort der Leistung mit §:	B2B-Umsatz, § 3a Abs. 2 UStG: Ort des Leistungsempfänger = Montabaur
1.2 Umsatz zwischen	Chic & Glitzer GmbH (Auftraggeber) und den Boutiquen (Abnehmer)
Art der Leistung:	Lieferung
Ort der Leistung:	§ 3 Abs. 6 UStG: Beginn der Beförderung = Montabaur
Steuerbare Umsätze?	Beide Umsätze sind nach § 1 Abs. 1 Nr. 1 UStG steuerbar. (4 Tatbestandsmerkmale sind erfüllt: gegen Entgelt, Lieferung oder sonstige Leistung, im Inland ausgeführt, Unternehmer)
2. 2.1 Umsatz zwischen	Sabine Ohnesorg (Auftraggeberin) und Makler Finder (Agent)
Art der Leistung:	Sonstige Leistung (=Vermittlungsleistung)
Ort der Leistung mit §:	B2C-Umsatz, § 3a Abs. 3 Nr. 1 Satz 1 UStG: Belegenheitsort = Frankfurt/Main.
2.2 Umsatz zwischen	Sabine Ohnesorg (Auftraggeberin) und Vermieter F. Schneider (Abnehmer)
Art der Leistung:	Sonstige Leistung (Vermietung der Wohnung)
Ort der Leistung:	§ 3a Abs. 3 Nr. 1 Buchst. a UStG: Belegenheitsort = Frankfurt/Main.
Steuerbare Umsätze?	Beide Umsätze sind nach § 1 Abs. 1 Nr. 1 UStG steuerbar. (siehe unter 1.)
3. 3.1 Umsatz zwischen	Kundin Amelie Hinz (Auftraggeberin) und KFZ-Händler Car-Brokers e. K. (Agent)
Art der Leistung:	Sonstige Leistung (= Vermittlungsleistung)
Ort der Leistung mit §:	B2C-Umsatz, § 3a Abs. 3 Nr. 4 UStG: Ort, wo der Umsatz als ausgeführt gilt = Bochum
3.2 Umsatz zwischen	Kunden Amelie Hinz (Auftraggeberin) und Käufer des Wagens (Abnehmer)
Art der Leistung:	Lieferung
Ort der Leistung:	§ 3 Abs. 6 UStG: Beginn der Beförderung = Bochum.
Steuerbare Umsätze?	Beide Umsätze sind nach § 1 Abs. 1 Nr. 1 UStG steuerbar. (siehe unter 1.)

Ergänzende Übungsaufgaben

Lösung zu Übungsaufgabe 1

1. Es liegt eine Werklieferung vor, da die „Mauer und Putz GmbH" (= Hersteller/Unternehmer) einen Teil der Hauptstoffe beschafft und verarbeitet, § 3 Abs. 4 UStG.

   Ort der Lieferung ist nach § 3 Abs. 7 Satz 1 UStG/UStAE Abschn. 3.12 Abs. 4 der Ort, wo das Werk vollendet wird = Steinfurt.

2. Es liegt eine Werkleistung vor, der Kunde Schick (Besteller) hat den Hauptstoff für die Bearbeitung gestellt, § 3 Abs. 10 UStG.

   Ort der sonstigen Leistung ist nach § 3a Abs. 3 Nr. 3a Buchst b) UStG, da B2C-Umsatz, der Tätigkeitsort = Rheinbach.

3. Es liegt eine Werkleistung vor, der Fliesenleger Michel beschafft nicht den Hauptstoff (Fliesen), § 3 Abs. 10 UStG.

   Ort der sonstigen Leistung ist der Belegenheitsort nach § 3a Abs. 3 Nr. 1 UStG, da die Leistung im Zusammenhang mit einem Grundstück steht; hier Ort = Bad Münstereifel.

4. Es liegt eine Werklieferung vor, da der Unternehmer, KFZ-Meister Grund, die Bearbeitung eines fremden Gegenstandes (PKW) übernimmt und hierfür eigens beschaffte Hauptstoffe verwendet.

   Ort der Lieferung ist Ludwigshafen, § 3 Abs. 6 UStG: Beginn der Beförderung.

Lösung zu Übungsaufgabe 2

1. Es liegt ein Kommissionsgeschäft vor.

   Umsätze finden statt zwischen

   1.1 „Weinfass e. G." (Kommittent) und „Weinboutique R. Friederichs e. K." (Kommissionär) nach § 3 Abs. 3 UStG

   Umsatzart: Lieferung; Ort der Lieferung § 3 Abs. 7 UStG (unbewegte Lieferung): Ort, wo sich der Gegenstand zum Zeitpunkt der Verschaffung der Verfügungsmacht befindet = Bad Homburg.

   1.2 „Weinboutique R. Friderichs e. K." und seine Kunden (Endverbraucher und Geschäftsleute), § 3 Abs. 1 UStG

   Umsatzart: Lieferung; Ort der Lieferung § 3 Abs. 6 UStG (bewegte Lieferung): Ort, wo die Beförderung beginnt = Bad Homburg.

2. Es liegt ein Agenturgeschäft vor.

   Umsätze finden statt zwischen

   2.1 Makler B. Überall und dem Kaufinteressenten W. Weiße. Es ist eine Vermittlungsleistung und somit eine sonstige Leistung nach § 3 Abs. 9 UStG.

   B2C-Umsatz, Ort der sonstigen Leistung im Zusammenhang mit einem Grundstück § 3a Abs. 3 Nr. 1 Buchst. b UStG = Hochheim am Main

2.2 Kaufinteressent W. Weiße und dem Verkäufer O. Althaus. Es ist eine Lieferung nach § 3 Abs. 1 UStG.

Ort der Lieferung § 3 Abs. 7 UStG, unbewegte Lieferung: Ort, wo sich der Gegenstand zum Zeitpunkt der Verschaffung der Verfügungsmacht befindet = Hochheim am Main.

2.3 Makler B. Überall und Verkäufer O. Althaus. Es ist eine Vermittlungsleistung und somit eine sonstige Leistung nach § 3 Abs. 9 UStG.

B2C-Umsatz, Ort der sonstigen Leistung im Zusammenhang mit einem Grundstück § 3a Abs. 3 Nr. 1 Buchst. b UStG = Hochheim am Main.

3. Es liegt ein Kommissionsgeschäft vor.

Umsätze finden statt zwischen

3.1 „SaiArt GmbH" (Kommittent) und Beate Wunderlich (Kommissionärin) nach § 3 Abs. 3 i. V. m. § 3 Abs. 1 UStG

Umsatzart: Lieferung; Ort der Lieferung § 3 Abs. 7 UStG (unbewegte Lieferung): Ort, wo sich der Gegenstand zum Zeitpunkt der Verschaffung der Verfügungsmacht befindet = Michelbach.

3.2 Beate Wunderlich und ihren Kunden (Endverbrauchern), § 3 Abs. 1 UStG Umsatzart: Lieferung; Ort der Lieferung § 3 Abs. 6 UStG (bewegte Lieferung): Ort, Beginn der Beförderung = Michelstadt.

4. Es liegt ein Agenturgeschäft vor.

Umsätze finden statt zwischen

4.1 H. R. Braun (Handelsvertreter) und Unternehmer Kramm.

Es ist eine Vermittlungsleistung und somit eine sonstige Leistung nach § 3 Abs. 9 UStG. B2B-Umsatz, Ort der sonstigen Leistung nach § 3a Abs. 2 UStG beim Leitungsempfänger = Friedberg.

4.2 Käufer „Blitz AG" und dem Verkäufer Unternehmer Eddie Kramm. Es ist eine Lieferung nach § 3 Abs. 1 UStG.

Ort der Lieferung nach § 3 Abs. 7 UStG: Ort, wo sich der Gegenstand zum Zeitpunkt der Verschaffung der Verfügungsmacht befindet (nachdem der Unternehmer Kramm die Maschine bei „Blitz AG" umgebaut und aufgestellt hat) = Braunschweig.

5. Es liegt ein Kommissionsgeschäft vor.

Umsätze finden statt zwischen

5.1 Zeitungsverlag (Kommittent) und Robby Smith (Kommissionär), Kioskbesitzer nach § 3 Abs. 3 UStG i. V. m. § 3 Abs. 1 UStG

Umsatzart: Lieferung nach § 3 Abs. 1 UStG; Ort der Lieferung § 3 Abs. 7 UStG (unbewegte Lieferung): Ort, wo sich der Gegenstand zum Zeitpunkt der Verschaffung der Verfügungsmacht befindet = Gelsenkirchen.

5.2 Robby Smith und seinen Kunden (Endverbraucher), § 3 Abs. 1 UStG

Umsatzart: Lieferung; Ort der Lieferung § 3 Abs. 6 UStG (bewegte Lieferung): Ort, wo die Beförderung beginnt = Gelsenkirchen.

Lösung zu Übungsaufgabe 3

1. Es finden zwei Umsätze/Leistungen statt. Es handelt sich bei beiden um Lieferungen nach § 3 Abs. 1 UStG.

   Es handelt sich um einen Tausch nach § 3 Abs. 12 Satz 1 UStG.
2. Es finden zwei Umsätze/Leistungen statt. Es handelt sich bei beiden um sonstige Leistungen nach § 3 Abs. 9 UStG.

   Man spricht hier von tauschähnlichem Umsatz, § 3 Abs. 12 Satz 2 UStG.
3. Es liegt nur ein Umsatz und somit auch nur eine Lieferung vor. Der Umtauschvorgang stellt keinen zusätzlichen Umsatz bzw. keine zusätzliche Lieferung dar!
4. Es liegen zwei Umsätze/Leistungen in Form von Lieferungen nach § 3 Abs. 1 UStG vor.

   Es handelt sich um einen Tausch mit Baraufgabe, § 3 Abs. 12 Satz 1 UStG.

G. Bemessungsgrundlagen für Lieferungen und Sonstige Leistungen

Lernsituation 1

Lösung zu Lernjob 1

Entgelt ist alles, was der leistende Unternehmer vom Leistungsempfänger oder von einem anderen als dem Leistungsempfänger für seine erbrachte Leistung erhält/erhalten soll. Jedoch abzüglich der gesetzlich geschuldeten Umsatzsteuer.

Gesetzliche Grundlage: § 10 Abs. 1 Satz 2 UStG

Lösung zu Lernjob 2

Der Leistungsempfänger könnte die Rechnung begleichen in Form von

- Geld (Regelfall)
- einer eigenen Lieferung (Tausch) mit oder ohne Baraufgabe, § 3 Abs. 12 Satz 1 UStG
- einer eigenen sonstigen Leistung (tauschähnlicher Umsatz) mit oder ohne Baraufgabe, § 3 Abs. 12 Satz 2 UStG
- Übernahme von Schulden.

Lösung zu Lernjob 3

Der Nettobetrag entspricht dem Entgelt.

Der Rechnungsbetrag/Bruttobetrag ist in der Regel der Betrag einschließlich der gesetzlichen Umsatzsteuer.

Lösung zu Lernjob 4

Umsatzsteuersatz	Nettobetrag (= Entgelt)	Umsatzsteuerbetrag	Bruttobetrag/Rechnungsbetrag (= Entgelt + Umsatzsteuer)
19 %	670,00 €	127,30 €	797,30 €
19 %	725,00 €	137,75 €	862,75 €
7 %	25,00 €	1,75 €	26,75 €
7 %	69,00 €	4,83 €	73,83 €

Lernsituation 2

Lösung zu Lernjob 1

1. 22.529,08 € : 1,19 = 18.932,00 € Bemessungsgrundlage (BMG)
   18.932,00 € • 19 % = 3.597,08 € Umsatzsteuer (USt)
2. 1.500,00 € : 1,19 = 1.260,50 € BMG
   1.260,50 € • 19 % = 239,50 € USt
3. Es liegt kein steuerbarer Umsatz vor. Es handelt sich um einen Innenumsatz, daher entfällt eine BMG.
4. Die Vermietung ist ein steuerbarer Umsatz, der aber nach § 4 Nr. 12 Buchst. a) UStG steuerfrei ist. Die Bemessungsgrundlage ist monatlich 1.250,00 €, keine Umsatzsteuer (= daher kein steuerpflichtiges Entgelt).
5. BMG = 3.355,00 €, USt = 637,45 €

   Berechnung des restl. Überweisungsbetrag:

	Nettobetrag =	3.355,00 €
-	Gegenlieferung, netto	2.200,00 €
=	Restbetrag, netto	1.155,00 € • 1,19
=	Restbetrag, brutto	1.374,45 €

6. Verzugszinsen für verspätete Zahlungen stellen einen echten Schadensersatz (Leistung ohne Gegenleistung) dar. Es liegt kein Entgelt vor.
7. Die TÜV-Gebühren stellen einen durchlaufenden Posten dar. Laut § 10 Abs. 1 Satz 5 UStG gehören diese nicht zum Entgelt.

   Die Rechnung ist nicht richtig dargestellt. Das Entgelt der Rechnung beträgt nicht 523,63 €, sondern nur 403,63 €. Dieser Betrag ist auch die BMG für die USt. Richtiger Betrag der USt = 76,69 €.

Lernsituation 3

Lösung zu Lernjob 1

- Unternehmer selbst (Einzelunternehmer, Gesellschafter, etc.) und/oder ihm nahestehende Personen,
- Mitarbeiter (Personal), sofern keine Aufmerksamkeit vorliegt, oder deren Angehörige,
- Jeder andere, der eine unentgeltliche Zuwendung eines Gegenstandes, ausgenommen Geschenke mit geringem Wert, erhalten hat.

Lösung zu Lernjob 2

1. Grundsätzlich ist die BMG der Einkaufspreis zzgl. Nebenkosten oder mangels Einkaufspreis die Selbstkosten für den Gegenstand **im Zeitpunkt des Umsatzes**.

   Gesetzl. Grundlage: § 10 Abs. 4 Satz 1 Nr. 1 UStG
2. BMG = Die bei Ausführung entstandenen Ausgaben, soweit sie zum vollen oder teilweisen Vorsteuerabzug berechtigt haben.

   Gesetzl. Grundlage: § 10 Abs. 4 Satz 1 Nr. 2 UStG
3. BMG = Die bei Ausführung entstandenen Ausgaben.

   Gesetzl. Grundlage: § 10 Abs. 4 Satz 1 Nr. 3 UStG

Lösung zu Lernjob 3

1. Herr Flott hat den Einkaufspreis im Zeitpunkt des Umsatzes/Entnahme als BMG für die USt anzusetzen: 1.100,00 € ist die BMG und 209,00 € beträgt die USt.
2. Herr Flott hat die entstandenen Ausgaben als BMG für die USt anzusetzen:

   2 AN • 10 Tage • 7,5 Std. • (16,00 € • 1,2) = 2.880,00 € ist die BMG und 547,20 € beträgt die USt.
3. Nach § 10 Abs. 5 Satz 1 Nr. 2 i. V. m. § 10 Abs. 4 Satz 1 Nr. 1 UStG ist das Entgelt i. H. v. 42,02 € (50,00 € : 1,19) geringer als die Mindest-BMG i. H. v. 75,00 € (= Wiederbeschaffungskosten zum Zeitpunkt der Entnahme). Darauf errechnet sich ein USt-Betrag von 14,25 €.
4. Nach § 3 Abs. 1b Satz 1 Nr. 2 UStG sind Aufmerksamkeiten (unter 60,00 € brutto) keine steuerbaren Umsätze. Daher keine BMG und keine USt-Berechnung.
5. Nach § 3 Abs. 1b Satz 1 Nr. 2 i. V. m. Satz 2 UStG ist Voraussetzung für eine unentgeltlichen Lieferung, dass der Gegenstand zum vollen/teilweisen Vorsteuerabzug berechtigt war. Beim Kauf von einer Privatperson fällt keine Umsatzsteuer an. Es liegt keine unentgeltl. Wertabgabe (= fiktive Lieferung) vor. Daher ist die Entnahme auch nicht mit USt zu belasten.

Lernsituation 4

Lösung zu Lernjob 1

Unentgeltliche sonstige Leistung nach § 3 Abs. 9a Satz 1 Nr. 1 UStG.

Lösung zu Lernjob 2

1. Besteuerung nach der 1 %-Regelung (= Pauschalregelung)
2. Besteuerung auf der Grundlage der Fahrtenbuchregelung

Lösung zu Lernjob 3

1. 1 %-Regelung: [siehe Abschnitt 15.23 Abs. 5 Satz 4 Nr. 1 Buchst. a) UStAE]

	allgemeine private Fahrten,	
	jährl. Nutzung des Pkw: 1 % von 35.000,00 € • 12 Monate =	4.200,00 €
	abzüglich 20 % für nicht mit VoSt belastete Aufwendungen	840,00 €
=	BMG für ein Jahr	3.360,00 €
	Umsatzsteuerbetrag 19 % =	638,40 €

2. Fahrtenbuchregelung: [siehe Abschnitt 15.23 Abs. 5 Satz 4 Nr. 1 Buchst. b) UStAE]

Jahresfahrleistung	39.600 km = 100 %	
Privatfahrten lt. Fahrtenbuch	5.940 km = 15 %	
Kosten mit Vorsteuerabzug (= relevante Kosten)	10.900,00 €	
15 % von 10.900,00 € =	1.635,00 €	BMG
19 % von 2.943,00 € =	310,65 €	USt

Die Fahrten des Unternehmers zwischen Wohnung und Betrieb werden bei beiden Berechnungsmethoden der **betrieblichen Nutzung** zugerechnet. Sie stellen also keine unentgeltliche Wertabgabe dar.

Lernsituation 5

Lösung zu Lernjob 1

Nach § 17 Abs. 1 Satz 1 und 2 UStG hat sich die Bemessungsgrundlage der steuerpflichtigen Lieferung durch den gewährten Preisnachlass geändert und der Unternehmer hat den dafür geschuldeten Umsatzsteuerbetrag zu berichtigen, und zwar nach Satz 8 in dem Besteuerungszeitraum, in dem die Änderung der BMG eingetreten ist.

Lösung zu Lernjob 2

879,00 € : 1,19 =	738,66 € ist die BMG
738,66 € • 19 % =	140,35 € ist der geschuldete Umsatzsteuerbetrag

Lösung zu Lernjob 3

10 % von 738,66 € =	73,87 € Minderung der BMG
10 % von 140,35 € =	14,03 € Minderung der USt

Die Berichtigung ist im November 20xx vorzunehmen, denn hier erfolgt die Rückgewährung des 10%igen Kaufpreises an den Kunden Nolde.

Lösung zu Lernjob 4

Im Fall von Preisnachlässen: Skontogewährung, nachträglich gewährter Rabatt oder Bonus, Preisnachlässe aufgrund mangelhafter Ware, Forderungsausfälle.

Seltener im Fall von Preiserhöhungen: Preiszuschläge (bei Kaufvertragsvereinbarung mit Lieferzeit: vereinbarter Preis = Tagespreis, wenn die Rohstoffpreise starken Schwankungen ausgesetzt sind).

Ergänzende Übungsaufgaben

Lösung zu Übungsaufgabe 1

1. 1 %-Regelung:

   [Beachten Sie: Es erfolgt **umsatzsteuerrechtlich** keine Kürzung auf ¼ des Brutto-Listenpreises nach § 6 Abs. 1 Nr. 4 Ziffer 3 EStG! (Siehe Abschnitt 15.23 Abs. 5 Satz 4 Nr. 1 Buchst. a. UStAE)]

	1 % von 47.500,00 € • 12 Monate =	5.700,00 €
	Es findet eine Kürzung um 20 % statt	- 1.140,00 €
=	BMG für die Umsatzsteuer	4.560,00 €
=	Umsatzsteuerbetrag	866,40 €

2. Fahrtenbuch-Regelung: (private Nutzung 28 %),

Kosten mit Vorsteuerabzug (= relevante Kosten)	9.900,00 €
BMG USt =28 % von 9.900,00 € =	2.772,00 €
Umsatzsteuerbetrag: 19 % von 2.772 € =	526,68 €

Lösung zu Übungsaufgabe 2

Monat Februar 2025:

Rechnungsbetrag (= Bruttobetrag) 28.952,70 € : 1,19 =	24.330,00 € BMG
24.330,00 € • 19 % =	4.622,70 € Umsatzsteuerbetrag

Monat Mai 2025:

Verzugszinsen und Mahngebühren für einen Zahlungsverzug entsprechen einem echten Schadensersatz.

Daher keine BMG und keine USt.

Monat Juni 2025:

Die Forderung ist uneinbringlich geworden, daher ist nach § 17 Abs. 2 Nr. 1 Satz 1 UStG die BMG und der Umsatzsteuerbetrag zu berichtigen.

Die Forderung in der gesamten Höhe ist zu berichtigen:

	- 24.330,00 € BMG
	- 4.622,70 € Umsatzsteuerbetrag

(siehe Monat Februar 2025)

Monat April 2026:

Zahlungseingang (Bruttobetrag) i. H. v. 9.520,00 €:

Bruttobetrag 9.520,00 € : 1,19 =	8.000,00 € BMG
19 % von 8.000,00 € =	+ 1.520,00 € Umsatzsteuerbetrag

H. Entstehung der Umsatzsteuer

Lernsituation

Lösung zu Lernjob 1

Generell ist die Steuer nach vereinbarten Entgelten zu berechnen. Es sei denn, es gilt § 20 UStG.

Lösung zu Lernjob 2

Art der Leistung mit gesetzlicher Grundlage	Lieferung § 3 Abs. 1 UStG
Ort des Umsatzes mit gesetzlicher Grundlage	Wernigerode, da Beförderungslieferung § 3 Abs. 6 UStG
Steuerbarkeit mit gesetzlicher Grundlage	steuerbar § 1 Abs. 1 Nr. 1 UStG
Steuerbefreit bzw. steuerpflichtig	steuerpflichtig mangels Steuerbefreiung
Voranmeldungszeitraum, in dem die Umsatzsteuerschuld entsteht mit Begründung genaue gesetzliche Grundlage	Dezember 2025 Die Umsatzsteuer entsteht mit Ablauf des Voranmeldungszeitraumes, in dem die Leistungen ausgeführt worden sind. § 13 Abs. 1 Nr. 1 Buchst. a) UStG

Lösung zu Lernjob 3

☒ Sollbesteuerung ☐ Istbesteuerung

Lösung zu Lernjob 4

zu a)

Voranmeldungszeitraum, in dem die Umsatzsteuerschuld über die Anzahlung entsteht	November 2025
Begründung	Die Umsatzsteuer für Anzahlungen entsteht mit Ablauf des Voranmeldungszeitraumes, in dem das Entgelt vereinnahmt worden ist. Man spricht von der sog. Anzahlungs-Istbesteuerung.
Gesetzesgrundlage	§ 13 Abs. 1 Nr. 1 Buchst. a) Satz 4 UStG
Höhe der Bemessungsgrundlage	500,00 €

zu b) Nein.

Gesetzesgrundlage	Ebenfalls § 13 Abs. 1 Nr. 1 Buchst. a Satz 4 UStG
Höhe der Bemessungsgrundlage	BMG muss aus 100,00 € brutto ermittelt werden = 84,03 € (100 € : 1,19)

Lösung zu Lernjob 5

Art der Leistung mit gesetzlicher Grundlage	Unentgeltliche Wertabgabe (fiktive Lieferung) § 3 Abs. 1b Nr. 2 UStG
Ort des Umsatzes mit gesetzlicher Grundlage	Wernigerode § 3 Abs. 6 UStG
Steuerbarkeit mit gesetzlicher Grundlage	Steuerbar § 1 Abs. 1 Nr. 1 UStG
steuerbefreit bzw. steuerpflichtig	Steuerpflichtig mangels Steuerbefreiung
Voranmeldungszeitraum, in dem die Umsatzsteuerschuld entsteht Begründung Gesetzliche Grundlage	November 2025 Die Umsatzsteuer für unentgeltliche Wertabgaben entsteht mit Ablauf des Voranmeldungszeitraumes, in dem die Leistung ausgeführt worden ist § 13 Abs. 1 Nr. 2 UStG

Lösung zu Lernjob 6

Der Ausbilder meint die Besteuerung nach vereinnahmten Entgelten (Istbesteuerung) gem. § 20 UStG.

Eine Besteuerung nach vereinnahmten Entgelten ist nur dann möglich, wenn der Umsatz des Unternehmens im Vorjahr nicht mehr als 800.000 € betragen hat. Da der Umsatz der Schneider GmbH 918.000 € im Jahr 2024 betrug, kann die Schneider GmbH keine Istbesteuerung beantragen.

Lösung zu Lernjob 7

Ergänzen Sie:

Bemessungsgrundlage und Entstehung von Umsatzsteuer in € im November 2025 Kurze Begründung	BMG: 0,00 € USt: 0,00 € Bei Vertragsabschluss entsteht noch keine Umsatzsteuer
Bemessungsgrundlage und Entstehung von Umsatzsteuer in € im Dezember 2025 Kurze Begründung	BMG: 20.000,00 € USt: 3.800,00 € USt entsteht mit Ablauf des Monats der Lieferung im Dezember 2025
Bemessungsgrundlage und Entstehung von Umsatzsteuer in € im Januar 2026 Kurze Begründung Gesetzesgrundlage	BMG: - 400,00 € USt: - 76,00 € (19 % von 400,00 €) Änderung der Bemessungsgrundlage aufgrund des Skonto-Abzugs § 17 Abs. 1 Satz 1 i. V. m. Satz 8 UStG

Ergänzende Übungsaufgaben

Lösung zur Übungsaufgabe 1

a) Claudia Sommer ist Freiberuflerin i. S. d. § 18 Abs. 1 Nr. 1 EStG. Sie kann daher einen Antrag auf Besteuerung nach vereinnahmten Entgelten stellen.

b) Der Umsatz beträgt weniger als 800.000 €. Ein Antrag auf Ist-Besteuerung ist möglich.

   § 20 Satz 1 Nr. 1 i. V. m. § 19 Abs. 2 UStG.

c) Udo Walk könnte einen Antrag auf Besteuerung nach vereinnahmten Entgelten stellen, da sein Umsatz in 2025 nicht mehr als 800.000 € betragen hat.

   § 20 Abs. 1 Nr. 1 UStG i. V. m. § 19 Abs. 2 UStG.

Lösung zur Übungsaufgabe 2

Mai 2025:	Rechtsgrundlage: § 13 Abs. 1 Nr. 1 Buchst. a) UStG	
	Begründung: Nicholas Baumann hat weder eine Leistung ausgeführt noch eine Zahlung erhalten.	
	BMG:	0,00 €
	Höhe USt:	0,00 €
Juni 2025:	Rechtsgrundlage: § 13 Abs. 1 Nr. 1 Buchst. a) Satz 4 UStG	
	Begründung: Baumann hat eine Anzahlung erhalten (Anzahlungs-Istbesteuerung).	
	BMG:	25.000,00 €
	Höhe USt:	4.750,00 €
August 2025:	Rechtsgrundlage: § 13 Abs. 1 Nr. 1 Buchst. a) Satz 1 UStG	
	Begründung: Leistung wurde im August 2025 ausgeführt.	
	BMG:	125.000,00 €
	Höhe USt:	23.750,00 €
September 2025:	Rechtsgrundlage: § 17 Abs. 1 Satz 1 i. V. m. Satz 8 UStG	
	Begründung: Aufgrund der geänderten Bemessungsgrundlage für den Umsatz (Minderung des Kaufpreises wegen Schlechtleistung) hat Baumann den dafür geschuldeten Steuerbetrag zu berichtigen.	
	BMG:	- 10.000,00 €
	Höhe USt:	- 1.900,00 €

Lösung zur Übungsaufgabe 3

Leistungsart und §:	Sonstige Leistung (B2C)	§ 3 Abs. 9 UStG
Ort und §:	Bonn	§ 3a Abs. 1 UStG
Steuerbarkeit und §:	ja	§ 1 Abs. 1 Nr. 1 UStG
Steuerpflicht:	ja (mangels Steuerbefreiung)	
Entstehung USt und §:	für die Anzahlung im Januar 2025	§ 13 Abs. 1 Nr. 1 Buchst. a) Satz 4 UStG
	für die Restzahlung im April 2025	§ 13 Abs. 1 Nr. 1 Buchst. b) UStG i. V. m. § 20 UStG
BMG:	im Jan 2025: Anzahlung 350,00 €	
	im April 2025: Restzahlung 1.640,00 €	

I. Steuersätze

Lernsituation

Lösung zu Lernjob 1

Ergänzen Sie:

Begriff	Steuersatz	Gesetzesgrundlage
Regelsteuersatz	19 %	§ 12 Abs. 1 UStG
Ermäßigter Steuersatz	7 %	§ 12 Abs. 2 UStG
Ermäßigter Steuersatz	0 %	§ 12 Abs. 3 UStG
Durchschnittssätze für LuF	5,5 %, 7,8 %	§ 24 Abs. 1 UStG

Maßgebend für die Anwendung der Steuersätze ist der Zeitpunkt der Ausführung der Lieferung/Sonstigen Leistung.

Lösung zu Lernjob 2

1. Verkauf von Torten in der Konditorei zum Verzehr außer Haus.

   Steuersatz: 7 %

   Begründung: Lieferung von Grundnahrungsmitteln der Anlage 2

   Gesetzesgrundlage: § 12 Abs. 2 Nr. 1 i. V. m. Anlage 2 Nr. 31 UStG

2. Verkauf von Torten zum Verzehr im Café.

   Steuersatz: 19 %

   Begründung: Grundsätzlich nicht ermäßigt sind sonstige Leistungen (Verzehr an Ort und Stelle).

   Gesetzesgrundlage: § 12 Abs. 1 UStG

3. Verkauf von Getränken zum Verzehr im Café

   Steuersatz: 19 %

   Begründung: Nicht ermäßigt sind sonstige Leistungen (Verzehr an Ort und Stelle).

   Gesetzesgrundlage: § 12 Abs. 1 UStG

4. Verkauf von gekühlten Getränken (keine Milch) in der Konditorei zur Mitnahme.

   Steuersatz: 19 %

   Begründung: Getränke mit Ausnahme von Milch und Leitungswasser unterliegen generell dem Regelsteuersatz.

   Gesetzesgrundlage: § 12 Abs. 2 Nr. 1 i. V. m. Anlage 2 UStG führt nur Milch (Position Nr. 4) und Leitungswasser (Position Nr. 34) auf.

5. Fertigung einer Torte auf Wunsch eines Kunden zu dessen Hochzeitsjubiläum. Preis: 80 € inkl. USt. Der Kunde wünscht eine Haus-Anlieferung. Für die Verpackung und den Transport verlangt Frau Blume pauschal 20 € inkl. USt.

   Steuersatz für Verpackung und Transport: 7 %

   Begründung: Verpackung und Transport sind Nebenleistungen zur Hauptleistung. Diese unterliegen dem gleichen Steuersatz wie die Hauptleistung (die Torte).

6. Die Schwester von Frau Blume erhält anlässlich ihres Geburtstages eine Schachtel hochwertiger Pralinen aus dem Sortiment der Konditorei. Die Herstellungskosten der Pralinen betragen 40 €, der Verkaufspreis in der Konditorei beträgt 65 €.

   Steuersatz: 7 %

   Begründung: Unentgeltliche Wertabgaben (Lieferungen) werden entgeltlichen Lieferungen gleichgestellt. Da hier Gegenstände der Anlage 2 Nr. 30 UStG entnommen werden, gilt der ermäßigte Steuersatz.

7. Frau Blume plant den Austausch einer älteren Kuchentheke gegen ein modernes stromsparendes Aggregat. Sie verkauft deshalb die alte Kuchentheke an ein Start-Up-Unternehmen für 600 € netto.

   Steuersatz: 19 %

   Begründung: Lieferung eines Gegenstandes, der nicht in § 12 Abs. 2 und 3 UStG aufgeführt ist.

   Gesetzesgrundlage: § 12 Abs. 1 UStG

8. Die in der Bäckerei produzierten Brezeln werden auch im Café angeboten. Frau Blume führt detaillierte Aufzeichnungen: die Selbstkosten dieser im Café angebotenen Brezeln betragen im laufenden Jahr 2.380 €.

   Steuersatz: entfällt

   Begründung: Es liegt ein (nicht steuerbarer) Innenumsatz vor. Sämtliche unternehmerische Tätigkeiten von Frau Blume gehören zu einem Unternehmen.

   Gesetzesgrundlage: § 2 Abs. 1 Satz 2 UStG

9. Anlässlich ihres Besuches in Deutschland wird die in London lebende Tante von Frau Blume zu einem Imbiss in das Café eingeladen. Die Selbstkosten für Essen und ein Glas Champagner betragen 18 €, der Verkaufspreis im Café beträgt 24 €.

   Steuersatz: 19 %

   Begründung: Fiktive sonstige Leistungen werden entgeltlichen sonstigen Leistungen gleichgestellt. Für sonstige Leistungen gilt nicht der ermäßigte Steuersatz.

   Gesetzesgrundlage: § 12 Abs. 1 UStG

Ergänzende Übungsaufgaben

Lösung zur Übungsaufgabe 1

Welcher Steuersatz ist anzuwenden?

Sachverhalt	7 %	19 %
Taxifahrt innerhalb der Stadt Hamburg 10 km	X	
Taxifahrt innerhalb der Stadt Hamburg 52 km (Kunde ist angetrunken und findet Wohnung nicht mehr)	X	
Taxifahrt von Bonn nach Düsseldorf zum Flughafen 85 km		X
Bahnfahrt von Bonn nach Düsseldorf 90 km	X	
Fahrt mit der Fähre von Königswinter nach Bad Godesberg 3 km	X	
Fahrt mit einem Fahrgastschiff von Koblenz nach Rüdesheim 70 km		X
Fahrt mit einem Mietwagen von Köln nach Bonn 30 km		X

Lösung zur Übungsaufgabe 2

In einer Markthalle werden verschiedene Waren angeboten. Bestimmen Sie den Steuersatz für die folgenden Warenarten:

Warenart	7 %	19 %
Kartoffeln	X	
Nudeln	X	
Käse	X	
Gemüse	X	
Fleisch	X	
Austern		X
Butter	X	
Pralinen mit Likör gefüllt	X	
Lachsfilet	X	
Orangensaft frisch gepresst		X
Wein in Flaschen		X
Milch verpackt	X	
Mineralwasser mit Kohlensäure in Flaschen		X
Pilze	X	
Schnittblumen	X	
Eis in der Waffel zum Verzehr außerhalb der Eisdiele	X	

Lösung zur Übungsaufgabe 3

Sämtliche im Folgenden aufgeführten Positionen unterliegen dem ermäßigten Steuersatz. Führen Sie die entsprechende Gesetzesgrundlage auf:

Sachverhalt	Genaue Gesetzesgrundlage
Eintrittsgelder für ein Hallenbad	§ 12 Abs. 2 Nr. 9 UStG
Übernachtung im Hotel	§ 12 Abs. 2 Nr. 11 UStG
E-Books aus allen Bereichen des Steuerrechts durch einen Fachverlag	§ 12 Abs. 2 Nr. 14 i. V. m. Anlage 2 Nr. 49 UStG
Vermietung von Rollstühlen durch ein Orthopädiefachgeschäft	§ 12 Abs. 2 Nr. 2 i. V. m. Anlage 2 Nr. 51 UStG
Verkauf von Fachbüchern des Steuerrechts durch einen Buchhändler	§ 12 Abs. 2 Nr. 1 i. V. m. Anlage 2 Nr. 49 UStG
Verkauf von Tampons durch einen Drogeriefachmarkt	§ 12 Abs. 2 Nr. 1 i. V. m. Anlage 2 Nr. 55 Buchst. a) UStG
Eintrittsgelder für ein Museumsbesuch	§ 12 Abs. 2 Nr. 7a UStG
Provisionen eines Autors für einem Verlag überlassene Buchmanuskripte zur Veröffentlichung	§ 12 Abs. 2 Nr. 7c UStG
Verkauf von Topfblumen durch einen Blumenladen	§ 12 Abs. 2 Nr. 1 i. V. m. Anlage 2 Nr. 7 UStG

J. Rechnungsbestandteile und fehlerhafte Rechnungen

Lernsituation 1

Lösung zu Lernjob 1

1. vollständiger Name und Anschrift des Leistungsempfängers
2. die vom Finanzamt erteilte Steuernummer oder die Umsatzsteuer-Identifikationsnummer vom Bundeszentralamt für Steuern (§ 14 Abs. 4 Nr. 2 UStG)
3. die Rechnungsnummer des Rechnungsausstellers (§ 14 Abs. 4 Nr. 4 UStG)
4. Art der erbrachten sonstigen Leistung (§ 14 Abs. 4 Nr. 5 UStG)
5. Zeitpunkt der erbrachten sonstigen Leistung (§ 14 Abs. 4 Nr. 6 UStG)
6. den angewandten Steuersatz (§ 14 Abs. 4 Nr. 8 UStG)

Lösung zu Lernjob 2

Nach § 14 Abs 4 Nr. 9 UStG muss die Rechnung an eine Privatperson, die eine Leistung im Zusammenhang mit einem Grundstück erhalten hat, einen Hinweis auf die Aufbewahrungspflicht der Rechnung enthalten.

Lösung zu Lernjob 3

Die Privatperson als Leistungsempfänger hat die Rechnung 2 Jahre aufzubewahren.

Die Aufbewahrungsfrist beginnt mit dem Schluss des Kalenderjahres, in dem die Rechnung ausgestellt worden ist.

Dies wäre bis zum 31.12.2027.

Die Rechnung ist aus Beweisgründen aufzubewahren, damit das Finanzamt bei den vorgenommenen Arbeiten am Grundstück eine Kontrollmöglichkeit hat, um evtl. „Schwarzarbeit" aufzudecken.

Lösung zu Lernjob 4

Nein, Herr Frisch kann nicht auf unbestimmte Zeit die Erstellung der Ausgangsrechnungen verschieben.

Führt er eine sonstige Leistung im Zusammenhang mit einem Grundstück aus (dies ist bei seiner Tätigkeit der Fall), ist er verpflichtet, innerhalb von 6 Monaten nach Ausführung der Leistung eine Rechnung zu schreiben, egal ob der Leistungsempfänger ein Unternehmer oder eine Privatperson ist, gem. § 14 Abs. 2 Satz 2 Nr. 3 UStG.

Führt er noch andere Tätigkeiten, die nicht im Zusammenhang mit einem Grundstück stehen, aus, so ist er gegenüber Unternehmen ebenso innerhalb von 6 Monaten zur Rechnungsausstellung verpflichtet, § 14 Abs. 2 Satz 2 Nr. 1 UStG.

Lernsituation 2

Lösung zu Lernjob 1

a) Eine Rechnung ist jedes Dokument, mit dem über eine Lieferung oder sonstige Leistung abgerechnet wird. Die Bezeichnung des Dokuments spielt keine Rolle.

b) 1. Echtheit der Herkunft der Rechnung
   = Die Identität des Rechnungsausstellers ist sichergestellt.
   2. Unversehrtheit des Inhalts
   = Die nach dem UStG erforderlichen Angaben sollen nicht abänderbar sein.
   3. Lesbarkeit der Rechnung
   = Für das menschliche Auge lesbar.

c) Elektronische Rechnung
   Sonstige Rechnung

d) Eine elektronische Rechnung (auch E-Rechnung) liegt vor, wenn die Rechnung in einem strukturierten elektronischen Format ausgestellt, übermittelt und empfangen wird und eine elektronische Verarbeitung ermöglicht.

   Genaue Gesetzesgrundlage: § 14 Abs. 1 Satz 3 UStG.

Lösung zu Lernjob 2

a) Nein. Es handelt sich in diesem Fall um eine sog. „Sonstige Rechnung“. Dies ist eine Rechnung, die in einem anderen elektronischen Format übermittelt wird.

   Genaue Gesetzesgrundlage: § 14 Abs. 1 Satz 4 UStG

b) Die Übermittlung einer Sonstigen Rechnung ist nur möglich, wenn es sich um Rechnungen an private Endverbraucher handelt und der Rechnungsempfänger dieser Art der Übermittlung zustimmt.

   Genaue Gesetzesgrundlage: § 14 Abs. 1 Satz 5 UStG

Lösung zu Lernjob 3

Nein, denn es gibt zwei Übergangsregelungen:

1. Ausgangsrechnungen an alle inländischen unternehmerischen Leistungsempfänger können für bis Ende 2026 ausgeführte Umsätze noch in anderen Formaten als dem E-Format vorbehaltlich der Zustimmung des Empfängers erstellt und übermittelt werden.

   Gesetzesgrundlage: § 27 Abs. 38 Satz 1 Nr. 1 UStG

2. Unternehmen mit einem Vorjahresumsatz von nicht mehr als 800.000 € dürfen ihren Kunden noch für Umsätze bis zum 31.12.2027 sog. sonstige Rechnungen ausstellen und übermitteln.

   Gesetzesgrundlage: § 27 Abs. 38 Satz 1 Nr. 2 UStG

Lösung zu Lernjob 4

Der leistende Unternehmer und der Leistungsempfänger, sofern es sich um einen Unternehmer handelt, müssen die Rechnungen acht Jahre aufbewahren.

Gesetzesgrundlage: § 14b Abs. 1 UStG

Lösung zu Lernjob 5

a) Kleinbetragsrechnung sind Rechnungen, deren Gesamtbetrag einschl. USt 250 € nicht übersteigt.

b) Eine Kleinbetragsrechnung besteht aus weniger Rechnungsbestandteilen.

   Sie muss nur enthalten:

   1. Name und Anschrift des leistenden Unternehmers,
   2. das Ausstellungsdatum,
   3. Art/Menge/Umfang der Leistung,
   4. das Entgelt und den darauf entfallenden Steuerbetrag in einer Summe, sowie den anzuwendenden Steuersatz bzw. bei Steuerbefreiung einen Hinweis auf die Steuerbefreiung.

c) Nein, eine Kleinbetragsrechnung kann auch zukünftig generell als sonstige Rechnung übermittelt werden (Wahlrecht).

   Gesetzesgrundlage: § 33 Abs. 4 UStDV.

Lernsituation 3

Lösung zu Lernjob 1

Der Vorsteuerabzug nach § 15 Abs. 1 Nr. 1 UStG ist abhängig von einer vollständigen und richtigen Rechnung nach § 14 Abs. 4 UStG. Die im Fall beschriebene Rechnung ist eindeutig fehlerhaft, daher ist der Mandant nicht zum Vorsteuerabzug für diese Rechnung berechtigt.

Lösung zu Lernjob 2

Der Mandant soll eine korrigierte Rechnung des leistenden Unternehmers einfordern, damit er ein Recht auf Vorsteuerabzug erlangt. Er als Unternehmer hat ein Recht auf eine ordnungsmäßige Rechnung nach § 14 Abs. 2 Satz 2 i. V. m. Abs. 4 UStG.

Lösung zu Lernjob 3

Da nach § 14 Abs. 4 Satz 4 UStG eine Berichtigung einer Rechnung wegen fehlender oder unzutreffender Angaben kein rückwirkendes Ereignis darstellt, kann der Vorsteuerabzug erst ab dem Voranmeldungszeitraum vorgenommen werden, in dem die korrigierte und vollständige Rechnung vorliegt.

Lösung zu Lernjob 4

Grundsätzlich nein.
Er muss nur damit rechnen, dass es zu einer Korrektur der Ausgangsrechnung kommen kann, wenn der Rechnungsempfänger ein Unternehmer ist und diese von ihm einfordert.

Lernsituation 4

Lösung zu Lernjob 1

Fehler:

In der Rechnung sind der Steuerbetrag und der Steuersatz unrichtig ausgewiesen, denn nach § 12 Abs. 2 Nr. 1 UStG i. V. m. Anlage 2 zum UStG Nr. 10 und 11 unterliegen die Lieferungen von Gemüse und Früchten dem ermäßigten Steuersatz von 7 %. Richtig wäre somit der Ausweis des Steuerbetrages i. H. v. 33,29 € (= 7 % von 475,50 €).

Folgen:

1. Der Rechnungsaussteller (Unternehmer) schuldet die Umsatzsteuer in der ausgewiesenen Höhe = 90,35 €, siehe § 14c Abs. 1 Satz 1 i. V. m. § 13a Abs. 1 Nr. 1 UStG.

2. Der Rechnungsempfänger kann nur die gesetzlich geschuldete Steuer als Vorsteuer geltend machen, i. H. v. 37,02 € (565,85 € : 1,07 • 0,07), siehe § 15 Abs. 1 Satz 1 Nr. 1 UStG.

Lösung zu Lernjob 2

§ 14c Abs. 1 Satz 2 UStG ermöglicht eine Berichtigung des Steuerausweises, sofern es sich um einen unrichtigen/zu hohen Steuerausweis handelt. § 17 Abs. 1 Satz 1 und 2 UStG regelt die Änderung der Bemessungsgrundlage: sowohl der Unternehmer, der den Umsatz ausgeführt hat, als auch der Unternehmer, der zum Vorsteuerabzug berechtigt ist, können die Steuerbeträge berichtigen.

§ 17 Abs. 1 Satz 8 UStG benennt den Besteuerungszeitraum: Berichtigungen der Steuerbeträge sind für den Besteuerungszeitraum vorzunehmen, in dem die Änderung der Bemessungsgrundlage eingetreten ist, also mit der Korrektur und Vorlage der Rechnung.

Wenn die korrigierte Rechnung im November 20xx vorliegt, ist der Steuerbetrag beim Unternehmer und Leistungsempfänger für den Voranmeldezeitraum November 20xx zu berichtigen.

Lösung zu Lernjob 3

Fehler:

Der leistende Unternehmer, hier Frau Lena Gut, hat einen zu niedrigen Steuersatz angewandt und somit einen zu niedrigen Steuerbetrag errechnet.

Folgen:

1. Nach Abschn. 14c.1. Abs. 9 UStAE schuldet der Unternehmer/Rechnungsaussteller die gesetzlich vorgeschriebene Umsatzsteuer i. H. v. 42,71 € (267,50 € : 1,19 • 0,19), die er aus dem Gesamtrechnungsbetrag herausrechnen muss.
2. Der Rechnungsempfänger darf als Vorsteuer nur den in der Rechnung ausgewiesenen Steuerbetrag i. H. v. 17,50 € abziehen, siehe Abschn. 14c.1. Abs. 9 Beispiel Satz 2 UStAE.

Lösung zu Lernjob 4

1. Frau Lena Gut verkauft den Schrank nicht im Rahmen ihres Unternehmens, sondern als Privatperson (Nichtunternehmerin). Sie weist unberechtigt einen Steuerbetrag aus. Somit schuldet sie dem Finanzamt den gesondert ausgewiesenen Steuerbetrag i. H. v. 57,00 €. Siehe § 14c Abs. 2 Satz 2 Nr. 1 i. V. m. § 13a Abs. 1 Nr. 4 UStG.
2. Nein, die Berichtigung des geschuldeten Steuerbetrags ist beim Finanzamt gesondert schriftlich zu beantragen und nur nach dessen Zustimmung unter Beachtung des § 17 Abs. 1 UStG (zunächst Korrektur eines eventuell vorgenommenen Vorsteuerabzugs beim Rechnungsempfänger) vorzunehmen.

Ergänzende Übungsaufgaben

Lösung zu Übungsaufgabe 1

a) 1. Es liegt eine sonstige Leistung mit erhöhtem Steuerausweis vor. Der Taxifahrer hat statt des ermäßigten Steuersatzes von 7 % gem. § 12 Abs. 2 Nr. 10 Buchst. b) UStG den allgemeinen Umsatzsteuersatz mit 19 % für die innerstädtische Fahrt berechnet. (= unrichtiger Steuerausweis).

2. § 14c Abs. 1 UStG

3. Steuerschuldner ist der Unternehmer gem. § 13a Abs. 1 Nr. 1 UStG i. V. m. § 14c Abs. 1 Satz 1 UStG = der Taxifahrer.

Die Fälligkeit der Steuerschuld i. H. v. 3,83 € (24,00 € : 1,19 • 0,19) ist nach § 13 Abs. 1 Nr. 3 UStG im Zeitpunkt der Ausgabe der Rechnung = August 20xx.

b) 1. Für eine steuerfreie sonstige Leistung nach § 4 Nr. 12 Buchst. a) UStG wird Umsatzsteuer ausgewiesen.

2. § 14c Abs. 1 UStG besagt, dass der Unternehmer auch den Mehrbetrag schuldet.

3. Steuerschuldner ist die „Schöner Wohnen GmbH" gem. § 13a Abs. 1 Nr. 1 UStG i. V. m. § 14c Abs. 1 Satz 1 UStG.

Die Fälligkeit der Steuerschuld i. H. v. 209,00 € (1.309,00 € : 1,19 • 0,19) ist nach § 13 Abs. 1 Nr. 3 UStG im Zeitpunkt der Ausgabe der Rechnung (= Voranmeldungszeitraum) Oktober 20xx.

4. Die Privatpersonen hat ein großes Interesse daran, die Umsatzsteuer berichtigen zu lassen und wird sich an die Vermietungsgesellschaft wenden und den Irrtum des Umsatzsteuerausweises aufdecken wollen (Grund: Der zu zahlende Betrag für die Privatperson reduziert sich dann um die Umsatzsteuer.).

§ 14c Abs. 1 Satz 2 UStG ermöglicht die Berichtigung des erhöhten/falschen Steuerausweises.

Nach § 17 Abs. 1 Satz 1 und 8 UStG hat die „Schöner Wohnen GmbH" im November 20xx die Berichtigung der Steuerschuld vorzunehmen.

c) 1. Es wird eine Lieferung abgerechnet, die nie stattgefunden hat, daher ergibt sich keine Grundlage für die Berechnung eines Umsatzsteuerbetrages.

2. Es handelt sich hier um einen unberechtigten Steuerausweis nach § 14c Abs. 2 UStG.

3. Die „Export-Import-Süd-West AG" schuldet gem. § 14c Abs. 2 Satz 1 i. V. m. § 13a Abs. 1 Nr. 4 UStG den zu Unrecht ausgewiesenen Umsatzsteuerbetrag mit Ausgabe der Rechnung im November 20xx gem. § 13 Abs. 1 Nr. 3 UStG.

4. Eine Berichtigung des geschuldeten Steuerbetrages ist nur möglich, wenn keine Gefährdung des Steueraufkommens eintritt.

Dies ist gegeben, wenn ein Vorsteuerabzug beim Empfänger der Rechnung nicht vorgenommen wurde oder die geltend gemachte Vorsteuer an die Finanzbehörde zurückgezahlt wurde, siehe § 14c Abs. 2 Satz 3 und 4 UStG.

Lösung zu Übungsaufgabe 2

Es liegt eine Kleinbetragsrechnung vor.

Die Quittung beinhaltet Umsätze über Lieferungen, die verschiedenen Steuersätzen unterliegen.

§ 32 i. V. m. § 33 UStDV beschreibt die Anforderungen an solche Rechnungen.

Die Quittung beinhaltet alle Vorgaben des § 32 UStDV. Der Umsatzsteuer-Ausweis ist in einer Summe angegeben, außerdem ist den einzelnen Positionen auf der Quittung der entsprechende Steuersatz (Ziffer 1 steht für 7 %, Ziffer 2 steht für 19 %) zugeordnet.

Lösung zu Übungsaufgabe 3

§ 34 UStDV beschreibt für Fahrausweise weitere Erleichterungen bzgl. der formalen Anforderungen an diese Rechnung. Die geforderten Angaben liegen alle vor (Name des Beförderers, Ausstellungsdatum und Bruttoentgelt). Da weder ein Steuerbetrag noch ein Steuersatz genannt wurde und die Karte nur innerhalb der Stadt München genutzt werden konnte, wird automatisch der ermäßigte Umsatzsteuersatz nach § 12 Abs. 2 Nr. 10 UStG zugrunde gelegt und aus dem Gesamtbetrag herausgerechnet.

17,00 € : 1,07 • 0,07 = 1,11 € = Umsatzsteuer (und Nettorechnungsbetrag = 15,89 €).

K. Vorsteuerabzug

Lernsituation

Lösung zu Lernjob 1

Beleg 1:

Die Lieferung des Notebooks ist im August 20xx erfolgt. Ebenso liegt im August 20xx eine Rechnung gem. § 14 UStG vor. Daher kann der VoSt-Abzug für August 20xx geltend gemacht werden.

Gesetzesgrundlage: § 15 Abs. 1 Nr. 1 Sätze 1 und 2 UStG

Beleg 2:

Nach Einkommensteuerrecht sind nur 70 % der Bewirtungsaufwendungen als Betriebsausgabe abzugsfähig. Dennoch ist die Vorsteuer auf die gesamten Bewirtungsaufwendungen abzugsfähig, sofern es sich um angemessene Bewirtungsaufwendungen handelt.

Gesetzesgrundlage: § 15 Abs. 1a Satz 1 und 2 UStG

Beleg 3:

Es wurde keine Umsatzsteuer betragsmäßig ausgewiesen.

Die Erleichterung für Kleinbetragsrechnungen gilt nicht, da der gesamte Rechnungsbetrag einschließlich Umsatzsteuer mehr als 250 € beträgt. Ein Vorsteuerabzug aus der Rechnung ist daher nicht möglich.

Gesetzesgrundlagen: § 14 Abs. 4 Nr. 7 UStG i. V. m. § 33 UStDV

Belege 4a und 4b:

Nach Einkommensteuerrecht sind Geschenke an Geschäftsfreunde nur bis 50 € (netto) als Betriebsausgabe abzugsfähig. Sofern es sich bei dem Geschenk um eine nicht abzugsfähige Betriebsausgabe handelt, ist die Umsatzsteuer nicht als Vorsteuer abzugsfähig.

Beleg 4a: Nicht abzugsfähige Betriebsausgabe, da Geschenk über 50 €. Daher kein Vorsteuerabzug (65,00 : 1,19 = 54,62 €).

Beleg 4b: Abzugsfähige Betriebsausgabe, da Geschenk ≤ 50 €. Daher Vorsteuerabzug.

Gesetzesgrundlage: § 15 Abs. 1a Satz 1 UStG

Lösung zu Lernjob 2

Umsatzsteuer-Traglast:

Porzellan	95.438,00 € • 0,19 / 1,19 =	15.238,00 €
Tischwäsche	24.038,99 € • 0,19 / 1,19 =	3.838,00 €
Tee	898,80 € • 0,07 / 1,07 =	58,80 €
Biographien/Bücher	3.638,00 € • 0,07 / 1,07 =	238,00 €
Summe		19.372,80 €

abzüglich Vorsteuern	19 %:	6.650,00 €	
	+	159,32 € (Beleg 1)	
	+	25,02 € (Beleg 2)	
	+	0,00 € (Beleg 3)	
	+	0,00 € (Beleg 4a)	
	+	3,99 € (Beleg 4b)	- 6.838,33 €
	7 %:		- 5.225,00 €
= USt-Zahllast			7.309,47 €

Lösung zu Lernjob 3

Frage 1:

Die Umsatzsteuer kann, sobald die Lieferung erfolgt ist und die ordnungsgemäße Rechnung vorliegt, in voller Höhe als Vorsteuer geltend gemacht werden. Sie muss nicht auf mehrere Jahre (gemeint ist die Nutzungsdauer nach Einkommensteuerrecht) aufgeteilt werden.

Gesetzesgrundlage: § 15 Abs. 1 Nr. 1 Sätze 1 und 2 UStG

Frage 2:

Sofern die unternehmerische Nutzung mindestens 10 % beträgt, kann die Umsatzsteuer unabhängig von der Höhe des privaten Nutzungsanteils in voller Höhe als Vorsteuer geltend gemacht werden.

Gesetzesgrundlage: § 15 Abs. 1 Satz 2 UStG

Frage 3:

Auch die Umsatzsteuer auf die laufenden Aufwendungen kann unabhängig von der Höhe des privaten Nutzungsanteils in voller Höhe als Vorsteuer geltend gemacht werden.

Frage 4:

Der Vorsteuerabzug ist nur möglich für Lieferungen und Sonstige Leistungen, die für das Unternehmen ausgeführt worden sind.

Nicht als für das Unternehmen ausgeführt gilt die Lieferung eines Gegenstandes, der zu weniger als 10 % für den Betrieb genutzt wird. Da das Auto für die Tochter bestimmt sein soll und somit überhaupt nicht betrieblich genutzt wird, ist der Vorsteuerabzug ausgeschlossen.

Gesetzesgrundlage: § 15 Abs. 1 Satz 1 Nr. 1 und Satz 1 UStG

Lösung zu Lernjob 4

Die Antwort Ihres Ausbilders:

Herr Liveski muss die Privatnutzung als unentgeltliche Wertabgabe (fiktive Sonstige Leistung gem. § 3 Abs. 9a Nr. 1 UStG) der Umsatzsteuer unterwerfen. Insofern wird der zunächst vollständige Vorsteuerabzug in Teilen ausgeglichen (rückgängig gemacht).

[Querverweis auf die buchhalterische Erfassung der unentgeltlichen Wertabgaben in diesem Buch: siehe Lernfeld 2 Kapitel J]

Lösung zu Lernjob 5

Unter korrekten Rechnungen meint Herr Liveski „ordnungsgemäße“ Rechnungen i. S. d. § 14 UStG und der § 33 und 34 UStDV.

Für alle vier Belege kann ein Vorsteuerabzug vorgenommen werden:

Hotelübernachtung (7 %):	192,69 € • 0,07 : 1,07 =	12,60 €
Frühstück (19 %):	25,00 € • 0,19 : 1,19	3,99 €
Bahnfahrt (7 %):	90,95 € • 0,07 : 1,07 =	5,95 €
Taxi (7 %):	42,80 € • 0,07 : 1,07 =	2,80 €
Summe		25,34 €

Lösung zu Lernjob 6

EG:

- Zum Unternehmensvermögen gehörend
- Steuerbare Sonstige Leistung (Vermietung = Dulden).
  Aufgrund der Option gem. § 9 UStG steuerpflichtiger Umsatz
- Daher ist der Vorsteuerabzug für entstandene Aufwendungen möglich.

1. OG:

- Zum Unternehmensvermögen gehörend
- Nicht steuerbarer Innenumsatz, da zwei unternehmerische Tätigkeiten (Architekturbüro und Vermietung) vorliegen
- Die Umsätze des Architekturbüros sind steuerpflichtig.
  Insofern ist trotz des nicht steuerbaren Innenumsatzes der Vorsteuerabzug für entstandene Aufwendungen im Zusammenhang mit dem 1. OG möglich. Schlussfolgerung aus § 15 Abs. 2 UStG.

2. OG:

- Nicht zum Unternehmensvermögen gehörend
- Nicht steuerbar
- Ein Vorsteuerabzug ist grundsätzlich nur möglich, soweit der Aufwand auf die unternehmerische Nutzung entfällt.

  Daher kann keine Vorsteuer auf Aufwendungen des 2. OG in Abzug gebracht werden. § 15 Abs. 1b UStG.

Stellungnahme zur Frage des Vorsteuerabzugs:

Somit muss die Vorsteuer im Verhältnis der Abzugsumsätze zu den Gesamtumsätzen aufgeteilt werden.

Gesetzesgrundlage:

§ 15 Abs. 4 UStG

Ermittlung der abzugsfähigen Vorsteuer:

Abzugsumsätze (= Umsätze, die den Vorsteuerabzug ermöglichen) =	EG und 1. OG	(⅔)
Ausschlussumsätze (= Umsätze, die den Vorsteuerabzug ausschließen) =	2. OG	(⅓)

Höhe der Umsatzsteuer aus der Rechnung des Überwachungssystems

19 % v. 6.500,00 € = 1.235,00 €	
↓	↓
Abzugsfähige Vorsteuer: ⅔ v. 1.235,00 € = 823,33 €	Nicht abzugsfähige Vorsteuer: ⅓ v. 1.235,00 € = 411,67 €

Ergänzende Übungsaufgaben

Lösung zu Übungsaufgabe 1

Vorsteuer aus Anzahlung:	Rechnung liegt in 8/20xx vor, Anzahlung wird in 9/20xx geleistet, daher Vorsteuerabzug für 9/20xx.
Vorsteuer aus Schreibtischrechnung:	Lieferung und Rechnungserhalt in 9/20xx; daher Vorsteuerabzug für 9/20xx (Zahlungszeitpunkt 10/20xx ist unerheblich).
Vorsteuer aus Stellwänden:	Lieferung in 10/20xx, Rechnungserhalt in 11/20xx; Vorsteuerabzug nach Rechnungserhalt möglich für 11/20xx.

Lösung zu Übungsaufgabe 2

1. Vorsteuer auf Abzugsumsätze	Position b		**1.140,00 €**
(EG + 2. OG)	Position d		**190,00 €**
Vorsteuer auf Mischumsätze	Position a	3.800,00 €	
Davon abzugsfähig ⅖ **nach Flächenschlüssel =**			**1.520,00 €**
Summe abzugsfähige Vorsteuer			**2.850,00 €**

2.	Variation: Vorsteuer auf Abzugsumsätze	Position b		**1.140,00 €**
		Position d		**190,00 €**
	Vorsteuer auf Mischumsätze	Position a	3.800,00 €	

Summe Umsätze mit Vorsteuerabzug (1. OG + 2. OG):
15.500 € + 13.200 € = 28.700,00 €

Summe Umsätze ohne Vorsteuerabzug (1. OG + 3. OG + 4. OG):
13.800 € + 7.560 € + 8.200 € = 29.560,00 €
= 58.260,00 €

Entsprechend abzugsfähig
nach Umsatzschlüssel 3.800 € : 58.260 • 28.700 **1.871,95 €**

Summe abzugsfähige Vorsteuer **3.201,95 €**

Lösung zu Übungsaufgabe 3

Die auf die laufenden Gesprächsgebühren entfallende Vorsteuer ist direkt in einen abziehbaren und nicht abziehbaren Teil aufzuteilen.

Als Vorsteuer abzugsfähig ist nur die USt auf den betrieblichen Nutzungsanteil: 80 % von 15,20 € = 12,16 €

Lösung zu Übungsaufgabe 4

Sachverhalt	Vorsteuerabzug möglich? ja / nein	Gesetzesgrundlage, falls kein Vorsteuerabzug möglich
In einem Gebäude mit drei Geschossen werden zwei Geschosse an eine Rechtsanwaltskanzlei vermietet. Das oberste Geschoss wird an einen Familienangehörigen vermietet. Die Option gemäß § 19 UStG wird ausgeübt.	⅔ steuerpflichtig vermietet: ja ⅓ steuerfrei vermietet; nein	§ 15 Abs. 2 Nr. 1 UStG i. V. m. § 15 Abs. 4 UStG
Ein Versicherungsvertreter erwirbt Büromaterial für seine Agentur.	Nein, da Versicherungsvertreter nur steuerfreie Umsätze gem. § 4 Nr. 11 UStG tätigt.	§ 15 Abs. 2 Satz 1 Nr. 1 UStG
Ein Handelsvertreter erwirbt eine Büroleuchte für seine Büroräume.	Ja	
Ein Steuerberater erwirbt einen Blumenstrauß zum Preis von 40 € anlässlich des Geburtstages seiner Mitarbeiterin.	Ja, da Aufmerksamkeit an Arbeitnehmer.	

Sachverhalt	Vorsteuerabzug möglich? ja / nein	Gesetzesgrundlage, falls kein Vorsteuerabzug möglich
Ein Handelsvertreter erwirbt 3.000 Liter Heizöl. 2.000 Liter sind für seine Büroräume und 1.000 Liter für seine Privatwohnung bestimmt.	⅔ abzugsfähig ⅓ nicht abzugsfähig	§ 15 Abs. 4 UStG und UStAE 15.2c
Ein Handelsvertreter lädt zwei Geschäftspartner zwecks Vertragsabschlusses zu einem Abendessen ein. Die Aufwendungen sind angemessen.	Ja, in voller Höhe	

Lösung zu Übungsaufgabe 5

Umsatzsteuer-Traglast:

TZ 1	19 % von 180.000,00 € (145.000 € + 35.000 €) =	**34.200,00 €**
TZ 4	Privatnutzung = fiktive Sonst. Leistung	
	1 % von 44.500,00 € = 445,00 €	
	Davon 80 % = 356,00 €	
	19 % von 356,00 € =	**67,64 €**
TZ 5	wegen Option 1. OG 3.500 € • 0,19 : 1,19 =	**558,82 €**
TZ 6	echter Schadensersatz	0,00 €
TZ 7	Unentgeltliche Wertabgabe	
	19 % von (570,00 € + 330,00 €) =	**171,00 €**
		34.997,46 €

abzüglich **Vorsteuer:**

TZ 2	19 % von 32.000,00 € (25.000 € + 7.000 €) =	6.080,00 €
TZ 3	19 % von 38.000,00 € =	7.220,00 €
TZ 4	19 % von 42.000,00 € =	7.980,00 €
TZ 5	Aufzug 19 % von 75.000 € = 14.250,00 €	
	davon auf Abzugsumsätze entfallend ⅔ =	9.500,00 €
		30.780,00 €

= Umsatzsteuerzahllast **4.217,46 €**

L. Besteuerungsverfahren: Steuerschuldner und Voranmeldungszeitraum inkl. Dauerfristverlängerung, USt-Jahreserklärung

Lernsituation 1

Lösung zu Lernjob 1

Frau Murad ist Gewerbetreibende und hat nach § 16 UStG grundsätzlich die Umsatzsteuer nach vereinbarten Entgelten zu berechnen.

Sie hat nach § 20 UStG bisher keinen Antrag zur Berechnung der USt nach vereinnahmten Entgelten gestellt. Diese Möglichkeit hätte sie, da ihr Gesamtumsatz in 2025 weit unter 800.000 € betragen wird (§ 20 Satz 1 Nr. 1 i. V. m. § 19 Abs. 2 UStG).

Lösung zu Lernjob 2

Entstehung der Umsatzsteuer:

Mit Antragstellung nach § 20 UStG entsteht die USt-Schuld mit Ablauf des Voranmeldezeitraums, in dem die Entgelte vereinnahmt worden ist

Gesetzl. Grundlage:

§ 13 Abs. 1 Nr. 1 Buchst. b) UStG

Lösung zu Lernjob 3

Steuerschuldner der Umsatzsteuer:

die Unternehmerin = Frau Murad

Gesetzl. Grundlage:

§ 13a Abs. 1 Nr. 1 UStG

Lösung zu Lernjob 4

1. Frau Murad hat bis zum 10. Tag nach Ablauf eines jeden Voranmeldezeitraums eine Voranmeldung nach amtlich vorgeschriebenem Datensatz über die amtlich bestimmte Schnittstelle an das Finanzamt zu übermitteln, in der sie die USt für den Voranmeldungszeitraum selbst zu berechnen hat (= Höhe der Vorauszahlung), § 18 Abs. 1 Satz 1 UStG.
2. Die Vorauszahlung ist am 10. Tag nach Ablauf des Voranmeldezeitraums fällig und vom Unternehmer (Frau Murad) zu entrichten, § 18 Abs. 1 Satz 4 UStG.

Lösung zu Lernjob 5

Frau Murad hat im Jahr 2025 ihre gewerbliche Tätigkeit aufgenommen, daher wäre ihr Voranmeldungszeitraum grundsätzlich der Kalendermonat sowohl im laufenden Jahr als auch im folgenden Jahr.

Lösung zu Lernjob 6

2025: Frau Murad hat ihre tatsächliche Zahllast von Oktober 2025 in eine voraussichtliche Steuer des laufenden Jahres zu berechnen: 845,00 € • 3 Monate = 2.535,00 €.

Sie kann somit in 2025 als Voranmeldungszeitraum das Kalendervierteljahr wählen.

2026: Frau Murad hat ihre tatsächliche Zahllast des Vorjahres in eine Jahressteuer umzurechnen:

845,00 • 12 = 10.140,00 €. Da die Steuer über 9.000,00 € liegt, muss Frau Murad in 2026 monatliche Voranmeldungen abgeben.

Lösung zu Lernjob 7

a) Spätestens sieben Monate nach Ablauf des Kalenderjahres: 31.07.2026.

b) Spätestens bis zum letzten Tag des Monats Februar des zweiten auf den Besteuerungszeitraums folgenden Kalenderjahres: 01.03.2027 (28.02.2027, jedoch Verlängerung auf den nächsten Werktag).

Lösung zu Lernjob 8

a) Der Besteuerungszeitraum ist grundsätzlich das Kalenderjahr.

b) Frau Murad hat ihre gewerbliche Tätigkeit in 2025 erst im Oktober aufgenommen. Somit hat sie einen verkürzten Besteuerungszeitraum von nur 3 Monaten.

Lernsituation 2

Lösung zu Lernjob 1

Die hochgerechnete Jahressteuer 2025 von Frau Murad beträgt 9.600 € (2.400 € • $^{12}/_{3}$), daher muss sie in 2026 für jeden Kalendermonat eine Voranmeldung erstellen und abgeben, § 18 Abs. 2 Satz 6 UStG. Frau Murad kann nicht den Voranmeldezeitraum auf ein Kalendervierteljahr umstellen.

Lösung zu Lernjob 2

Ab 2027 könnte Frau Murad auf das Kalendervierteljahr in der Voranmeldung umstellen, wenn die Umsatzsteuerschuld nicht mehr als 9.000 € in 2026 beträgt.

Prognostizierten Beträge:

Umsatzsteuer	14.570,00 €
Vorsteuer	5.870,00 €
Zahllast =	8.700,00 €

= Eine Umstellung auf das Kalendervierteljahr wäre ab 2027 möglich.

Lösung zu Lernjob 3

a) Es bestünde die Möglichkeit der Dauerfristverlängerung.

Die Frist für die Übermittlung der Voranmeldungen und für die Entrichtung der Vorauszahlungen wird dadurch um 1 Monat verlängert = 10. März 2026.

b)

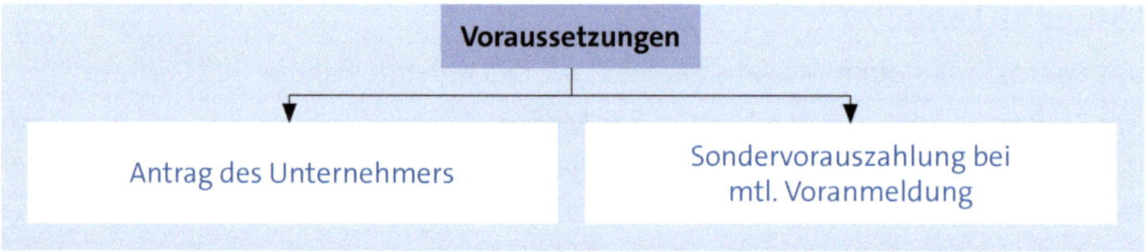

Lösung zu Lernjob 4

USt-Vorauszahlungen in 2025: 2.400 € • $\frac{12}{3}$ Monate = 9.600 € (= Jahressumme für 2025) (gem. § 47 Abs. 2 UStDV)

9.600,00 € : 11 = 872,73 € = Sondervorauszahlung gem. § 47 Abs. 1 UStDV

Lösung zu Lernjob 5

Der Antrag muss elektronisch an das Finanzamt übermittelt werden, ebenso ist die selbst berechnete Sonderzahlung bis spätestens zum 10. Februar 2026 anzumelden und die angemeldete Sonderzahlung zu entrichten (Abgabefrist der Meldung der Voranmeldung für Monat Januar 2026).

Lösung zu Lernjob 6

Zahllast Dez 2026 - Sonderzahlung 2026 = 830,00 € - 872,73 = - 42,73 €.

Sie hat einen Vorsteuerüberhang, den sie am 10. Februar 2027 erklärt und dann vom Finanzamt erstattet bekommt.

Lösung zu Lernjob 7

Nein, da eine Sonderzahlung nur bei monatlicher Voranmeldung zu entrichten ist. § 47 Abs. 1 UStDV.

Ergänzende Übungsaufgabe

Lösung zur Übungsaufgabe 1

a) 1.

	19 % von 450.690,00 € =	85.631,10 €	Umsatzsteuer
-	abziehbare Vorsteuer	- 49.950,00 €	
=	Zahllast 2025	= 35.681,10 €	

2. Die „Sonnenschein AG“ muss einen Antrag auf Dauerfristverlängerung beantragen und eine Sonderzahlung bis zum 10. Februar 2026 leisten, da die AG monatliche Voranmeldung abgeben muss.
3. 35.681,10 € : 11 = 3.243,74 € beträgt die Sondervorauszahlung.
4. § 13a Abs. 1 Nr. 1 UStG regelt, dass bei Lieferungen und sonstigen Leistungen i. S. d. § 1 Abs. 1 Nr. 1 UStG der Unternehmer, also die „Sonnenschein AG“, Steuerschuldner ist.

b) 1.

	19 % von 75.630,00 € =	14.369,70 €	Umsatzsteuer
-	abziehbare Vorsteuer	- 9.569,70 €	
=	Zahllast 2025	= 4.800,00 €	

2. Frau Melanie Wunder muss einen Antrag auf Dauerfristverlängerung, und zwar bis zum 11. Mai 2026 (Sonntag 10. Mai 2026: Verschiebung auf nächsten Werktag), stellen, da sie eine vierteljährliche Voranmeldung abgeben muss.
3. Sie hat keine Sondervorauszahlung zu leisten.

Lernfeld 4: Einkommensteuererklärungen von Beschäftigten erstellen

A. Persönliche Einkommensteuerpflicht

Lösung zu Lernjob 1

Die Merkmale des Normalfalles der **unbeschränkten Steuerpflicht** ergeben sich aus § **1** Absatz **1** EStG.

Danach sind **natürliche** Personen, die

- im **Inland** (= Bundesrepublik Deutschland)
- einen **Wohnsitz** oder ihren **gewöhnlichen Aufenthalt** haben unbeschränkt einkommensteuerpflichtig.

Der Begriff des **Wohnsitzes** ist geregelt in **§ 8** AO. Demnach hat jemand einen Wohnsitz dort, wo er eine **Wohnung** unter Umständen innehat, die darauf schließen lassen, dass er die **Wohnung** beibehalten und benutzen wird.

Der Begriff des **gewöhnlichen Aufenthaltes** ist geregelt in **§ 9** AO. Demnach hat jemand einen gewöhnlichen Aufenthalt dort, wo er sich **unter Umständen** aufhält, die erkennen lassen, dass er an diesem Ort oder in diesem Gebiet nicht nur vorübergehend verweilt.

Als gewöhnlicher Aufenthalt gilt nach Satz 2 ein von Beginn an zeitlich zusammenhängender Aufenthalt von **sechs** Monaten. Hält sich eine Person z. B. zu Besuchs-, Kur- oder ähnlichen privaten Zwecken im Inland auf, gilt ein Zeitraum von **zwölf** Monaten.

→ Folge der unbeschränkten Einkommensteuerpflicht:

Der persönlichen Einkommensteuer in Deutschland unterliegen:

... nur die inländischen Einkünfte	
... die inländischen **und** ausländischen Einkünfte	**X**

Die **beschränkte Steuerpflicht** ist geregelt in **§ 1 Abs. 4 EStG**:

Danach sind **natürliche** Personen, die

- im **Inland** (= BRD)
- **weder** einen **Wohnsitz** **noch** **einen gewöhnlichen Aufenthalt** haben vorbehaltlich der Absätze 2 und 3 und des § 1a beschränkt einkommensteuerpflichtig, wenn sie **inländische Einkünfte** im Sinne des § **49 EStG** haben.

→ Folge der beschränkten Einkommensteuerpflicht:

Der Einkommensteuer in Deutschland unterliegen:

... nur die inländischen Einkünfte	X
... die inländischen **und** ausländischen Einkünfte	

Lösung zu Lernjob 2

Herr Lange ist

- eine natürliche Person,
- die im Inland
- einen Wohnsitz hat.

Er ist daher in 20xx in Deutschland unbeschränkt einkommensteuerpflichtig.

Umfang: Sämtliche inländischen (47.000 €) und ausländischen Einkünfte (5.000 €) unterliegen der Besteuerung in Deutschland.

Lösung zu Lernjob 3

Herr Lange ist

- eine natürliche Person,
- die in Belgien
- weder einen Wohnsitz noch einen gewöhnlichen Aufenthalt hat.

Da er auch keine belgischen Einkünfte erzielt, ist er in 20xx in Belgien nicht einkommensteuerpflichtig.

Lösung zu Lernjob 4

a) § **1 Abs. 2** EStG **erweitert** die unbeschränkte Einkommensteuerpflicht auf

- **deutsche** Staatsangehörige,
- die im **Inland**
- weder einen **Wohnsitz** noch einen **gewöhnlichen Aufenthalt** haben,
- und zu einer **inländischen juristischen Person des öffentlichen Rechts** in einem Dienstverhältnis stehen und dafür Arbeitslohn aus einer **inländischen öffentlichen Kasse** beziehen.

Weitere Voraussetzung ist nach Satz 2, dass diese Personen in dem ausländischen Staat, in dem sie sich aus dienstlichen Gründen aufhalten, **nur** in einem der **beschränkten** Einkommensteuerpflicht vergleichbaren Umfang der Einkommensbesteuerung unterliegen.

b) Eine **fiktive** unbeschränkte Einkommensteuerpflicht (**Grenzpendlerbesteuerung**) liegt gem. **§ 1 Abs. 3 EStG** unter den folgenden Voraussetzungen vor:
- auf **Antrag**
- für **natürliche** Personen,
- die im **Inland**
- weder einen **Wohnsitz** noch einen **gewöhnlichen Aufenthalt** haben,
- soweit sie **inländische Einkünfte im Sinne des § 49 EStG** haben.
- Die Einkünfte der Person unterliegen im Kalenderjahr mindestens zu **90 %** der deutschen Einkommensteuer oder die nicht der deutschen Einkommensteuer unterliegenden Einkünfte (= ausländische Einkünfte) übersteigen nicht den **Grundfreibetrag** nach § 32a EStG.
- Die ausländischen Einkünfte sind nachzuweisen durch eine **Bescheinigung der zuständigen ausländischen Steuerbehörde.**

Lösung zu Lernjob 5

Frage 1:

Herr Lange ist eine natürliche Person, die im Inland weder einen Wohnsitz noch einen gewöhnlichen Aufenthalt hat. Da er aber inländische Einkünfte gem. § 49 EStG bezieht, ist er in Deutschland beschränkt einkommensteuerpflichtig.

Umfang: Nur die inländischen Einkünfte (47.000 €) unterliegen der Besteuerung in Deutschland.

Frage 2:

Herr Lange könnte einen Antrag auf unbeschränkte Einkommensteuerpflicht gem. § 1 Abs. 3 EStG stellen. Seine in Deutschland erzielten Einkünfte betragen mind. 90 % seiner im Folgejahr erzielten **Gesamteinkünfte.** Die ausländischen Einkünfte müssten durch eine Bescheinigung der ausländischen Steuerbehörde nachgewiesen werden.

Umfang: Sämtliche inländischen (47.000,00 €) und ausländischen Einkünfte (5.000,00 €) unterliegen dann der Besteuerung in Deutschland.

INFO

Ein Antrag auf Zusammenveranlagung mit dem im Ausland lebenden Ehegatten wäre in Deutschland nach § 1a Abs. 1 Nr. 2 EStG möglich. Vorteil u. a.: Der Grundfreibetrag verdoppelt sich.

Ergänzende Übungsaufgabe

Lösung zur Übungsaufgabe

Fall 1

Tommy Scott ist eine natürliche Person ohne Wohnsitz und gewöhnlichen Aufenthalt in Deutschland.

Er erzielt inländische Einkünfte i. S. d. § 49 EStG und ist daher beschränkt einkommensteuerpflichtig.

Umfang: inländische Einkünfte.

Gesetzesgrundlage: § 1 Abs. 4 EStG.

Fall 2

Leonardo Bocca ist eine natürliche Person mit Wohnsitz gem. § 8 AO in Deutschland.

Er ist daher unbeschränkt einkommensteuerpflichtig.

Umfang: inländische Einkünfte (Eisdiele) und ausländische Einkünfte (Mitwohnhaus in Neapel).

Gesetzesgrundlage: § 1 Abs. 1 EStG.

Fall 3

Frau Lauenburg ist deutsche Staatsangehörige, die im Inland weder einen Wohnsitz noch einen gewöhnlichen Aufenthalt hat. Sie steht zu einer inländischen juristischen Person des öffentlichen Rechts in einem Dienstverhältnis und erhält dafür Arbeitslohn aus einer inländischen öffentlichen Kasse. Die Einkünfte werden in Spanien nicht besteuert.

Umfang: monatliches Gehalt von 8.000,00 € • 12 Monate.

Gesetzesgrundlage: § 1 Abs. 2 EStG.

Fall 4

Herr Martinet ist eine natürliche Person, die im Inland weder einen Wohnsitz noch einen gewöhnlichen Aufenthalt hat. Da er aber inländische Einkünfte gem. § 49 EStG bezieht, ist er in Deutschland beschränkt einkommensteuerpflichtig.

Umfang: Die inländischen Einkünfte (85.000,00 €) unterliegen der Besteuerung in Deutschland.

Gesetzesgrundlage: § 1 Abs. 4 EStG.

Herr Martinet könnte aber einen Antrag auf unbeschränkte Einkommensteuerpflicht gem. § 1 Abs. 3 EStG stellen. Seine ausländischen Einkünfte liegen unter dem Grundfreibetrag nach § 32a Abs. 1 EStG.

Die ausländischen Einkünfte müssten durch eine Bescheinigung der französischen Steuerbehörde nachgewiesen werden.

Umfang: Sämtliche inländischen (85.000,00 €) und ausländischen Einkünfte (4.000,00 €) unterliegen dann der Besteuerung in Deutschland.

Gesetzesgrundlage: § 1 Abs. 3 EStG.

Fall 5

Tina Schneider ist eine natürliche Person mit Wohnsitz gem. § 8 AO in Deutschland.

Sie ist daher unbeschränkt einkommensteuerpflichtig. Der Umstand, dass Tina nicht geschäftsfähig ist, spielt keine Rolle.

Umfang: inländische Einkünfte (14.500,00 €) und ausländische Einkünfte (nicht vorhanden).

Gesetzesgrundlage: § 1 Abs. 1 EStG.

Fall 6

Josef Bürgli ist eine natürliche Person ohne Wohnsitz und gewöhnlichen Aufenthalt (Kuraufenthalt in Deutschland von weniger als 12 Monaten) im Inland.

Er erzielt keine inländischen Einkünfte i. S. d. § 49 EStG.

Er ist daher weder unbeschränkt noch beschränkt einkommensteuerpflichtig.

Gesetzesgrundlage: § 9 AO i. V. m. § 1 Abs. 1 und 4 EStG.

B. Sachliche Einkommensteuerpflicht

Lösung zu Lernjob 1

Gewinneinkünfte sind die Einkünfte Nr. **1** bis **3**.
Der Gewinn ist der Saldo aus **Betriebseinnahmen** und Betriebsausgaben, bzw. der Unterschiedsbetrag zwischen Betriebsvermögen am Schluss des Wirtschaftsjahres und dem Betriebsvermögen zu **Beginn des Wirtschaftsjahres**. Die Gewinnquelle ist der Betrieb.

Überschusseinkünfte sind die Einkünfte Nr. 4 bis 7. Der Überschuss ist der Saldo aus **Einnahmen** und **Werbungskosten**. Die Überschussquelle ist der Ertrag im Privatvermögen.

Wenn Einnahmen erzielt werden, die zwar grundsätzlich einer der sieben Einkunftsarten zugeordnet werden können, eine ernsthafte Beteiligung am Wirtschaftsleben (langfristige Gewinnerzielung) aber nicht zu erkennen ist, dann spricht man im Einkommensteuerrecht von Liebhaberei (Hobby), deren Erträge und Verluste nicht unter das EStG fallen.

Betriebseinnahmen sind die Einnahmen der **Gewinn**einkünfte. Der Begriff Betriebseinnahmen ist im EStG nicht definiert. Nach herrschender Meinung sind alle Güter zu verstehen, die in Geld und Geldwert bestehen und dem Steuerpflichtigen im Rahmen der Einkunftsarten 1 - 3 zufließen.

Einnahmen der Überschusseinkünfte sind in § 8 EStG definiert und umfassen alle Güter, die in **Geld** oder in **Geldeswert** bestehen und ebenso dem Steuerpflichtigen zufließen.

Einnahmen, die nicht in Geld bestehen, sind z. B. **Wohnung-Kost-Waren-Dienstleistungen-private Nutzung eines betrieblichen PKWs.**

Einkünfte sind saldierte Größen, während Einnahmen/Betriebseinnahmen ungekürzte Größen darstellen.

Von den einkommensteuerlich relevanten Zuflüssen werden bestimmte Einnahmen von der Besteuerung ausgenommen. Eine Auflistung der **steuerfreien Einnahmen** enthält u. a. § 3 EStG. Die Steuerbefreiungen gehen auf sozial-, wirtschafts- und kulturpolitische Überlegungen zurück.

Von den Betriebseinnahmen und den Einnahmen i. S. d. § 8 EStG dürfen bei der Ermittlung der Einkünfte bestimmte mit diesen Einnahmen in wirtschaftlichem Zusammenhang stehende **Aufwendungen/Ausgaben** abgezogen werden.

Ausgaben im Zusammenhang mit den Einkünften 1 - 3 werden gem. § 4 Abs. 4 EStG als **Betriebsausgaben** bezeichnet und bei den anderen 4 Einkunftsarten spricht man gem. § 9 EStG von **Werbungskosten.**

Es handelt sich dabei um Aufwendungen, die zur **Erwerbung**, **Sicherung** und **Erhaltung** der Einnahmen dienen.

Im § 9 EStG werden beispielhaft Aufwendungen aufgezählt, die Werbungskosten sind, z. B. **Aufwendungen für Berufsverbände/Gewerkschaften – Aufwendungen des Arbeitnehmers für Wege zwischen Wohnung und erster Tätigkeitsstätte oder für dienstliche Fahrten – Aufwendungen für Arbeitsmittel**.

Hat der Steuerpflichtige bei der Erklärung seiner Einkünfte 4 - 7 überhaupt keine oder nur sehr niedrige Werbungskosten erklärt, wird mindestens ein **Pauschbetrag** für die Werbungskosten lt. § 9a EStG abgezogen.

Im § 12 EStG sind **nicht abzugsfähige Ausgaben** aufgezählt.
Gemäß § 12 Nr. 1 EStG dürfen Aufwendungen für die private Lebensführung, z. B. für Ernährung, Wohnung, Kleidung etc. weder bei der Ermittlung der Einkünfte noch vom Gesamtbetrag der Einkünfte abgezogen werden. Berücksichtigung ist nur zulässig, wenn das Gesetz dies ausdrücklich zulässt.

Allerdings dürfen nach §§ 10 ff. und 33 ff. EStG ausnahmsweise Aufwendungen der Lebensführung als **Sonderausgaben** oder als **außergewöhnliche Belastungen** abgezogen werden.

Lösung zu Lernjob 2

Ermittlungsschema zur Berechnung des zu versteuernden Einkommens bei Einzelveranlagung

	Einkünfte aus Land- u. Forstwirtschaft	sog. **Gewinneinkünfte** Gewinn wird ermittelt: **Betriebseinnahmen - Betriebsausgaben**
+	Einkünfte aus Gewerbebetrieb	
+	Einkünfte aus selbständiger Arbeit	
+	Einkünfte aus nichtselbständiger Arbeit	sog. **Überschusseinkünfte** Überschuss wird ermittelt: **Einnahmen gem. § 8 EStG - Werbungskosten**
+	Einkünfte aus Kapitalvermögen	
+	Einkünfte aus Vermietung und Verpachtung	
+	Sonstige Einkünfte gem. § 22 EStG	
=	**Summe der Einkünfte**	Begriff s. § 2 Abs. 3 EStG
-	Altersentlastungsbetrag	Begriff s. § 2 Abs. 3 in Verbindung mit § 24 a EStG
-	Entlastungsbetrag für Alleinerziehende	Begriff s. § 2 Abs. 3 in Verbindung mit § 24 b EStG
-	Freibetrag aus Land- und Forstwirtschaft	Begriff s. § 2 Abs. 3 in Verbindung mit § 13 Abs. 3 EStG
=	**Gesamtbetrag der Einkünfte**	Begriff s. § 2 Abs. 4 EStG
-	**Verlustabzug (§ 10d EStG)**	
-	Sonderausgaben	Begriff s. § 2 Abs. 4 in Verbindung mit §§ 10 ff EStG
-	außergewöhnliche Belastungen	Begriff s. § 2 Abs. 4 in Verbindung mit §§ 33 ff EStG
=	**Einkommen**	Begriff s. § 2 Abs. 5 EStG
-	Kinderfreibetrag und Freibetrag für Betreuungs- und Erziehungs- oder Ausbildungsbedarf des Kindes	Begriffe s. § 2 Abs. 5 in Verbindung mit § 32 Abs. 6 EStG
-	**Härteausgleich (§ 36 Abs. 3 u. 5 EStG)**	
=	**zu versteuerndes Einkommen**	Begriff s. § 2 Abs. 5 EStG

INFO

Werden Ehegatten gem. § 26b EStG zusammenveranlagt, so werden die **Einkünfte für jeden Ehegatten einzeln ermittelt**, die jeweils errechneten **Summen der Einkünfte addiert** und **dann gemeinsam** als ein Steuerpflichtiger **behandelt**.

Lösung zu Lernjob 3

	Einkünfte aus Gewerbebetrieb			**25.000,00 €**	
+	Einkünfte aus selbständiger Arbeit	Verlust als Journalist	- 3.500,00 €		Diese Einkunftsart hat mehrere Einkunftsquellen, sowohl negative wie auch positive. Sie werden miteinander verrechnet (horizontale Verlustverrechnung) und stellen Einkünfte einer Einkunftsart dar, siehe untenstehenden TIPP.
		Gewinn als freiberuflicher Dozent	6.400,00 €	**2.900,00 €**	
+	Einkünfte aus nichtselbständiger Arbeit	Bruttogehalt (Einnahmen)	42.450,00 €		
		Pauschbetrag gem. § 9a EStG	- 1.230,00 €	**41.220,00 €**	
+	Einkünfte aus Vermietung und Verpachtung	Haus Remagen	- 19.700,00 €		Anmerkung siehe oben.
		Haus Koblenz	24.800,00 €	**5.100,00 €**	
=	**Summe der Einkünfte**			**74.220,00 €**	
-	Sonderausgaben			**5.500,00 €**	
-	außergewöhnliche Belastungen			**3.550,00 €**	
=	**Einkommen**			**65.170,00 €**	
=	**zu versteuerndes Einkommen**			**65.170,00 €**	

TIPP

Siehe im Band Lernsituationen 2 Lernfeld 8, Kapitel H: Verlustausgleich und Verlustabzug

Ergänzende Übungsaufgaben

Lösung zu Übungsaufgabe 1

	Einkünfte aus Land- und Forstwirtschaft			25.000,00 €
+	Einkünfte aus Gewerbebetrieb			70.000,00 €
+	Einkünfte aus selbständiger Arbeit	Betriebseinnahmen	8.000,00 €	6.000,00 €
		Betriebsausgaben	- 2.000,00 €	
+	Einkünfte aus Vermietung und Verpachtung	Einnahmen	24.000,00 €	4.000,00 €
		Werbungskosten	- 20.000,00 €	
=	Summe der Einkünfte			105.000,00 €
-	Altersentlastungsbetrag			627,00 €
-	Freibetrag aus Land- und Forstwirtschaft (kein Freibetrag, da die Summe der Einkünfte > 30.700 €)			- €
=	Gesamtbetrag der Einkünfte			104.373,00 €
-	Sonderausgaben			10.000,00 €
-	außergewöhnliche Belastungen			5.000,00 €
=	Einkommen/zu versteuerndes Einkommen			89.373,00 €

Lösung zu Übungsaufgabe 2

Fall 1: (hier: **Einzelveranlagung**)

	Einkünfte aus Land- und Forstwirtschaft	3.800,00 €	Die negativen Einkünfte aus Vermietung und Verpachtung können mit den anderen positiven Einkunftsarten verrechnet werden! (= vertikale Verlustverrechnung)
+	Einkünfte aus Gewerbebetrieb	11.600,00 €	
+	Einkünfte aus selbständiger Arbeit	23.900,00 €	
+	Einkünfte aus nichtselbständiger Arbeit	40.250,00 €	
+	Einkünfte aus Vermietung und Verpachtung (VERLUST)	- 8.100,00 €	
+	Sonstige Einkünfte (Vermietung einer bewegl. Sache, hier: Wohnmobil)	2.900,00 €	
=	Summe der Einkünfte	74.350,00 €	
-	Altersentlastungsbetrag	- 627,00 €	
-	Entlastungsbetrag für Alleinerziehende	- 4.260,00 €	
-	Freibetrag aus Land- und Forstwirtschaft (kein Freibetrag, da die Summe der Einkünfte > 30.700 €)	- €	
=	Gesamtbetrag der Einkünfte	69.463,00 €	
-	Sonderausgaben	- 5.300,00 €	
-	außergewöhnliche Belastungen	- 1.980,00 €	
=	Einkommen	62.183,00 €	
-	Kinderfreibetrag	- 3.336,00 €	
-	Freibetrag für Betreuungs-/Erziehungs-/Ausbildungsbedarf	- 1.464,00 €	
=	zu versteuerndes Einkommen	57.383,00 €	

Fall 2: (hier: **Zusammenveranlagung**)

	Einkünfte	Ehemann	Ehefrau	
	Einkünfte aus Land- und Forstwirtschaft	3.800,00 €		
+	Einkünfte aus Gewerbebetrieb		11.600,00 €	
+	Einkünfte aus selbständiger Arbeit	23.900,00 €		
+	Einkünfte aus nicht selbständiger Arbeit		40.250,00 €	
+	Einkünfte aus Vermietung und Verpachtung (VERLUST)	-8.100,00 €		
+	Sonstige Einkünfte (Vermietung einer bewegl. Sache: hier Wohnmobil)	2.900,00 €		
=	Summe der Einkünfte	22.500,00 €	51.850,00 €	74.350,00 €
-	Altersentlastungsbetrag	- 627,00 €	- €	- 627,00 €
-	Entlastungsbetrag für Alleinerziehende	- €	- €	- €
-	Freibetrag aus Land- und Forstwirtschaft (kein Freibetrag, da die Summe der Einkünfte der Eheleute > 61.400 €)	- €	- €	- €
=	Gesamtbetrag der Einkünfte	21.873,00 €	51.850,00 €	73.723,00 €
-	Sonderausgaben			- 5.300,00 €
-	außergewöhnliche Belastungen			- 1.980,00 €
=	Einkommen			66.443,00 €
-	Kinderfreibetrag (verdoppelt!)			- 6.672,00 €
-	Freibetrag für die Betreuungs-/ Erziehungs-/Ausbildungsbedarf			- 2.928,00 €
=	zu versteuerndes Einkommen			56.843,00 €

INFO

In der Aufgabe wird zur Berechnung des zu versteuernden Einkommens keine Günstigerprüfung für das steuerliche Kind vorgenommen. Es werden die Freibeträge nach § 32 Abs. 6 EStG abgezogen, egal ob evtl. das Kindergeld für den/die Steuerpflichtige(n) günstiger ist.

C. Einnahmen im Rahmen der Einkünfte aus nichtselbständiger Arbeit

Lernsituation 1

Lösung zu Lernjob 1

Tz.	nicht steuerbare Einnahmen	steuerbare Einnahmen nach § 8 EStG		steuerfreie Einnahmen Angabe der gesetzlichen Grundlage	steuerpflichtige Einnahmen
		in Geld	in Geldeswert (geldwerter Vorteil)		
1		X 1.000,00 €, jährl.		X 1.000,00 €, jährl. § 3 Nr. 51 EStG	
2		X 2.320,00 €, mtl.			X 2.320,00 €, mtl.
3			X 1.350,00 €, einmalig		X 1.350,00 €, einmalig
4			X 100,00 €, mtl.	X 100,00 €, mtl. § 3 Nr. 46 EStG	
5		X 200,00 €, einmalig	X 300,00 €, einmalig		X 500,00 € einmalig
6		X 200,00 €, mtl.		X 200,00 €, mtl. § 3 Nr. 33 EStG	
7		X 3.600,00 €, jährl.		X 3.600,00 €, jährl. § 3 Nr. 2a EStG	
8		X 1.350,00 €, jährl.		X 1.350,00 €, jährl. § 3 Nr. 16 EStG	
9	X 55,00 € Aufmerksamkeit < 60,00 € brutto				
10			X 35,00 €, mtl.	X 35,00 €, mtl. § 3 Nr. 45 EStG	
11			X 2.400,00 €, einmalig	X 2.400,00 €, einmalig § 3 Nr. 19 EStG	

Tz.	nicht steuerbare Einnahmen	steuerbare Einnahmen nach § 8 EStG		steuerfreie Einnahmen Angabe der gesetzlichen Grundlage	steuerpflichtige Einnahmen
		in Geld	in Geldeswert (geldwerter Vorteil)		
12		X 45,00 €, mtl., (wenn über Gehaltsabrechnung an Arbeitnehmer gezahlt)	oder X 45,00 €, mtl. (wenn durch Arbeitgeber direkt an Fitnessstudio überwiesen)	X 45,00 €, mtl. § 3 Nr. 34 EStG	
13			X 250,00 €, jährl.	X 250,00 €, jährl. § 3 Nr. 31 EStG	
14		X 2.500,00 €, jährl.		X 2.500,00 €, jährl. § 3 Nr. 1d EStG	
15a	X 90,00 €				
15b	X 110,00 € (Freibetrag)		X 30,00 €, einmalig		X 30,00 €, einmalig

Lernsituation 2

Lösung zu Lernjob 1

Ermittlung der steuerlichen Jahreseinnahmen von

... Arne:

1. **Verbilligte Wohnung**: siehe § 8 Abs. 2 Satz 12 EStG

	Sachbezugswert = ortsübliche Miete	450,00 €	
	davon ⅔ steuerlich anzusetzen	300,00 €	
	abzüglich Zahlung durch Arbeitnehmer	- 100,00 €	
	Unterschiedsbetrag	200,00 €	mtl.
=	**geldwerter Vorteil** (200,00 € • 12 Monate)	**2.400,00 €**	

2. **Gehalt** von monatlich 1.950,00 € • 12 Monate **+ 23.400,00 €**

=	**steuerpflichtige Einnahmen im Jahr**	**25.800,00 €**
	zuzügl. **steuerfreie Trinkgelder** § 3 Nr. 51 EStG mtl. 800,00 € • 12 Monate	
=	**steuerfreie Einnahmen im Jahr**	**+ 9.600,00 €**
=	**jährliche Gesamteinnahmen**	**35.400,00 €**

... Thomas:

1. **Nutzung eines betrieblichen PKWs:**
1 %- Regelung, gem. § 8 Abs. 2 Satz 2 in Verbindung mit § 6 Abs. 1 Nr. 4 Satz 2 EStG, da kein Fahrtenbuch geführt wird.

Bruttopreis im Zeitpunkt der Erstzulassung	28.824,00 €
abrunden auf volle 100 €	28.800,00 €

Geldwerte Vorteil errechnet sich:
monatlich 1 % des Bruttolistenpreises ansetzen
1 % • 28.800,00 € (=288 €) • 12 Monate

= **Geldwerter Vorteil**	**3.456,00 €**

(Keine Erhöhung gem. § 8 Abs. 2 S. 3, da Thomas den PKW nicht für die Strecke zwischen Wohnung und Tätigkeitsstätte nutzt.)

2.	**Gehalt** von monatlich 2.400,00 € • 12 Monate	**28.800,00 €**
=	**Steuerpflichtige Einnahmen im Jahr**	**32.256,00 €**

... Katrin:

1. **Bezug von verbilligten Waren** (§ 8 Abs. 3 EStG)

	Warenendpreise	18.000,00 €
-	4 % vom Endpreis (4 % v. 18.000,00 €)	720,00 €
=	geminderter Endpreis	17.280,00 €
-	vom Arbeitnehmer gezahlter Preis	12.600,00 €
=	Unterschiedsbetrag (Vorteil in Geldeswert)	= 4.680,00 €
-	Rabattfreibetrag, gem. § 8 Abs. 3 EStG	- 1.080,00 €
=	**Geldwerter Vorteil**	**3.600,00 €**

2.	**Gehalt** von monatlich 2.600,00 € • 12 Monate	**31.200,00 €**
=	**Steuerpflichtige Einnahmen im Jahr**	**= 34.800,00 €**

... Aylin:

Keine geldwerten Vorteile.

	Gehalt von monatlich 2.750,00 € • 12 Monate	**= 33.000,00 €**
=	**Steuerpflichtige Einnahmen im Jahr**	**= 33.000,00 €**

Lösung zu Lernjob 2

Auf den ersten Blick kann man aufgrund der unterschiedlichen Einkommensschilderungen im Rahmen der Angestelltenverhältnisse keinen direkten Vergleich der steuerlichen Jahreseinnahmen vornehmen, denn im Lernjob 1 wurden sowohl die steuerpflichtigen als auch die steuerfreien Einnahmen berechnet.

Im Ergebnis des Lernjobs 1 haben Arne und Katrin die höchsten jährlichen Einnahmen.

Arne wertet seine Einnahmen durch die hohen steuerfreien Trinkgelder auf. Diese sind aber freiwillige Leistungen der Gäste und Arne kann sich nicht sicher sein, dass die Gäste auch in Zukunft ein so hohes Trinkgeld zahlen. Die Gäste sind durch die Inflation sparsamer geworden.

Zu erkennen ist, dass die drei Arbeitnehmerinnen und Arbeitnehmer (außer Aylin) durchaus sehr unterschiedliche geldwerte Vorteile beziehen.

Der geldwerte Vorteil in Form des günstigen Wohnens (Arne) und der privaten Nutzung eines betrieblichen Pkw (Thomas) sind **dauerhafte Vorteile**.

Thomas erspart sich den Kauf und ggf. die Finanzierung eines teuren Pkw, ebenso trägt der Arbeitgeber die laufenden Kosten, wie Versicherungsbeiträge und Betriebskosten, z. B. Benzin, Inspektion, KFZ-Steuer. Dies ist ein großer Vorteil und dürfte für Thomas eine große Motivation in seinem Job sein.

Arne erspart sich das Anmieten und Suchen einer Wohnung, die sicherlich viel teurer sein dürfte.

Katrin hat die höchsten steuerpflichtigen Einnahmen. Sie ist ebenso in den Genuss der geldwerten Vorteile gekommen. Allerdings sind diese nur vorübergehend. Denn irgendwann wird Katrin ihr neues Haus eingerichtet haben, dann fallen diese geldwerten Vorteile weg.

Aylins Grundgehalt ist am höchsten. Sie arbeitet im öffentlichen Dienst; dort sind die Arbeitgeber nicht so flexibel, geldwerte Vorteile zu gewähren. Aber sie hat einen sicheren Arbeitsplatz.

Ergänzende Übungsaufgaben

Lösung zu Übungsaufgabe 1

Thomas tauscht seinen Benziner gegen ein reines E-Auto.
Nach § 6 Abs. 1 Nr. 4 Ziffer 3 EStG ist für die private Nutzung nur ¼ des Listeneinkaufspreises, der anschließend auf volle Hundert Euro abgerundet wird, als geldwerter Vorteil steuerlich anzusetzen.

¼ von 47.900,00 € = 11.975,00 €, abgerundet = 11.900,00 €, davon 1 % = 119,00 € monatlicher geldwerter Vorteil

Neuer jährlicher geldwerter Vorteil = 119,00 € • 12 Monate =	**1.428,00 €**
statt bisher lt. Lernsituation 2, Lernjob 1	3.456,00 €
Senkung der steuerpflichtigen Einnahmen um	**2.028,00 €**

Vorteil für Thomas, denn er braucht nun zukünftig weniger Einnahmen trotz eines teureren Wagens besteuern.

Aylin erhält zusätzlich zu ihrem Gehalt ein Deutschlandticket im Wert von mtl. 58,00 €. Diese Einnahme ist nach § 3 Nr. 15 EStG steuerfrei.

Lösung zu Übungsaufgabe 2

Einnahmen

1	**Gehalt**	mtl. 2.800,00 €	• 12 Monate =	33.600,00 €
2	**Dachwohnung**			
	Ortsübliche Miete	750,00 €		
	davon ⅔	500,00 €		
-	gezahlte Miete	- 300,00 €		
=	steuerpflichtiger geldwerter Vorteil	200,00 €	• 12 Monate =	2.400,00 €
3	**Ferienhaus**			
	übliche wöchentl. Miete	710,00 €	• 3 Wochen =	
=	steuerpflichtiger geldwerter Vorteil			2.130,00 €
4	**Dienstl. PWK für private Nutzung** 1 % des auf volle Hundert abgerundeten Brutto-Listeneinkaufspreises, 1 % von 35.000,00 €	350,00 €	• 12 Monate =	4.200,00 €
5	**Dienstliches Handy** steuerfrei nach § 3 Nr. 45 EStG			-
6	**Blumenstrauß** = Aufmerksamkeit < 60,00 € (LStR)			-
7	**Geldgeschenk** Immer steuerpflichtiger Lohn lt. LStR			100,00 €
8	**Verbilligter Möbelkauf**			
	Warenendpreise	9.100,00 €		
-	4 % vom Endpreis (4 % v. 9.100,00 €)	- 364,00 €		
=	geminderter Endpreis	8.736,00 €		
-	vom Arbeitnehmer gezahlter Preis	6.200,00 €		
=	Unterschiedsbetrag (Vorteil in Geldeswert)	2.536,00 €		
-	Rabattfreibetrag, gem. § 8 Abs. 3 EStG	- 1.080,00 €		
=	Geldwerter Vorteil	1.456,00 €		1.456,00 €
9	**Trinkgelder** steuerfrei nach § 3 Nr. 51 EStG			-
10	**Sondervergütung/Tantieme** (gehört nicht zum laufenden Arbeitslohn), lt. § 38a EStG gilt sie in dem Jahr bezogen, in dem sie zufließt. D. h. erst in 2026 wird die Sonderzahlung der Einkommensteuer unterworfen.			-
=	**Steuerpflichtige Einnahmen aus nichtselbständiger Arbeit**			**43.886,00 €**

D. Ausgaben im Zusammenhang mit einer nichtselbständigen Arbeit

Lösung zu Lernjob 1

Die Aufwendungen im Zusammenhang mit der Einkunftsart „Nichtselbständige Arbeit" werden gem. § 9 EStG bezeichnet als **Werbungskosten**.

Die Aufwendungen im Zusammenhang mit der Einkunftsart „Selbständige Arbeit" werden gem. § 4 Abs. 4 EStG bezeichnet als **Betriebsausgaben**.

Lösung zu Lernjob 2

Aufwendungen im Sinne des Einkommensteuergesetzes

Aufwendungen im Rahmen der Selbständigen Arbeit = Betriebsausgaben	Aufwendungen im Rahmen der Nichtselbständigen Arbeit = Werbungskosten	Aufwendungen/Kosten der privaten Lebensführung = nicht abzugsfähige Aufwendungen
► Fahrtkosten im Zusammenhang mit der Autorentätigkeit	► Fahrtkosten zwischen Wohnung und erster Tätigkeitsstätte ► Fortbildungskosten ► Arbeitsmittel (Aktenkoffer)	Aufwendungen für: ► Erholungsreise ► Bekleidung ► Lebensunterhalt (Ernährung)

Lösung zu Lernjob 3

Fahrtkosten zwischen Wohnung und erster Tätigkeitsstätte (24 km):

	20 km • 0,30 € • 230 Tage =	1.380,00 €	
	4 km • 0,38 € • 230 Tage =	349,60 €	
	Insgesamt	1.729,60 €	**1.729,60 €**
+	**Fortbildungskoten**		**440,00 €**
+	**Arbeitsmittel**		**128,40 €**
=	**insgesamt abzugsfähige Werbungskosten**		**2.298,00 €**

Lösung zu Lernjob 4

- Beiträge Arbeitnehmerverbände (Gewerkschaften)
- Kosten für die doppelte Haushaltsführung
- Übernachtungskosten anlässlich von Fortbildungen
- Verpflegungsmehraufwendungen anlässlich einer Dienstreise oder beruflicher Fortbildung
- Typische Berufskleidung (z. B. Arbeitshose, Arztkittel, Sicherheitsschuhe etc.)
- Weitere Aufwendungen für Berufsausbildung oder Studium nach abgeschlossener Erstausbildung.

Ergänzende Übungsaufgaben

Lösung zu Übungsaufgabe 1

a) Entfernungspauschale: 220 Tage • 20 km • 0,30 € = 1.320,00 €
220 Tage • 8 km • 0,38 € = 668,80 €
1.988,80 €

Kosten öffentliche Verkehrsmittel: 12 Monate•80,00 €= 960,00 €

daher Ansatz Entfernungspauschale 1.988,80 €

b) Ansatz tatsächlicher Kosten oder 0,30 € je gefahrenem km:
200 Tage • 10 km • 2 (hin und zurück) • 0,30 € = **1.200,00 €**

c) Entfernungspauschale: 230 Tage • 20 km • 0,30 € = 1.380,00 €
230 Tage • 141 km • 0,38 € = 12.323,40 €
13.703,40 €

Kosten öffentliche Verkehrsmittel: 4.550,00 €

Ansatz der Entfernungspauschale eigentlich begrenzt auf 4.500,00 €. Aber die tatsächlichen Fahrtkosten mit öffentlichen Verkehrsmitteln betragen 4.550,00 €, daher Ansatz **4.550,00 €**

d) Begrenzung der Entfernungspauschale auf eine Fahrt je Arbeitstag
200 Tage • 7 km • 0,30 € = **420,00 €**

e) Entfernungspauschale: 225 Tage • 19 km • 0,30 € = **1.282,50 €**

Es ist nur die einfache Entfernung ansetzbar (19 km)

Mit der Entfernungspauschale sind sämtlich entstehende Aufwendungen abgegolten, auch die Kosten für Inspektion, Reparatur, Steuern etc., gem. § 9 Abs. 2 Satz 1 EStG.

Lösung zu Übungsaufgabe 2

Teil 1

	Fahrtkosten zwischen Wohnung und erster Tätigkeitsstätte				
	2 km • 0,30 € • 220 Tage =			132,00 €	**132,00 €**
+	**Fortbildungskoten**				
	Software 78,60 € und Fachbuch 39,90 €			118,50 €	
	Vorbereitungskurs:				
	Kursgebühren		970,00 €		
	Fahrtkosten 164 • 0,30 €		49,20 €		
	Übernachtung		630,00 €		
	Verpflegungspauschale				
	Anreisetag	14,00 €			
	Abreisetag	14,00 €			
	8 volle Tage • 28,00 € =	224,00 €	252,00 €	1.901,20 €	**2.019,70 €**
+	**Arbeitsmittel**				
	Notebook in voller Höhe sofort absetzbar einschl. USt				**473,62 €**
	Insgesamt abzugsfähige Werbungskoten				**2.625,32 €**

Teil 2

	Fahrtkosten zwischen Wohnung und erster Tätigkeitsstätte	
	2 km • 0,30 € • 220 Tage =	**132,00 €**
+	**Fortbildungskoten**	
	Software 78,60 € und Fachbuch 39,90 €	**118,50 €**
+	**Arbeitsmittel**	
	Notebook in voller Höhe sofort absetzbar einschl. USt	**473,62 €**
	Insgesamt nachgewiesene Werbungskosten	**724,12 €**
	liegen unter dem Arbeitnehmer-Pauschbetrag, **daher AN-Pauschbetrag**	**1.230,00 €**

Lösung zu Übungsaufgabe 3

	a	b	c
nachgewiesene WK § 9 EStG	4.200,00 €	1.000,00 €	0,00 €
Lösung: Ansetzbare WK	**4.200,00 €**	**1.230,00 € (§ 9a EStG)**	**1.230,00 € (§ 9a EStG)**

Lösung zu Übungsaufgabe 4

	a	b	c
Ehemann (EM) nachgewiesene WK § 9 EStG	4.280,00 €	905,00 €	600,00 €
Ehefrau (EF) nachgewiesene WK § 9 EStG	1.102,00 €	1.298,00 €	500,00 €
Lösung:	**EM: 4.280,00 €** **EF: 1.230,00 €** **(§ 9a EStG)**	**EM: 1.230,00 €** **(§ 9a EStG)** **EF: 1.298,00 €**	**EM: 1.230,00 €** **(§ 9a EStG)** **EF: 1.230,00 €** **(§ 9a EStG)**

E. Einkünfte aus nichtselbständiger Arbeit

Lösung zu Lernjob 1

Laufender Arbeitslohn:
Mtl. 5.100,00 € • 12 Monate 61.200,00 €

Lösung zu Lernjob 2

Ausgaben, die nicht im Rahmen der Werbungskosten gem. § 9 EStG abgezogen werden können:

- **Verwarnungsgeld**
- **Foto-Kurs**
- **Anzug.**

Erläuterungen:

- **Der Fotokurs steht in keinem Zusammenhang mit seiner beruflichen Tätigkeit, daher keine WK.**
- **Der Anzug stellt keine typische Arbeitskleidung dar, daher keine WK.**

Können Sie sich noch an den Begriff und die Gesetzesgrundlage für diese Aufwendungen erinnern?

Aufwendungen der privaten Lebensführung; nicht abzugsfähige Ausgaben gem. § 12 EStG.

	Fahrtkosten zwischen Wohnung und erster Tätigkeitsstätte		
	20 km • 0,30 € • 200 Tage =	1.200,00 €	
	6 km • 0,38 € • 200 Tage =	456,00 €	**1.656,00 €**
	Maßgebend ist stets die kürzeste Verbindung, es sei denn, es wird eine verkehrsgünstigere schnellere Verbindung genutzt.		
+	**Arbeitsmittel**		
	Fachliteratur	250,00 €	
	Notebook	1.100,00 €	
	(Notebook in voller Höhe sofort absetzbar einschl. USt)		
	Schreibtischstuhl	833,00 €	**2.183,00 €**
	(GWG, da AK netto ≤ 800 €)		
+	**Arbeitszimmer**		
	abzugsfähig gem. § 9 Abs. 5 in Verbindung mit § 4 Abs. 5 Nr. 6b EStG, max.		**1.260,00 €**
+	**Kontoführungsgebühren**		**16,00 €**
=	**insgesamt abzugsfähige Werbungskosten**		**5.115,00 €**

Lösung zu Lernjob 3

	Einnahmen	61.200,00 €
	abzüglich Werbungskosten	5.115,00 €
=	Einkünfte aus nichtselbständiger Arbeit	56.085,00 €

Lösung zu Lernjob 4

Einnahmen:

	Arbeitslohn mtl. 3.578,00 € • 12 Monate		42.936,00 €
	KFZ-Überlassung		
	Privatfahrten 1 % von 30.500,00 € = 305,00 € • 12 Monate =	3.660,00 €	
	Fahrten Wohnung/Tätigkeitsstätte gem. § 8 Abs. 2 Satz 3 EStG		
	0,03 % v. 30.500 € • 10 km = 91,50 € • 12 Monate	1.098,00 €	4.758,00 €
=	**steuerpflichtige Einnahmen insgesamt**		**47.694,00 €**

Werbungskosten:

	Fahrtkosten zwischen Wohnung und erster Tätigkeitsstätte:		
	10 km • 0,30 € • 230 Tage =	690,00 €	
+	**Kontoführungsgebühren**	16,00 €	
=	nachgewiesene tatsächliche Werbungkosten	706,00 €	
	Mindest-Ansatz AN-Pauschbetrag		**1.230,00 €**
=	**Einkünfte aus nichtselbständiger Arbeit**		**46.464,00 €**

Lösung zu Lernjob 5

Einnahmen:

Arbeitslohn mtl. 2.550,00 € • 12 Monate		30.600,00 €
Jobticket: steuerfrei gem. § 3 Nr. 15 EStG		
= **steuerpflichtige Einnahmen insgesamt**		**30.600,00 €**

Werbungskosten:

Fahrtkosten zwischen Wohnung und erster Tätigkeitsstätte:		
5 km • 0,30 € • 230 Tage =	345,00 €	
abzüglich steuerfreier ArbGeb-Zuschuss Jobticket 58,00 € • 12 Monate	- 696,00 €	
kein Ansatz von Fahrtkosten möglich	**0,00 €**	
+ **Kontoführungsgebühren**	**16,00 €**	
= insgesamt nachgewiesene tatsächliche Werbungskosten	16,00 €	
Mindest-Ansatz AN-Pauschbetrag		**1.230,00 €**
= **Einkünfte aus nichtselbständiger Arbeit**		**29.370,00 €**

Ergänzende Übungsaufgaben

Lösung zu Übungsaufgabe 1

	a	b	c
Einnahmen § 19 EStG	35.000,00 €	2.800,00 €	1.000,00 €
nachgewiesene WK § 9 EStG	4.200,00 €	3.000,00 €	0,00 €
Lösung: **Einkünfte aus nichtselbständiger Arbeit**	**30.800,00 €**	**- 200,00 €** (Ansatz der nachgewiesenen WK in voller Höhe möglich) Hier kann eine vertikale Verlust-Verrechnung mit anderen Einkunftsarten oder mit Einkünften des Ehepartners erfolgen.	**0,00 €** (Ansatz des AN-Pauschbetrages nur max. bis zur Höhe der Einnahmen möglich § 9a Satz 2 EStG)

Lösung zu Übungsaufgabe 2

Herr Kaiser

Einnahmen:

	Arbeitslohn mtl. 7.500,00 € • 12 Monate Gehalt Dezember 2024 zählt gem. § 38a EStG zum Veranlagungszeitraum 2024			90.000,00 €
	Gratifikation/Sondervergütung			2.000,00 €
	Privatnutzung Notebook steuerfrei gem. § 3 Nr. 45 EStG			- €
	Weihnachtsfeier, keine Einnahmen nach § 19 Abs. 1 Satz 1 Nr. 1a steuerfrei, da unter 110 €			- €
=	**steuerpflichtige Einnahmen insgesamt**			**92.000,00 €**

Werbungskosten:

	Fahrtkosten zwischen Wohnung und erster Tätigkeitsstätte:			
	20 km • 0,30 € • 230 Tage =	1.380,00 €		
	40 km • 0,38 € • 230 Tage =	3.496,00 €	4.876,00 €	
+	**Gewerkschaftsbeitrag**		120,00 €	
+	**Arbeitsmittel (Fachliteratur)**		96,00 €	
+	**Kontoführungspauschale**		16,00 €	
=	**tatsächliche Werbungskosten**			**5.108,00 €**
=	**Einkünfte aus nichtselbständiger Arbeit**			**86.892,00 €**

Frau Kaiser

Einnahmen:

	Arbeitslohn mtl. 2.200,00 € • 12 Monate			26.400,00 €
	Vermögenswirksame Leistungen 20,00 € • 12 Monate			240,00 €
=	**steuerpflichtige Einnahmen insgesamt**			**26.640,00 €**

Werbungskosten:

	Fahrtkosten zwischen Wohnung und erster Tätigkeitsstätte:			
	20 km • 0,30 € • 140 Tage =	840,00 €		
	Monatsticket mtl. 44,00 € • 12 Monate =	528,00 €		
	daher Ansatz der höheren Entfernungspauschale		840,00 €	
+	**Arbeitskleidung, typische**		180,00 €	
+	**Kontoführungspauschale**		16,00 €	
=	tatsächliche Werbungskosten		1.036,00 €	
	Mindest-Ansatz AN-Pauschbetrag			**1.230,00 €**
=	**Einkünfte aus nichtselbständiger Arbeit**			**25.410,00 €**

F. Einnahmen aus einem früheren Dienstverhältnis

Lösung zu Lernjob 1

Das Ruhegeld/**die Pension** des Beamten Herrn Bayer wird der Einkunftsart **Einkünfte aus nichtselbständiger Arbeit** gemäß § **19 Abs. 1 Nr. 2 und Abs. 2** EStG zugeordnet und wird steuerlich als **Versorgungsbezug** bezeichnet.

Das Ruhegeld/die **gesetzliche Rente** der Angestellten Frau Bayer wird der Einkunftsart **sonstige Einkünfte** gemäß § **22 Nr. 1 Satz 3 Buchst. a Doppelbuchst. aa** EStG zugeordnet.

Lösung zu Lernjob 2

a) Berechnung der Einkünfte aus nicht selbständiger Arbeit:

		Thomas Bayer			
Eintritt in den Ruhestand am ...		**01.01.2025**	**01.01.2027**	**01.01.2031**	**01.01.2036**
	Höhe der **Versorgungsbezüge**	12 • 2.500,00 € **= 30.000,00 €**	**30.000,00 €**	**30.000,00 €**	**30.000,00 €**
-	**Versorgungsfreibetrag** § 19 Abs. 2 Satz 3 EStG	**13,2 %** von 30.000 € = 3.960,00 € **max. 990,00 €**	**12,4 %** von 30.000 € = 3.720,00 € **max. 930,00 €**	**10,8 %** von 30.000 € = 3.240,00 € **max. 810,00 €**	**8,8 %** von 30.000 € = 2.640,00 € **max. 660,00 €**
-	**Zuschlag zum Versorgungsfreibetrag** § 19 Abs. 2 Satz 3 EStG	**297,00 €**	**279,00 €**	**243,00 €**	**198,00 €**
=	**Steuerpflichtige Einnahmen**	**28.713,00 €**	**28.791,00 €**	**28.947,00 €**	**29.142,00 €**
-	**Werbungskosten-Pauschbetrag** § 9a S. 1 Nr. 1b EStG	**102,00 €**	**102,00 €**	**102,00 €**	**102,00 €**
=	**Einkünfte aus nichtselbständiger Arbeit**	**28.611,00 €**	**28.689,00 €**	**28.845,00 €**	**29.040,00 €**

b) Es findet ein Absenken des Versorgungsfreibetrags und des Zuschlags zum Versorgungsfreibetrag von Jahr zu Jahr bis 2058 statt, dann entfällt der Freibetrag und Zuschlag für die Versorgungsbezüge.

INFO

Die gesetzliche Rente wird ebenso ab dem Jahr 2058 zu 100 % besteuert. Somit erfolgt eine steuerliche Gleichbehandlung der Versorgungsbezüge und der gesetzlichen Renten.

Lösung zu Lernjob 3

Berechnung der gesamten Einkünfte aus nichtselbständiger Arbeit:

1. Einkünfte aus dem aktiven Beschäftigungsverhältnis

	Einnahmen nach § 19 Abs. 1 Nr. 1 EStG		
	7 Monate • 3.400,00 € =		23.800,00 €
abzgl.	Arbeitnehmer-Pauschbetrag nach § 9a Satz 1 Nr. 1a EStG		- 1.230,00 €
=	Einkünfte **aus dem aktiven Beschäftigungsverhältnis**		**22.570,00 €**

2. Einkünfte aus dem passiven/früheren Beschäftigungsverhältnis (= Ruhegeld/Versorgungsbezüge)

	Ruhegeld nach § 19 Abs. 1 Nr. 2 i. V. m. Abs. 2 Satz 2 Nr. 1a EStG			
	5 Monate • 2.500,00 € =		12.500,00 €	
abzgl.	Versorgungs**freibetrag und Zuschlag** nach § 19 Abs. 2 Satz 4 EStG			
	Berechnung des Versorgungsfreibetrags: 12 • 2.500,00 € = 30.000,00 € • 13,2 % = 3.960 €, max.	**990,00 €**		
	zzgl. Zuschlag	**297,00 €**		
	Gesamter Versorgungsfreibetrag	**1.287,00 €**		
	Für das Jahr 2025 wird der Versorgungsfreibetrag auf 5/12 gekürzt, gem. § 19 (2) Satz 12 EStG =		- 536,25 €	
=	steuerpflichtige Einnahmen		11.963,75 €	
abzgl.	Werbungskosten-Pauschbetrag		- 102,00 €	
=	Einkünfte **aus dem passiven/früheren** Beschäftigungsverhältnis			**11.861,75 €**
=	**Einkünfte aus nichtselbständiger Arbeit**			**34.431,75 €**

Lösung zu Lernjob 4

Berechnung der Einkünfte aus nichtselbständiger Arbeit für VZ 2026:

Einkünfte aus dem passiven Beschäftigungsverhältnis (Ruhegeld/Versorgungsbezüge)

Ruhegeld nach § 19 Abs. 1 Nr. 2 i. V. m. Abs. 2 EStG			
	6 Monate • 2.500,00 € =	15.000,00 €	
	6 Monate • 2.625,00 € (2.500,00 € • 105 %) =	+15.750,00 €	**30.750,00 €**
abzgl.	**Versorgungsfreibetrag und Zuschlag** [Grundlage: **das Jahr des Versorgungsbeginns**! Siehe >> Lernjob 3!]		**-1.287,00 €**
=	**steuerpflichtige Einnahmen**		**29.463,00 €**
abzgl.	Werbungskosten-Pauschbetrag		- 102,00 €
=	**Einkünfte aus nichtselbständiger Arbeit**		**29.361,00 €**

INFO

Der Versorgungsfreibetrag und Zuschlag zum Versorgungsfreibetrag, berechnet für das ganze Jahr des Versorgungsbeginns (hier: 2025) wird für den Versorgungsbezug für die Zukunft als jährlich zu gewährender persönlicher Freibetrag festgeschrieben (Kohortenprinzip), siehe § 19 Abs. 2 Satz 8 EStG.

Ergänzende Übungsaufgaben

Lösung zu Übungsaufgabe 1

Einkünfte aus dem passiven Beschäftigungsverhältnis (Ruhegeld/Versorgungsbezüge)

Einnahmen:

Ruhegeld nach § 19 Abs. 1 Nr. 2 i. V. m. Abs. 2 EStG			
	8 Monate • 2.100,00 € =	16.800,00 €	
	4 Monate • 2.247,00 € (2.100,00 € • 107 %)	+8.988,00 €	
zzgl.	Weihnachtsgeld	800,00 €	**26.588,00 €**
abzgl.	**Versorgungsfreibetrag und Zuschlag** nach § 19 Abs. 2 Satz 4 EStG		
	Berechnung des Versorgungsfreibetrags:		
	BMG 2025: (12 • 2.100,00 €) + 800,00 € = 26.000,00 €		
	13,2 % von 26.000,00 € = 3.432,00 €, max.	990,00 €	
	zzgl. Zuschlag	+297,00 €	**-1.287,00 €**
=	**steuerpflichtige Einnahmen**		**25.301,00 €**
abzgl.	Werbungskosten-Pauschbetrag		-102,00 €
=	**Einkünfte aus nichtselbständiger Arbeit**		**25.199,00 €**

Die individuellen Besteuerungsmerkmale:

Der Versorgungsfreibetrag einschl. des Zuschlags zum Versorgungsfreibetrag wird für die Zukunft auf **1.287,00 €** festgeschrieben.

Lösung zu Übungsaufgabe 2

Fall 1

Frau Moll erhält Einnahmen nach § 19 Abs. 1 Nr. 2 EStG. Es handelt sich um **Versorgungsbezüge** nach § 19 Abs. 2 Satz 2 Nr. 1a EStG.

Bei Beamten spielt das Alter für den Bezug von Versorgungsbezügen keine Rolle. Sie erhält den Versorgungsfreibetrag nebst Zuschlag zum Versorgungsfreibetrag, gem. § 19 Abs. 2 Satz 2 Nr. 1a EStG.

Fall 2

Herr Lustig bezieht in 2025 **keine Versorgungsbezüge**, da er das 63. Lebensjahr noch nicht vollendet hat, gem. § 19 Abs. 2 Satz 2 Nr. 2 EStG. Somit hat er auch keinen Anspruch auf einen Versorgungsfreibetrag nebst Zuschlag zum Versorgungsfreibetrag. Seine Betriebsrente wird als „normaler" Arbeitslohn betrachtet und er hat Anspruch auf den Arbeitnehmer-Pauschbetrag i. H. v. 1.230,00 €. Erst mit Erreichen des 63. Lebensjahres bezieht er Versorgungsbezüge und hat Anspruch auf den Versorgungsfreibetrag nebst Zuschlag zum Versorgungsfreibetrag.

Fall 3

Herr Schneider erzielt mit seiner Betriebsrente Einnahmen nach § 19 Abs. 1 Nr. 2 EStG. Es handelt sich um **Versorgungsbezüge** nach § 19 Abs. 2 Satz 2 Nr. 2 EStG.

Er hat zwar das 63. Lebensjahr noch nicht vollendet, aber er ist schwerbehindert und hat bereits sein 60. Lebensjahr erreicht. Ihm steht ein Versorgungsfreibetrag nebst Zuschlag zum Versorgungsfreibetrag zu.

Fall 4

Herr Baum erzielt keine Einnahmen im Rahmen des § 19 EStG.

Lösung zu Übungsaufgabe 3

1. **Berechnung der Einkünfte aus nichtselbständiger Arbeit für Herrn Kochs:**

a)	Einkünfte aus dem aktiven Beschäftigungsverhältnis Einnahmen nach § 19 Abs. 1 Nr. 1 EStG			
	4 Monate • 4.200,00 € =			16.800,00 €
abzgl.	Werbungskosten Fahrten zwischen Wohnung und 1. Tätigkeitsstätte 18 km • 65 Tage • 0,30 € = 351,00 € Arbeitnehmer-Pauschbetrag nach § 9a Satz 1 Nr. 1a EStG			-1.230,00 €
=	Einkünfte **aus dem aktiven** Beschäftigungsverhältnis			**15.570,00 €**
b)	Einkünfte aus dem passiven Beschäftigungsverhältnis (Betriebsrente = Versorgungsbezüge, da das 63. Lebensjahr vollendet) Ruhegeld nach § 19 Abs. 1 Nr. 2 i. V. m. Abs. 2 EStG			
	8 Monate • 600,00 € =		4.800,00 €	
abzgl.	Versorgungs**freibetrag und Zuschlag** nach § 19 Abs. 2 Satz 4 EStG Berechnung des Versorgungsfreibetrags: 12 • 600,00 € = 7.200,00 € • 13,2 % = 950,40 €			
	max. 990,00 €	950,40 €		
	zzgl. Zuschlag	+297,00 €		
	Gesamter Versorgungsfreibetrag	**1.247,40 €**		
	Für das Jahr 2025 wird der Versorgungsfreibetrag auf 8/12 gekürzt, gem. § 19 (2) Satz 12 EStG		-831,60 €	
=	steuerpflichtige Einnahmen		3.968,40 €	
abzgl.	Werbungskosten-Pauschbetrag		-102,00 €	
=	Einkünfte **aus dem passiven** Beschäftigungsverhältnis			**3.866,40 €**
Einkünfte aus nichtselbständiger Arbeit (Herr Kochs)				**19.436,40 €**

Berechnung der Einkünfte aus nichtselbständiger Arbeit für Frau Kochs:

Einnahmen:

	1. Gehalt 3.900,00 € • 12 Monate =		46.800,00 €
	2. Urlaubsgeld, einmalig		+ 1.500,00 €
	3. Weihnachtsgeld		+ 2.500,00 €
	4. Geldwerte Vorteile Nutzung eines betrieblichen PKWs: 1 %-Regelung, gem. § 8 Abs. 2 Satz 2 i. V. m. § 6 Abs. 1 Nr. 4 Satz 2 EStG, da kein Fahrtenbuch geführt wird:		
	Bruttopreis im Zeitpunkt der Erstzulassung	29.560,00 €	
	abrunden auf volle 100 €	29.500,00 €	
	Geldwerter Vorteil errechnet sich: monatlich 1 % des Bruttolistenpreises ansetzen 1 % • 29.500,00 € =295,00 € • 12 Monate		
	= steuerpflichtiger geldwerter Vorteil		+ 3.540,00 €
	Erhöhung gem. § 8 Abs. 2 Satz 3, da Herr Kochs den betrieblichen PKW für die Strecke zwischen Wohnung und 1. Tätigkeitsstätte nutzt;		
	0,03 % • 29.500,00 € • 29 km (= 256,65 €) • 12 Monate		+ 3.079,80 €
=	**gesamte Einnahmen**		**57.419,80 €**
abzgl.	Werbungskosten:		
	1. Fahrten zwischen Wohnung und 1. Tätigkeitsstätte, einfache Strecke 29 km		
	20 km • 210 Tage • 0,30 € =	1.260,00 €	
	9 km • 210 Tage • 0,38 € =	+ 718,20 €	
		1.978,20 €	
	2. Home-Office Tagespauschale, gem. § 9 Abs. 5 i. V. m. § 4 Abs. 5 Nr. 6c EStG		
	20 Tage • 6 Euro (Tagespauschale) =	120,00 €	
=	**gesamte Werbungskosten**		**- 2.098,20 €**
Einkünfte aus nichtselbständiger Arbeit (Frau Kochs)			**55.321,60 €**

2. Berechnung **im Jahr des Versorgungsbeginns (2025):**

Siehe unter Übungsaufgabe 3, Teilaufgabe 1.

	950,40 €	
zzgl. Zuschlag	**+ 297,00 €**	
Gesamter Versorgungsfreibetrag	**1.247,40 €**	**= Festschreibung auf Lebenszeit**

G. Von der Summe der Einkünfte zum Gesamtbetrag der Einkünfte

Lernsituation 1

Lösung zu Lernjob 1

Frau Hundertwasser hat im VZ 2024 ihr 64. Lebensjahr vollendet. Somit steht ihr vom Alter her ab dem VZ 2025 der Altersentlastungsbetrag zu.

Lösung zu Lernjob 2

Einkünfte aus selbständiger Arbeit (Autorentätigkeit)		5.100,00 €
Einkünfte aus nichtselbständiger Arbeit		50.911,75 €
Einkünfte aus Vermietung und Verpachtung		9.800,00 €
Summe der Einkünfte		**65.811,75 €**
abzgl. Altersentlastungsbetrag nach § 24a EStG:		
1. Bemessungsgrundlage: **Arbeitslohn** (aktiver):	5.200,00 € • 7 Monate = **36.400,00 €**	
2. Bemessungsgrundlage: **Positive Summe der übrigen Einkünfte:** (Nicht: Einkünfte nach § 19 EStG sowie § 24a Satz 2 EStG)	Eink. aus selbst. Arbeit 5.100,00 € Eink. aus V+V 9.800,00 € Positive Summe der übrigen Einkünfte **14.900,00 €**	
Summe der Bemessungsgrundlagen	= **51.300,00 €**	
2025: 13,2 %, max: 627,00 € (in 2024 das 64. Lebensjahr vollendet)	13,2 % von 51.300,00 € = 6.771,60 € **max.**	**- 627,00 €**
Gesamtbetrag der Einkünfte		**65.184,75 €**

INFO

Bei Abgabe einer Einkommensteuererklärung wird der Altersentlastungsbetrag automatisch berechnet.

Lösung zu Lernjob 3

Einkünfte aus selbständiger Arbeit (Autorentätigkeit)		4.800,00 €
Einkünfte aus nichtselbständiger Arbeit		42.411,00 €
Einkünfte aus Vermietung und Verpachtung		- 5.850,00 €
Summe der Einkünfte		**41.361,00 €**
abzgl. Altersentlastungsbetrag nach § 24a EStG:		
1. Bemessungsgrundlage: **Arbeitslohn** (aktiver):	**0,00 €**	
2. Bemessungsgrundlage: **Positive Summe der übrigen Einkünfte:** (Nicht: Einkünfte nach § 19 EStG sowie § 24a Satz 2 EStG)	Eink. aus selbst. Arbeit 4.800,00 € Eink. aus V+V - 5.850,00 € **negative** Summe der übrigen Einkünfte - 1.050,00 €	
Summe der Bemessungsgrundlagen	**0,00 €**	
2025: 13,2 %, max. 627,00 € (in 2024 das 64. Lebensjahr vollendet)	13,2 % von 0,00 € = 0,00 €	**- 0,00 €**
Gesamtbetrag der Einkünfte		**41.361,00 €**

Lernsituation 2

Lösung zu Lernjob 1

Einkünfte aus selbständiger Arbeit		15.300,00 €
Einkünfte aus nichtselbständiger Arbeit (hier: Witwengeld/Versorgungsbezüge) Einnahmen, gesamt = abzgl. festgeschriebener Versorgungsfreibetrag (2022) 14,4 % von 35.950,00 € = 5.176,80 € max. Zuschlag zum Versorgungsfreibetrag abzgl. Werbungskosten-Pauschbetrag	 36.400,00 € - 1.080,00 € - 324,00 € - 102,00 €	34.894,00 €
Summe der Einkünfte		**50.194,00 €**
abzgl. Entlastungsbetrag für Alleinerziehende nach § 24 Abs. 2 EStG: 1. Kind = 4.260,00 € 2. Kind = 240,00 €		4.500,00 €
Gesamtbetrag der Einkünfte		**45.694,00 €**

INFO

Um den Entlastungsbetrag für Alleinerziehende zu erhalten, muss in der Einkommensteuererklärung dies beantragt werden (Anlage Kind).

Ergänzende Übungsaufgaben

Lösung zu Übungsaufgabe 1

		Ehemann	Ehefrau
Einkünfte aus selbständiger Arbeit			1.900,00 €
Einkünfte aus nichtselbständiger Arbeit (Ehemann) (hier: Versorgungsbezüge) Einnahmen (2.800,00 € • 12 Monate) + 900,00 € abzgl. festgeschriebener Versorgungsfreibetrag abzgl. Werbungskosten-Pauschbetrag	 = 34.500,00 € - 1.365,00 € - 102,00 €	33.033,00 €	
Einkünfte aus nichtselbständiger Arbeit (Ehefrau) Brutto-Arbeitslohn abzgl. Werbungskosten-Pauschbetrag	 8.200,00 € - 1.230,00 €		6.970,00 €
Einkünfte aus Vermietung und Verpachtung		6.250,00 €	
Summe der Einkünfte		**39.283,00 €**	**8.870,00 €**
abzgl. Altersentlastungsbetrag nach § 24a EStG:			
Berechnung für Ehemann: 1. Bemessungsgrundlage: Arbeitslohn (aktiver): 2. Bemessungsgrundlage: positive Summe übrigen Einkünfte (ohne Versorgungsbezüge!) = Summe der Bemessungsgrundlage 14,4 % von 6.250,00 € = 900,00 € max. 684,00 €	 0,00 € 6.250,00 € 6.250,00 €	- 684,00 €	
Berechnung für Ehefrau: 1. Bemessungsgrundlage: Arbeitslohn 2. Bemessungsgrundlage: positive Summe Einkünfte (ohne Versorgungsbezüge!) = Summe der Bemessungsgrundlage 13,6 % von 10.100,00 € = 1.373,60 € max. 646,00 €	 8.200,00 € 1.900,00 € 10.100,00 €		- 646,00 €
Gesamtbetrag der Einkünfte		**38.599,00 €**	**8.224,00 €**
Gesamtbetrag der Einkünfte der Eheleute Knippscher		**46.823,00 €**	

Lösung zu Übungsaufgabe 2

Fälle		Nein	Ja
1	Laura und Paul sind nicht verheiratet und haben ein gemeinsames Kind, leben aber in getrennten Wohnungen. Das Kind ist bei Laura gemeldet.		X **Laura wird ein Entlastungsbetrag i. H. v. 4.260,00 € gewährt.**
2	Wie Fall 1, aber Laura und Paul sind verheiratet.		X **Laura wird ein Entlastungsbetrag i. H. v. 4.260,00 € gewährt.** **Begründung: Ehegattenveranlagung ist nicht möglich, da sie getrennt leben.**
3	Laura und Paul sind nicht verheiratet, leben aber in einer gemeinsamen Wohnung.	X	
4	Silly und Tim haben ein gemeinsames Kind von 8 Jahren. Sie lebten bisher in getrennten Wohnungen. Das Kind lebte bisher bei Silly. Am 1. Juni 2025 haben beide geheiratet und sind zusammengezogen.		X **Silly erhält nur zeitanteilig einen Entlastungsbetrag für fünf Monate (Jan. bis Mai)** **4.260 € • $\frac{5}{12}$ = 1.775,00 €**
5	Julia und Julian sind verheiratet, leben aber getrennt. Ihre gemeinsamen minderjährigen Kinder leben mal in der Wohnung von Julia und mal in der Wohnung von Julian und sind auch dort jeweils gemeldet. Beide Elternteile haben sich geeinigt, dass Julia das Kindergeld beantragen soll.		X **Julia hat Anspruch auf den Entlastungsbetrag für Alleinerziehende i. H. v. 4.500,00 €**
6	Sonja lebt mit ihrer 5-jährigen Tochter und ihrem 21-jährigen Sohn – für beide bezieht sie Kindergeld – gemeinsam in einer Wohnung.		X **Sonja hat Anspruch auf den Entlastungsbetrag für Alleinerziehende i. H. v. 4.500,00 €** **(§ 24b Abs. 3 Satz 1 EStG)**
7	Der seit 5 Jahren verwitwete Michael lebt mit seinen Söhnen, 17 und 22 Jahre alt, in einer gemeinsamen Wohnung. Seit dem letzten Jahr hat der ältere Sohn seine Ausbildung zum Steuerfachangestellten abgeschlossen und ist in Festeinstellung.	X	
8	Sonja, aus Fall 6, hat Thomas kennengelernt. Seit dem 24. Oktober 2025 ist Thomas in Sonjas Wohnung mit eingezogen.		X **Sonja hat Anspruch auf einen zeitanteiligen Entlastungsbetrag für 10 Monate (Jan. bis Okt.)** **4.500 € • $\frac{10}{12}$ = 3.750,00 €**

Fälle		**Nein**	**Ja**
9	Maria, unverheiratet, lebt allein mit ihrer 3-jährigen Tochter in einer Wohnung. Maria befindet sich in einer außerordentlichen Notlage (Krankheit), daher zieht ihre Freundin Ronja für 8 Monate bei Maria ein.		**X** **Siehe § 24b Abs. 3 Satz 2 und 3 EStG** **Grundsätzlich gilt die Vermutung der Haushaltsgemeinschaft.** **Maria sollte jedoch darlegen, dass sie mit Ronja keine Hausgemeinschaft führt. Somit hat sie weiterhin Anspruch auf den Entlastungsbetrag für Alleinerziehende i. H. v. 4.260,00 €.**

Lösung zu Übungsaufgabe 3

Einkünfte aus selbständiger Arbeit		85.650,00 €
Einkünfte aus Vermietung und Verpachtung		- 14.500,00 €
Summe der Einkünfte		**71.150,00 €**
abzgl. Altersentlastungsbetrag nach § 24a EStG:		
1. Bemessungsgrundlage: Arbeitslohn:	0,00 €	
2. Bemessungsgrundlage: Positive Summe der Einkünfte: (Nicht: Einkünfte nach § 19 EStG sowie § 24a Satz 2 EStG)	Eink. aus selbst. Arbeit 85.650,00 € Eink. aus V+V - 14.500,00 € Positive Summe der Eink. 71.150,00 €	
Summe der Bemessungsgrundlagen	**= 71.150,00 €**	
2022: 14,4 %, max: 684,00 € (in 2021 das 64. Lebensjahr vollendet)	14,4 % von 71.150,00 € = 10.245,60 € **max.**	**- 684,00 €**
abzgl. **Entlastungsbetrag für Alleinerziehende** nach § 24b EStG: muss zeitanteilig gekürzt werden 4.260,00 € • $\frac{5}{12}$ =		**- 1.775,00 €**
Gesamtbetrag der Einkünfte		**68.691,00 €**

H. Kinder im Einkommensteuerrecht

Lernsituation 1

Lösung zu Lernjob 1

1. **Manfred** ist Kind 1. Grades nach § 32 Abs. 1 Nr. 1 und gilt nach § 32 Abs. 3 EStG als steuerlich berücksichtigungsfähiges Kind für den ganzen VZ, da Manfred noch nicht das 18. Lebensjahr erreicht hat.
2. **Anita** ist Kind 1. Grades nach § 32 Abs. 1 Nr. 1 EStG. Sie hat das 18. Lebensjahr aber noch nicht das 25. Lebensjahr vollendet und befindet sich in einer Berufsausbildung. Nach § 32 Abs. 4 Satz 1 Nr. 2 Buchst. a EStG ist sie im ganzen VZ ein steuerlich berücksichtigungsfähiges Kind.

3. **Carla** ist Kind 1. Grades nach § 32 Abs. 1 Nr. 1 EStG. Sie hat das 18. Lebensjahr bereits vollendet und befindet sich seit dem letzten Jahr nicht mehr in einer Berufsausbildung. Sie wird nicht als steuerlich berücksichtigungsfähiges Kind gesehen.
4. **Egon** ist Kind 1. Grades nach § 32 Abs. 1 Nr. 1 EStG. Er hat zwar das 18. Lebensjahr aber nicht das 25. Lebensjahr vollendet und bildet sich in einem Beruf (hier: Jura-Studium) aus, gem. § 32 Abs. 4 Satz 1 Nr. 2 Buchst. a EStG. Da sich Egon in seiner Erstausbildung befindet, wird seine Erwerbstätigkeit nach § 32 Abs. 4 Satz 2 EStG nicht berücksichtigt.
5. **Werner** ist Kind 1. Grades nach § 32 Abs. 1 Nr. 1 EStG. Werner ist körperlich behindert. Seine Behinderung ist vor Erreichen des 25. Lebensjahres eingetreten. Daher wird Werner für die Zukunft, egal wie alt Werner ist, als steuerlich berücksichtigungsfähiges Kind betrachtet, gem. § 32 Abs. 4 Satz 1 Nr. 3 EStG.

Lernsituation 2

Lösung zu Lernjob 1 und 2

Zeitstrahl für das Jahr 2025:

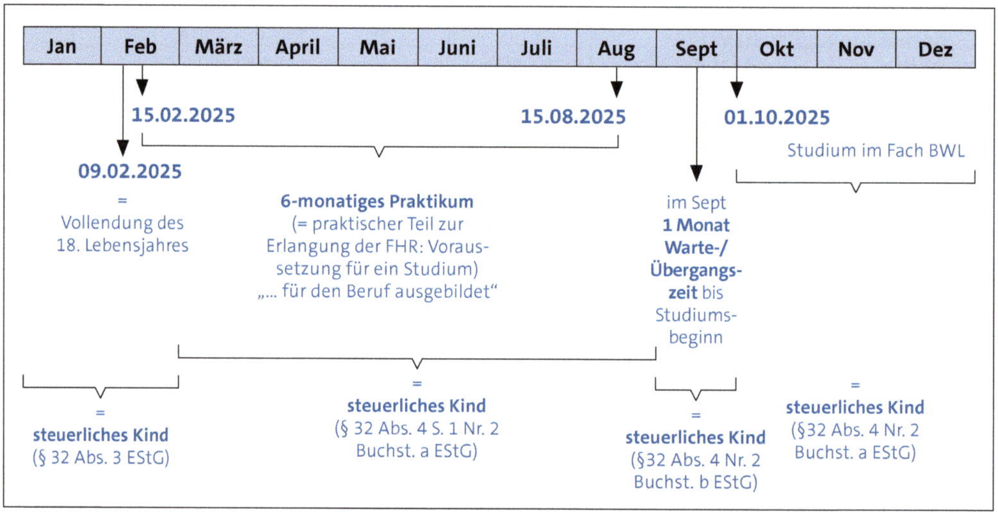

Peter ist Kind 1. Grades nach § 32 Abs. 1 Nr. 1 EStG und im gesamten Jahr als ein steuerlich zu berücksichtigendes Kind einzuordnen.

Er befindet sich fortlaufend in Erstausbildung, daher sind Peters erzielten Einnahmen im VZ nicht relevant zur Prüfung des steuerlichen Kindes, gem. § 32 Abs. 4 Satz 2 EStG. Die Beachtung der Einnahmen kann daher vernachlässigt werden.

Lösung zu Lernjob 3

Die zusammenveranlagten Eheleute Lehr können für Peter im gesamten VZ 2025 die Freibeträge nach § 32 Abs. 6 EStG in Anspruch nehmen. Diese wären:

- Kinderfreibetrag	3.336,00 € • 2 =	6.672,00 €
- Freibetrag für den Betreuungs-, Erziehungs-, und Ausbildungsbedarf	1.464,00 € • 2 =	2.928,00 €
insgesamt:		**9.600,00 €**

Ergänzende Übungsaufgaben

Lösung zu Übungsaufgabe 1

Zeitstrahl für das Jahr 2025:

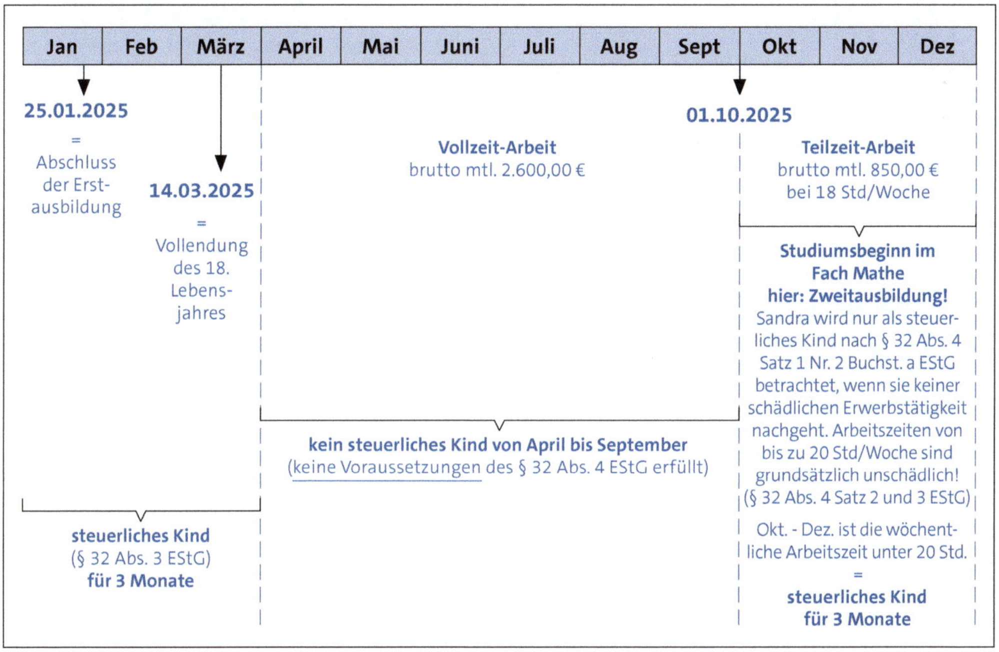

Ergebnis: Tochter Sandra ist für die Eheleute Floßdorf für 6 Monate im VZ 2025 ein steuerlich berücksichtigungsfähiges Kind.

INFO

Nach einem BMF-Schreiben zu steuerlichen Kindern ist eine vorübergehende Erhöhung der wöchentlichen Arbeitszeit über 20 Std. möglich. Unschädlich ist eine vorübergehende Ausweitung von 2 Monaten, wenn dadurch die durchschnittliche wöchentliche Arbeitszeit die 20 Std./Woche nicht überschritten wird.

Lösung zu Übungsaufgabe 2

a)
- Kadir befindet sich noch in der Erstausbildung und hat das 25. Lebensjahr noch nicht vollendet.
  Somit ist er im ganzen Jahr ein steuerlich zu berücksichtigendes Kind.
- Zeynep befindet sich ebenso in einer Erstausbildung und hat das 25. Lebensjahr noch nicht vollendet. Somit ist sie im ganzen Jahr ein steuerlich zu berücksichtigendes Kind.
- Selvin ist seit März ein steuerlich berücksichtigungsfähiges Kind.

b)

Einkünfte aus nichtselbständiger Tätigkeit	33.250,00 €
= Summe der Einkünfte	33.250,00 €
abzgl. Entlastungsbetrag für Alleinerziehende nach § 24b EStG bis Nov 2025: (§ 24b Abs. 2 bis 4 EStG) 1. Kind (Zeynep) = 4.260,00 € 2. Kind (Kadir) = 240,00 € gesamt = 4.500,00 € : 12 • 11 Monate = 4.125,00 € 3. Kind (Selvin) = 240,00 € : 12 • 9 Monate = 180,00 € (von März bis Nov 2025)	- 4.305,00 €
= Gesamtbetrag der Einkünfte	**28.945,00 €**

I. Sonderausgaben

Lernsituation 1

Lösung zu Lernjob 1

	Einkünfte aus nichtselbständiger Arbeit Einnahmen 50.400,00 € - Werbungskosten 1.400,00 €	49.000,00 €
=	**Summe der Einkünfte**	**49.000,00 €**
-	Altersentlastungsbetrag	- €
-	Entlastungsbetrag für Alleinerziehende	- €
-	Freibetrag aus Land- und Forstwirtschaft	- €
=	**Gesamtbetrag der Einkünfte**	**49.000,00 €**

Lösung zu Lernjob 2

Ermittlung der abgeführten Rentenversicherungsbeiträge:

18,6 % von 50.400,00 € = 9.374,40 €
Beitrag ist hälftig auf Arbeitnehmer und Arbeitgeber zu verteilen:
9.374,40 € : 2 = 4.687,20 €

Ermittlung der abgeführten Arbeitslosenversicherungsbeiträge:

2,6 % von 50.400,00 € = 1.310,40 €
Beitrag ist hälftig auf Arbeitnehmer und Arbeitgeber zu verteilen:
1.310,40 € : 2 = 655,20 €

Lösung zu Lernjob 3

(1)
Steuerrechtlich werden die aufgeführten Versicherungsbeiträge als **Vorsorgeaufwendungen** bezeichnet.

Sie lassen sich in zwei Gruppen unterteilen:

1. **Altersvorsorgeaufwendungen**

   und

2. **Sonstige Vorsorgeaufwendungen.**

(2)

Vorsorgeaufwendungen

1. Altersvorsorgeaufwendungen	**2. Sonstige Vorsorgeaufwendungen**
Gesetzesgrundlage: **§ 10 Abs. 1 Nr. 2 EStG**	Gesetzesgrundlage: **§ 10 Abs. 1 Nr. 3 und 3a EStG**
Art der abgeführten Beiträge für: ► Arbeitnehmeranteil Rentenversicherung ► Arbeitgeberanteil Rentenversicherung ► Rürup-Rentenversicherung	Art der abgeführten Beiträge für: ► Krankenversicherung ► Pflegeversicherung ► Arbeitslosenversicherung ► Kfz-Haftpflichtversicherung ► Private Haftpflichtversicherung ► Private Unfallversicherung

Lösung zu Lernjob 4

In § 10 Abs. 3 Satz 1 EStG ist aufgeführt bis zu welchem **Höchstbetrag** die Altersvorsorgeaufwendungen berücksichtigt werden können, nämlich bis zu dem **Höchstbeitrag der knappschaftlichen Rentenversicherung**. Dies entspricht 29.344,00 € im Jahr 2025.

geleistete Beiträge gem. § 10 Abs. 1 Nr. 2a EStG (AN-Anteil und AG-Anteil zur gesetzlichen RV)	**4.687,20 €** **4.687,20 €**	
+ geleistete Beiträge gem. § 10 Abs. 1 Nr. 2b EStG	**2.400,00 €**	
= Summe geleisteter Beiträge	**11.774,40 €**	❶
Höchstbetrag gem. § 10 Abs. 3 Satz 1 EStG	**29.344,00 €**	❷
niedrigerer Betrag von ❶ oder ❷	**11.774,40 €**	
- steuerfreier AG-Anteil zur RV	**4.687,20 €**	
= abzugsfähige Altersvorsorge des Herrn Schulze	**7.087,20 €**	

Lösung zu Lernjob 5

(1)
In § 10 Abs. 4 Satz **2** ist aufgeführt bis zu welchem **Höchstbetrag in €** die sonstigen Vorsorgeaufwendungen **bei Herrn Schulze** berücksichtigt werden können, nämlich bis zu **1.900,00 €.**

Der Höchstbetrag nach § 10 Abs. 4 **Satz 2 *oder*** nach § 10 Abs. 4 **Satz 4**? **Nach Satz 4**.

Im Rahmen der Abzugsfähigkeit der KV-Beiträge ist der Satz 4 des § 10 Abs. 1 Nr. 3.a) EStG zu beachten: Sofern ein Anspruch auf Krankengeld besteht, ist der geleistete Krankenversicherungsbeitrag um **4 %** zu kürzen.

(2)

	geleistete Beiträge	**abzugsfähige Basisvorsorge**
AN-Beitrag zur gesetzlichen Krankenversicherung § 10 Abs. 1 Nr. 3.a) EStG	**4.561,20 €**	**4.378,75 €**
AN-Beitrag zur gesetzlichen (sozialen) Pflegeversicherung § 10 Abs. 1 Nr. 3.b) EStG	**1.209,60 €**	**1.209,60 €**
Summe der Basisvorsorge		**5.588,35 €**
Höchstbetrag gem. § 10 Abs. 4 Satz 2 EStG		**1.900,00 €**
abzugsfähige Sonstige Vorsorgeaufwendungen		**5.588,35 €**

Antwort: Da die Basisvorsorgeaufwendungen den Höchstbetrag übersteigen, sind diese abzugsfähig i. H. v. 5.588,35 €. Es können keine weiteren Versicherungsbeiträge einbezogen werden, da der Höchstbetrag von 1.900,00 € bereits durch die Basisvorsorge überschritten ist.

Lernsituation 2

Lösung zu Lernjob 1

Finden Sie die genaue Gesetzesgrundlage (den Satz) in § 10 Abs. 3 EStG für diese vorzunehmende Kürzung bei Beamten: § 10 Abs. 3 **Satz 3** EStG.

Lösung zu Lernjob 2

geleistete Beiträge gem. § 10 Abs. 1 Nr. 2a EStG (AN-Anteil und AG-Anteil)		
geleistete Beiträge gem. § 10 Abs. 1 Nr. 2b EStG	**2.400,00 €**	❶
Kürzung des Höchstbetrags gem. § 10 Abs. 3 Satz 1 EStG Berechnung: **29.344,00 €** **abzüglich 18,6 % v. 40.400,00 €** **- 7.514,40 €** = **gekürzter Höchstbetrag** **21.829,60 €**	**21.829,60 €**	❷
niedrigerer Betrag von ❶ oder ❷	**2.400,00 €**	
= **abzugsfähige Altersvorsorge der Frau Jakobs**	**2.400,00 €**	

Lösung zu Lernjob 3

	geleistete Beiträge	**abzugsfähige Basisvorsorge**
Beitrag zur privaten Krankenversicherung § 10 Abs. 1 Nr. 3.a) EStG	**3.746,28 €**	**2.883,68 €**
AN-Beitrag zur gesetzlichen (privaten) Pflegeversicherung § 10 Abs. 1 Nr. 3.b) EStG	**637,68 €**	**637,68 €**
Summe der Basisvorsorge		**3.521,36 €**
Höchstbetrag gem. § 10 Abs. 4 Satz 2 EStG		**1.900,00 €**
abzugsfähige Sonstige Vorsorgeaufwendungen		**3.521,36 €**

Antwort: Die Höhe der abzugsfähigen Sonstigen Vorsorgeaufwendungen beträgt: **3.521,36 €**.

Begründung: **Es können keine weiteren Versicherungsbeiträge einbezogen werden, da der Höchstbetrag von 1.900,00 € bereits durch die Basisvorsorge überschritten ist.**

Lösung zu Lernjob 4

Nicht alle geleisteten Versicherungsbeiträge sind abzugsfähig.

Fünf Beispiele:

- **Gebäudeversicherung**
- **Hausratversicherung**
- **Kfz-Kaskoversicherung**
- **Rechtsschutzversicherung**
- **Ab dem 1. Januar 2005 geschlossene Kapitallebensversicherungen.**

Lernsituation 3

Lösung zu Lernjob 1

Aufwendungen für ...	als Übrige Sonderausgabe abzugsfähig? ja/nein	genaue Gesetzesgrundlage
... eine Spende an eine politische Partei.	ja	vorrangig § 34g EStG, Restbetrag § 10b Abs. 2 EStG
... eine Spende an den Förderverein eines Berufskollegs	ja	§ 10b Abs. 1 EStG
... die Fortbildung im ausgeübten Beruf.	nein	WK-Abzug: § 9 Abs. 1 Satz 1 EStG
... die eigene Berufsausbildung als Student/Studentin im Fach BWL (Erstausbildung).	ja	§ 10 Abs. 1 Nr. 7 EStG
... eine Spende an die evangelische Kirchengemeinde in Köln.	ja	§ 10 b Abs. 1 EStG
... die laut Lohnsteuerbescheinigung abgeführte Kirchensteuer.	ja	§ 10 Abs. 1 Nr. 4 EStG
... die Kosten des Besuchs eines privaten Gymnasiums des 12-jährigen Sohnes.	ja	§ 10 Abs. 1 Nr. 9 EStG
... den Besuch des Kindergartens der 5-jährigen Tochter.	Ja	§ 10 Abs. 1 Nr. 5 EStG

Lösung zu Lernjob 2

Geleistete Kirchensteuerzahlungen in 2025:

-	Kirchenlohnsteuer	911,00 €	
-	Kirchensteuervorauszahlungen	87,00 €	998,00 €
	abzgl. Erstattungen (Kirchensteuer in 2025 erhalten)		120,00 €
=	Übriger Sonderausgaben-Abzug		878,00 €

Lösung zu Lernjob 3

- Kosten des Lehrgangs des Ehemanns stellen abzugsfähige Betriebsausgaben dar:
  daher kein SA-Abzug
- Kosten des Studiums der Ehefrau sind Aufwendungen der Berufsausbildung:
  abzugsfähig als Sonderausgabe § 10 Abs. 1 Nr. 7 EStG
  Sämtliche Kosten sind abzugsfähig: 889,00 €
- Kosten des Sprachkurses der Eheleute sind Kosten der privaten Lebensführung gem. § 12 EStG,
  daher nicht abzugsfähige Kosten

Lösung zu Lernjob 4

[Hinweis: Für jedes berücksichtigungsfähige Kind erfolgt eine getrennte Berechnung.]

Ann-Sophie	< 14 Jahre alt: Kosten der Kinderbetreuung sind generell abzugsfähig.	
	12 • 620,00 € = 7.440,00 €, davon 80 % = 5.952,00 €,max.	4.800,00 €
Maximilian	< 14 Jahre alt: Kosten der Ganztagsbetreuung sind generell abzugsfähig.	
	1.200,00 €, davon 80 % =	960,00 €
Insgesamt als SA für die Kinderbetreuung abzugsfähig		**5.760,00 €**

Hinweis: Kosten des Tenniskurses sind nicht abzugsfähig, §10 Abs. 1 Nr. 5 Satz 2 EStG.

Lösung zu Lernjob 5

Die Kosten für Unterkunft und Verpflegung gehören zu den Kosten der privaten Lebensführung und sind gem. § 12 EStG nicht abzugsfähig.

Die Kosten des Schulgeldes i. H. v. 9.000 € (24.000 € – 15.000 €) sind zu 30 % als Sonderausgabe gem. § 10 Abs. 1 Nr. 9 EStG **abzugsfähig = 2.700 €.**

Lösung zu Lernjob 6

(1) Fazit: § 34g EStG

Begründung:

Siehe § 10b Abs. 2 Satz 2 EStG: Zuwendungen an politische Parteien können nur **insoweit** als Sonderausgaben abgezogen werden, als für sie nicht eine Steuerermäßigung nach § 34g EStG in Frage kommt.

(2)

abzugsfähiger Betrag: 50 % von 1.650,00 € = 825,00 €
Kein Sonderausgaben-Abzug, sondern Steuerermäßigung gem. § 34g EStG.
Die 825,00 € werden von der tariflichen Einkommensteuer abgezogen.

(3)

Da der abzugsfähige Höchstbetrag nach § 34g Satz 2 EStG bereits durch den Mitgliedsbeitrag ausgeschöpft wird, kann die Spende nur noch im Rahmen der „Übrigen Sonderausgaben" gem. § 10b Abs. 2 EStG geltend gemacht werden: SA-Abzug 300,00 €.

Lösung zu Lernjob 7

(1)

Art der Zuwendung	**§ 52 AO: gemeinnützige Zwecke**	**§ 53 AO: mildtätige Zwecke**	**§ 54 AO: kirchliche Zwecke**
Mitgliedsbeitrag an den Förderverein des Internats der Tochter: 25 €	**X § 52 Abs. 2 Nr. 7 25,00 €**		
Spende an die evangelische Kirchengemeinde Magdeburg: 100 €			**X 100,00 €**
Spende an ein wissenschaftliches Institut der Universität Magdeburg: 250 €	**X § 52 Abs. 2 Nr. 1 250,00 €**		
Mitgliedsbeitrag an den Sportverein TUS Magdeburg. Frau Wetzel besucht gelegentlich einen vom Verein angebotenen Pilateskurs: 80 €	–	–	–
Spende an eine Pflegeeinrichtung für Demenzerkrankte in Magdeburg: 50 €		**X § 53 Nr. 1 50,00 €**	
Mitgliedsbeitrag an das Deutsche Rote Kreuz: 60 €	**X § 52 Abs. 2 Nr. 9 60,00 €**		
Spende an den Ortsverschönerungsverein Magdeburg: 40 €	**X § 52 Abs. 2 Nr. 22 40,00 €**		
Spende an das Aktionsbündnis „Deutschland hilft", anlässlich einer Naturkatastrophe: 300 €	**X § 52 Abs. 2 Nr. 12 300,00 €**		
Summen in €	**675,00 €**	**50,00 €**	**100,00 €**

Mitgliedsbeiträge an den TUS Magdeburg sind nicht abzugsfähig: siehe § 10b Abs. 1 Satz 8 EStG i. V. m. § 52 Abs. 2 Satz 1 Nr. 22 AO.

(2)

Nach § 50 Abs. 4 EStDV reicht als Beleg der Kontoauszug, da es

- sich um eine Zuwendung zur Hilfe in einem Katastrophenfall handelt und
- die Zuwendung den Betrag von 300,00 € nicht überschreitet.

(3)

Die Zuwendungsbescheinigungen sind bis zum Ablauf eines Jahres nach Bekanntgabe des Steuerbescheides aufzubewahren. § 50 Abs. 8 EStDV.

(4)

Spenden gemeinnützige Zwecke:	675,00 €
Spenden mildtätige Zwecke:	50,00 €
Spenden kirchliche Zwecke:	100,00 €
Summe	825,00 €
❶	
Prüfung des Höchstbetrags:	
20 % von 127.800,00 € =	25.560,00 €
❷.	
Abzugsfähig ist der niedrigere Betrag von ❶ oder ❷:	825,00 € = SA-Abzug

Ergänzende Übungsaufgaben

Lösung zu Übungsaufgabe 1

a)

geleistete Beiträge gem. § 10 Abs. 1 Nr. 2a EStG (AN-Anteil und AG-Anteil zur RV)	3.720,00 € 3.720,00 €	
+ geleistete Beiträge gem. § 10 Abs. 1 Nr. 2b EStG	- €	
= Summe geleisteter Beiträge	7.440,00 €	❶
Höchstbetrag gem. § 10 Abs. 3 Satz 1 EStG	29.344,00 €	❷
niedrigerer Betrag von ❶ oder ❷	7.440,00 €	
- steuerfreier AG-Anteil zur RV	3.720,00 €	
= abzugsfähige Altersvorsorge	**3.720,00 €**	

b)

Geleistete Beiträge gem. § 10 Abs. 1 Nr. 2a EStG (AN-Anteil und AG-Anteil)		
geleistete Beiträge gem. § 10 Abs. 1 Nr. 2b EStG	4.000,00 €	❶
Kürzung des Höchstbetrages gem. § 10 Abs. 3 Satz 1 EStG Berechnung: Höchstbetrag 29.344,00 € - 18,6 % v. 50.000,00 € = 9.300,00 € = gekürzter Höchstbetrag 20.044,00 €	20.044,00 €	❷
niedrigerer Betrag von ❶ oder ❷	4.000,00 €	
= abzugsfähige Altersvorsorge	**4.000,00 €**	

c) Bei der Zusammenveranlagung von Ehegatten verdoppelt sich der Höchstbetrag, § 10 Abs. 3 Satz 2 EStG:

geleistete Beiträge gem. § 10 Abs. 1 Nr. 2a EStG (AN-Anteil und AG-Anteil zur RV) EM: 18,6 % v. 50.000,00 € = 9.300,00 € EF: 18,6 % v .60.000,00 € = 11.160,00 €	4.650,00 € + 4.650,00 € 5.580,00 € + 5.580,00 €	
+ geleistete Beiträge gem. § 10 Abs. 1 Nr. 2b EStG	10.000,00 €	
= Summe geleisteter Beiträge	30.460,00 €	❶
Höchstbetrag gem. § 10 Abs. 3 Satz 1 EStG	58.688,00 €	❷
niedrigerer Betrag von ❶ oder ❷	30.460,00 €	
- steuerfreier AG-Anteil zur RV	10.230,00 €	
= abzugsfähige Altersvorsorge	**20.230,00 €**	

Lösung zu Übungsaufgabe 2

a) Kosten der Berufsausbildung: Sonderausgaben-Abzug

b) Aufwendungen im Rahmen eines Dienstverhältnisses: WK-Abzug

c) Kosten der privaten Lebensführung

d) Weiterbildungskosten: WK-Abzug

e) Kosten der privaten Lebensführung

Lösung zu Übungsaufgabe 3

Chantal < 14 Jahre alt:

Kosten der Verpflegung sind Kosten der privaten Lebensführung und damit nicht abzugsfähig.

Kosten der Kinderbetreuung sind generell als Sonderausgabe abzugsfähig:
12 • 316,00 € = 3.792,00 €, davon 80 % = 3.033,60 €

Kosten des Schwimmkurses sind nicht abzugsfähig (§ 10 Abs. 1 Nr. 5 Satz 2 EStG).

Lösung zu Übungsaufgabe 4

Beiträge und Spenden an eine politische Partei:	5.000,00 €	
abzugsfähige **Steuerermäßigung** gem. § 34g EStG:	1.650,00 €	
(Verdoppelung, da zusammenveranlagt)		

Hierfür müssen 3.300,00 € politische Spenden nachgewiesen werden.

Sonderausgabenabzug für den restlichen Spendenaufwand:

5.000,00 € - 3.300,00 € =		1.700,00 €
Weitere Spenden:		
Spenden gemeinnützige Zwecke:	7.500,00 €	
Spenden kirchliche Zwecke:	14.500,00 €	
Summe	22.000,00 €	
❶		
Höchstbetrag: 20 % von 120.000,00 € =	24.000,00 €	
❷		
Abzugsfähig ist der niedrigere Betrag von ❶ oder ❷:		22.000,00 €
Summe SA-Abzug:		23.700,00 €

und Steuermäßigung nach § 34g EStG 1.650,00 €.

Der Mitgliedsbeitrag an den Musikverein „Jazz 4 US", Bremen ist gem. § 10b Abs. 1 Satz 8 EStG nicht abzugsfähig.

Lösung zu Übungsaufgabe 5

Ermittlung der abzugsfähigen Altersvorsorge der Eheleute Zimmer:

geleistete Beiträge gem. § 10 Abs. 1 Nr. 2a EStG (AN-Anteil und AG-Anteil zur RV)	3.530,00 € 3.530,00 €	
+ geleistete Beiträge gem. § 10 Abs. 1 Nr. 2b EStG	1.200,00 €	
= Summe geleisteter Beiträge	8.260,00 €	❶
Höchstbetrag gem. § 10 Abs. 3 Satz 1 EStG	58.688,00 €	❷
niedrigerer Betrag von ❶ oder ❷	8.260,00 €	
- steuerfreier AG-Anteil zur RV	3.530,00 €	
= abzugsfähige Altersvorsorge	**4.730,00 €**	

Ermittlung der abzugsfähigen Sonstigen Vorsorgeaufwendungen der Eheleute Zimmer:

	geleistete Beiträge	**abzugsfähige Basisvorsorge**
AN-Beitrag zur gesetzlichen Krankenversicherung § 10 Abs. 1 Nr. 3.a) EStG	2.970,00 €	2.851,20 €
AN-Beitrag zur gesetzlichen (sozialen) Pflegeversicherung § 10 Abs. 1 Nr. 3.b) EStG	358,00 €	358,00 €
Summe der Basisvorsorge		3.209,20 €
Höchstbetrag gem. § 10 Abs. 4 Satz 2 EStG		3.800,00 €
abzugsfähige Sonstige Vorsorgeufwendungen		**3.209,20 €**

Da die Basisvorsorgeaufwendungen < Höchstbetrag, sind weitere Vorsorgeaufwendungen bis zum Höchstbetrag von insgesamt 3.800,00 €abzugsfähig:

bisherige Basisvorsorgeaufwendungen (< 1.900,00 €)	3.209,20 €
+ Komfortleistungen KV	220,00 €
+ 4 % Krankentagegeld (von 2.970,00 €)	118,80 €
+ AN-Beitrag Arbeitslosenversicherung	545,00 €
+ private Haftpflichtversicherung	80,00 €
Summe der weiteren Versicherungausgaben	4.291,80 €
maximaler Ansatz 3.800,00 € bei Zusammenveranlagung	**3.800,00 €**

,

Nicht abzugsfähig sind Sachversicherungen: Gebäude- und Rechtschutzversicherung.

Summe abzugsfähiger Sonderausgaben:

▸ Altersvorsorgeaufwendungen	4.730,00 €
▸ Sonstige Vorsorgeaufwendungen	3.800,00 €
▸ Übrige Sonderausgaben nicht nachgewiesen, daher SA-Pauschbetrag	72,00 €
Summe der abzugsfähigen Sonderausgaben	8.602,00 €

Lösung zu Übungsaufgabe 6

Zu a): Kirchensteuer

Zu b):
- Aufwendungen für den Besuch der VHS, um das Abitur nachzuholen (Kosten der privaten Lebensführung)
- Kfz-Kaskoversicherung
- Berufshaftpflichtversicherung sind beim Ehemann als Werbungskosten im Rahmen der Einkünfte nach § 19 EStG abzugsfähig
- Hausratversicherung

Zu c): (1) Altersvorsorge: Keine Aufwendungen angefallen, daher 0,00 €

(2) Ermittlung der abzugsfähigen Sonstigen Vorsorgeaufwendungen

	geleistete Beiträge	**abzugsfähige Basisvorsorge**
Beitrag zur privaten Krankenversicherung § 10 Abs. 1 Nr. 3.a) EStG	6.200,00 €	3.720,00 €
AN-Beitrag zur gesetzlichen (privaten) Pflegeversicherung § 10 Abs. 1 Nr. 3.b) EStG	530,00 €	530,00 €
Summe der Basisvorsorge		4.250,00 €
Höchstbetrag gem. § 10 Abs. 4 Satz 2 EStG		3.800,00 €
abzugsfähige Sonstige Vorsorgeaufwendungen		**4.250,00 €**

Antwort: Die Höhe der abzugsfähigen Sonstigen Vorsorgeaufwendungen beträgt 4.250,00 €.

Begründung: Es können keine weiteren Versicherungsbeiträge mit einbezogen werden, da der Höchstbetrag von 3.800,00 € bereits durch die Basisvorsorge überschritten ist.

Ermittlung der Übrigen Sonderausgaben:
Kirchensteuer: 1.575,00 € - 280,00 € = 1.295,00 €

Summe abzugsfähige Sonderausgaben: (4.250,00 € + 1.295,00) = **5.545,00 €**

Zu d):

	Gesamtbetrag der Einkünfte	77.336,00 €
-	Sonderausgaben	5.545,00 €
=	Einkommen	71.791,00 €

J. Außergewöhnliche Belastungen

Lernsituation 1

Lösung zu Lernjob 1

Gruppen der Außergewöhnlichen Belastungen

agB allgemeiner Art
gem. § 33 EStG

§ 33 EStG nennt hier keine konkreten Fälle.

Erfüllen die Aufwendungen der/des Steuerpflichtigen die genannten Voraussetzungen (siehe Lernjob 2), so sind diese als agB nach Abzug einer zumutbaren Belastung steuerlich absetzbar.

Berechnungsschema:

	Entstandene Aufwendungen:
-	Erstattungsbeträge:
=	Belastung der Höhe nach:
-	zumutbare Belastung (Abs. 3):
=	abziehbare agB

Typisierte Fälle
gem. §§ 33a und 33b EStG.
Diese Fälle werden im Gegensatz zu § 33 EStG besonders im Gesetz benannt, weil sie im Alltag der Steuerpflichtigen oft anzutreffen sind.

Gemäß **§ 33a EStG** sind diese beiden besonderen Fälle:

- Abs. 1: **Unterhaltsaufwendungen für bestimmten Personen**
- Abs. 2: **Sonderbedarf eines sich in Ausbildung befindlichen, auswärtig untergebrachten volljährigen Kindes (=Ausbildungsfreibetrag)**

Gemäß **§ 33b EStG** werden für bestimmte Umstände **Pauschbeträge**

- **für Menschen mit Behinderung,**
- **Hinterbliebene** und
- **Pflegepersonen**

gewährt, wenn nicht größere Ausgaben nachgewiesen werden.

Lösung zu Lernjob 2

Voraussetzungen der agB *allgemeiner* Art nach § 33 Abs. 1 EStG:
- **ein Steuerpflichtiger/eine Steuerpflichtige hat**
- **zwangsläufig**
- **größere Aufwendungen**
- ... als **die überwiegende Mehrzahl der Bevölkerung**
  - gleicher **Einkommensverhältnisse**
  - gleicher **Vermögensverhältnisse**
  - gleichen **Familienstandes**
- **nur auf Antragstellung**

Lösung zu Lernjob 3

Die agB sind zwangsläufig dem Grunde nach, wenn man sich aus

1. **rechtlichen** Gründen (z. B. Steuerpflichtiger kann sich zivilrechtlich nicht entziehen, z. B. gesetzlicher Unterhaltpflicht an Ehegatten oder Kinder, die nicht unter § 32 EStG fallen.)
2. **tatsächlichen** Gründen (z. B. unausweichliche Ereignisse wie Krankheit; Unfall, Tod, Katastrophen)
3. **sittlichen** Gründen (z. B. Unterhalt/Unterstützung bedürftiger Angehöriger, sofern nicht § 33a Abs. 1 EStG greift. Dies würde als eine moralische Verpflichtung gesehen, denn eine Missachtung dieser Erwartung würde als moralisch anstößig empfunden werden)

nicht entziehen kann.

Lösung zu Lernjob 4

a)

	Einkünfte aus nichtselbständiger Arbeit	71.500,00 €
=	Summe der Einkünfte	71.500,00 €
-	Entlastungsbetrag für Alleinerziehende nach § 24b EStG für Sohn Alexander	- 4.260,00 €
=	**Gesamtbetrag der Einkünfte**	**67.240,00 €**

b)

	Entstandene Aufwendungen:		
	Kosten für orthopädische Behandlung **+ Aufwendungen für verordnete Brille** **+ Rezeptgebühren** **+ Kosten Physiotherapie** **+ Kosten für amtsärztlich verordnete Kur (§ 64 EStDV)**	**2.930,00 €** **659,00 €** **325,00 €** **355,00 €** **2.250,00 €**	**6.519,00 €**
-	Erstattungsbetrag		**- €**
=	Belastung der Höhe nach		**6.519,00 €**
-	**Zumutbare Belastung** nach § 33 Abs. 3 EStG Berechnung der zumutbaren Belastung: **(1 steuerlich berücksichtigungsfähiges Kind: siehe Tabelle Nr. 2 Buchst. a)** **2 % von 15.340,00 € = 306,80 €** **3 % von (51.130 € - 15.340 €) 35.790,00 € = 1.073,70 €** **4 % von (67.240 € - 51.130 €) 16.110,00 € = 644,40 €**		**- 2.024,90 €**
=	**abzugsfähige agB *allgemeiner* Art**		**4.494,10 €**

Lösung zu Lernjob 5

1. § 33a Abs. 2 EStG: ein **Ausbildungsfreibetrag** für Sohn Alexander i. H. v. 1.200,00 €.

   Grund: Ihr Sohn ist volljährig, auswärtig untergebracht, befindet sich in der Berufsausbildung und ist ein steuerlich zu berücksichtigendes Kind.

2. § 33b Abs. 1 bis 3 EStG: **Pauschbetrag aufgrund ihrer Behinderung** i. H. v. 1.440,00 €

   Frau Schmied hat einen Grad der Behinderung von 60. Hierfür steht ihr für die Verrichtungen des täglichen Bedarfs (wie Pflege, Wäsche) ein Pauschbetrag ohne weitere Aufwendungsnachweise zu.

   [Hinweis: Bei Beginn/Ende der Behinderung im Laufe des Jahres ist eine Zwölftelung nicht vorzunehmen, siehe R 33b Abs. 8 EStR.]

Lösung zu Lernjob 6

a) 1. gesetzliche Unterhaltspflicht gegenüber der unterhaltsberechtigten Person
   2. kein Anspruch auf einen Kinderfreibetrag nach § 32 Abs. 6 EStG oder auf Kindergeld für die unterhaltsberechtigte Person und
   3. unterhaltende Person ist bedürftig (besitzt kein oder nur ein geringes Vermögen)

b) Die Voraussetzungen sind alle erfüllt:

zu 1.: Frau Schmied ist aus gesetzlichen Gründen verpflichtet, ihre Mutter zu unterstützen.

zu 2.: Weder Kindergeld noch Kinderfreibetrag werden für die Mutter gewährt.

zu 3.: Frau Schuster besitzt nur ein geringfügiges Vermögen.

[Ein Vermögen bis 15.500,00 € gilt lt. EStR als geringfügig.]

c)

	Ungekürzter Höchstbetrag (= Grundfreibetrag nach § 33a Abs. 1 Satz 1 i. V. mit § 32a Abs. 1 Satz 2 Nr. 1 EStG)			**12.096,00 €**
+	evtl. Erhöhung um für eine Basisabsicherung der unterhaltsberechtigten Person aufgewendete KV- oder PV-Beiträge (§ 33a Abs. 1 Satz 2 EStG)			**620,00 €**
=	Zwischensumme			**12.716,00 €**
	Ermittlung der Einkünfte und Bezüge der unterhaltenen Person			
	Einkünfte: Sonstige Einkünfte (Rente)	5.838,00 €		
	Bezüge: (von den Bezügen wird eine jährliche Kostenpauschale von 180,00 € abgezogen) Steuerfreier Anteil der Rente 1.260,00 € - Kostenpauschale - 180,00 €	1.080,00 €		
=	Summe der Einkünfte und Bezüge	6.918,00 €	6.918,00 €	
-	Karenzbetrag, gem. § 33a Abs. 1 Satz 5 EStG		- 624,00 €	
= -	**steuerschädliche Einkünfte und Bezüge** (diese kürzen den Höchstbetrag, daher Übertrag in die rechte Spalte)		6.294,00 €	- 6.294,00 €
=	**Gekürzter Höchstbetrag** (max. steuerlich abziehbare Unterhaltsaufwendungen)			❶ 6.422,00 €
	tatsächlich aufgewendete Unterhaltsleistungen			❷ 5.400,00 €
	steuerlich ansetzbar ist der niedrigere Betrag von ❶ und ❷			**5.400,00 €**

Lösung zu Lernjob 7

1.	abzugsfähige agB allgemeiner Art, nach § 33 EStG (Lernjob 4)	4.494,10 €
2.	Unterhaltsleistungen an die Mutter, gem. § 33a Abs. 1 EStG (Lernjob 5)	5.400,00 €
3.	Ausbildungsfreibetrag für Sohn Alexander, nach § 33a Abs. 2 EStG (Lernjob 4)	1.200,00 €
4.	Behinderten-Pauschbetrag, gem. § 33b Abs. 1 bis 3 EStG (Lernjob 4)	1.440,00 €
=	**Summe aller abzugsfähigen außergewöhnlichen Belastungen**	**12.534,10 €**

Lernsituation 2

Lösung zu Lernjob 1

	Einkünfte aus nichtselbständiger Arbeit (Ehemann) Einnahmen (6.100,00 €•12 Monate) - Werbungskosten	 = 73.200,00 € - 4.300,00 €	 68.900,00 €
=	Summe der Einkünfte		68.900,00 €
-	Altersentlastungsbetrag nach § 24a EStG (in 2023 das 64. Lebensjahr vollendet) Berechnung für Ehemann: 1. Bemessungsgrundlage: Arbeitslohn (aktiver): 2. Bemessungsgrundlage: positive Summe übrigen Einkünfte = Summe der Bemessungsgrundlage 13,6 % von 73.200,00 € = 9.955,20 €, max. 646,00 €	 73.200,00 € 0,00 € 73.200,00 €	 - 646,00 €
=	**Gesamtbetrag der Einkünfte**		**68.254,00 €**

Lösung zu Lernjob 2

Ausbildungsfreibetrag für Jule:

Sie befindet sich in der Berufsausbildung/Schule, ist auswärtig untergebracht und seit Mai volljährig, der Freibetrag wird zeitanteilig gekürzt, gem. § 33a Abs. 3 EStG.

1.200,00 € : 12 Monate • 8 Monate **800,00 €**
§ 33a Abs. 2 und Abs. 3 EStG

Ausbildungsfreibetrag für Martin:

Er ist volljährig, auswärtig untergebracht
und befindet sich in Berufsausbildung. **1.200,00 €**
§ 33a Abs. 2 EStG

Pflege-Pauschbetrag für die Pflege von Kathi:

Mutter pflegt ihr Tochter Kathi, Behinderung „H“ **1.800,00 €**
§ 33b Abs. 6 Satz 4 EStG

Auf **Antrag wird der Behinderten-Pauschbetrag der Tochter Kathi** auf die Eltern übertragen, gem. § 33b Abs. 3 i. V. m. Abs. 5 EStG.
Sie hat den Behindertenstatus H **7.400,00 €**

Auf Antrag wird der **Freibetrag für „behindertenbedingte Fahrtkostenpauschale“** für Kathi auf die Eltern ebenso übertragen, gem. § 33 Abs. 2a EStG fließt dieser Betrag in die agB allgemeiner Art.
Kathi ist hilflos **(4.500,00 €)**

Krankheitskosten lt. nachfolgender Berechnung, agB allgemeiner Art **(2.100,00 €)**

Berechnung der agB allgemeiner Art, gem. § 33 EStG:

	Entstandene Aufwendungen (2.100,00 € + 4.500,00 €)	6.600,00 €
-	**Erstattungsbetrag**	- €
=	**Belastung der Höhe nach**	6.600,00 €
-	**Zumutbare Belastung** nach § 33 Abs. 3 Nr. 2 Buchst. b) EStG Berechnung der zumutbaren Belastung: (3 steuerlich berücksichtigungsfähige Kinder: siehe Tabelle Nr. 2 Buchst. b)) 1 % von 15.340,00 € = 153,40 € 1 % von (51.130 € - 15.340 €) 35.790,00 € = 357,90 € 2 % von (68.254 € - 51.130 €) 17.124,00 € = 342,48 €	- 853,78 €
=	**abzugsfähige agB allgemeiner Art**	**5.746,22 €**

Die gesamten abzugsfähigen außergewöhnlichen Belastungen belaufen sich auf 16.946,22 €.

Ergänzende Übungsaufgaben

Lösung zu Übungsaufgabe 1

	Ungekürzter Höchstbetrag (= Grundfreibetrag nach § 33a Abs. 1 Satz 1 i. V. m. § 32a Abs. 1 Satz 2 Nr. 1 EStG)			**12.096,00 €**
+	evtl. Erhöhung um für eine Basisabsicherung der unterhaltsberechtigten Person aufgewendete KV- oder PV-Beiträge, § 33a Abs. 1 Satz 2 EStG **(180 € • 12 Monate)**			**2.160,00 €**
=	Zwischensumme			**14.256,00 €**
	Ermittlung der Einkünfte und Bezüge der unterhaltenen Person			
=	Summe der Einkünfte und Bezüge	**9.350,00 €**	**9.350,00 €**	
-	Karenzbetrag, gem. § 33a Abs. 1 Satz 5 EStG		**624,00 €**	
= / -	**steuerschädliche Einkünfte und Bezüge** (diese kürzen den Höchstbetrag, daher Übertrag in die rechte Spalte)		**8.726,00 €**	**- 8.726,00 €**
=	**Gekürzter Höchstbetrag** (max. steuerlich abziehbare Unterhaltsaufwendungen)			❶ **5.530,00 €**
	tatsächlich aufgewendete Unterhaltsleistungen **12 Monate • 500,00 € = 6.000 €** **12 Monate • 180,00 € = 2.160 €**			❷ **8.160,00 €**
	steuerlich ansetzbar ist der niedrigere Betrag von ❶ und ❷			**5.530,00 €**

Die Geschwister können jeder die Hälfte des steuerlich absetzbaren Betrages für die **Unterhaltsleistungen** im VZ als agB ansetzen.

Jeder **2.765,00 €**

Außerdem können die Geschwister den **Pflege-Pauschbetrag** i. H. v. 1.100,00 € in Anspruch. Nach § 33b Abs. 6 Satz 9 EStG wird der Betrag auf beide Geschwister verteilt.

Jeder **550,00 €**

Evelyn und Angelika können in ihren Einkommensteuererklärungen VZ 2025 für die Unterstützung und Pflege der Mutter jeweils 3.315,00 € als agB steuerlich absetzen.

Lösung zu Übungsaufgabe 2

a) 1. Berechnung der **agB allgemeiner Art**, § 33 EStG

	Entstandene Aufwendungen:			
	(1) **Krankheits-/Kurkosten**			
	1.500 € + 1.000 € + 320 € + 200 € =		3.020,00 €	
	(2) **Beerdigungskosten**			
	(Kosten für Trauerkleidung und Bewirtung sind keine notwendigen Aufw.)			
	1.900 €+ 150 € + 600 € + 2.000 € + 500 €		= 5.150,00 €	
	abzgl. Nachlass		- 3.000,00 €	
			2.150,00 €	
	gesamte Aufwendungen			5.170,00 €
-	Erstattungsbetrag der Krankenkasse			2.000,00 €
=	Belastung der Höhe nach			3.170,00 €
-	**Zumutbare Belastung** nach § 33 Abs. 3 Nr. 2 Buchst. b EStG			
	Berechnung der zumutbaren Belastung:			
	(2 steuerlich berücksichtigungsfähige Kinder: siehe Tabelle Nr. 2 Buchst. a))			
	2 % von	15.340,00 €	= 306,80 €	
	3 % von (51.000 € - 15.340 €)	35.660,00 €	= 1.069,80 €	- 1.376,60 €
=	**abzugsfähige agB allgemeiner Art**			**1.793,40 €**

2. Berechnung der **Unterhaltsleistungen an Sohn Andreas nach § 33a Abs. 1 EStG.**

   Er ist kein steuerlich zu berücksichtigendes Kind mehr, da er das 25. Lebensjahr bereits vollendet hat.

	Ungekürzter Höchstbetrag (=Grundfreibetrag nach § 33a Abs. 1 Satz 1 i. V. m. § 32a Abs. 1 Satz 2 Nr. 1 EStG)			12.096,00 €
+	evtl. Erhöhung um für eine Basisabsicherung der unterhaltsberechtigten Person aufgewendete KV- oder PV-Beiträge, § 33a Abs. 1 Satz 2 EStG **(155 € • 12 Monate)**			1.860,00 €
=	Zwischensumme			13.956,00 €
	Ermittlung der Einkünfte und Bezüge der unterhaltenen Person			
=	Summe der Einkünfte und Bezüge	0,00 €	→ 0,00 €	
-	Karenzbetrag, gem. § 33a Abs. 1 Satz 5 EStG		624,00 €	
= / -	**steuerschädliche Einkünfte und Bezüge** (diese kürzen den Höchstbetrag, daher Übertrag in die rechte Spalte)		0,00 €	→ - 0,00 €
=	**Gekürzter Höchstbetrag** (max. steuerlich abziehbare Unterhaltsaufwendungen)			❶ 13.956,00 €
	tatsächlich aufgewendete Unterhaltsleistungen **12 Monate • 850,00 € = 10.200,00 €** **12 Monate • 155,00 € = 1.860,00 €**			❷ 12.060,00 €
	steuerlich ansetzbar ist der niedrigere Betrag von ❶ und ❷			12.060,00 €

3. **Ausbildungsfreibetrag für Sohn Tim**. Er ist noch in Berufsausbildung/Studium, hat noch nicht das 25. Lebensjahr vollendet und wohnt auswärts.

   Es wird ein Freibetrag i. H. v. **1.200,00 €** gewährt.

4. **Pflege-Pauschbetrag** für Pflege Sohn Henry nach § 33b Abs. 6 Satz 4 i. V. m. § 33b Abs. 6 Satz 3 Nr. 3 EStG.

   Es wird ein Freibetrag i. H. v. **1.800,00 €** gewährt.

5. **Behinderten-Pauschbetrag für Sohn Henry**. Auf Antrag wird der Freibetrag auf die Eltern übertragen nach § 33b Abs. 3 Satz 3 EStG.

   Es wird ein Freibetrag i. H. v. **7.400,00 €** gewährt.

6. **Pflege-Pauschbetrag** für die **Pflege der Nachbarin.** Sie hat Pflegegrad 3.

   Somit wird ein Freibetrag i. H. v. **1.100,00 €** gewährt.

Die gesamten abzugsfähigen außergewöhnliche Belastungen belaufen sich auf = 25.353,40 €.

b)

	Gesamtbetrag der Einkünfte	51.000,00 €
-	Sonderausgaben	9.300,00 €
-	außergewöhnliche Belastungen	25.353,40 €
=	**Einkommen**	**16.346,60 €**

K. Steuerermäßigungen

Lernsituation 1

Lösung zu Lernjob 1

Überblick der **Steuerermäßigungen nach § 35a EStG**

nach Abs. 1	**nach Abs. 2**	**nach Abs. 3**
Tatbestände		
Aufwendungen für ► haushaltsnahe Beschäftigungsverhältnisse in geringfügiger Beschäftigung (MiniJob)	Aufwendungen für ► haushaltsnahe Beschäftigungsverhältnisse in nicht geringfügiger Beschäftigung ► haushaltsnahe Dienstleistungen (nicht nach Abs. 3) ► Inanspruchnahme von Pflege- und Betreuungsleistungen ► Unterbringung in einem Heim zur dauernden Pflege, nur Kosten für Dienstleistungen	Aufwendungen für ► Inanspruchnahme von Handwerkerleistungen für - Renovierungs-, - Erhaltungs- und - Modernisierungsmaßnahmen
Umfang der Steuerermäßigungen auf Antrag		
20 % d. Aufwendungen, max. 510,00 €	**20 % d. Aufwendungen, max. 4.000,00 €**	**20 % d. Aufwendungen, max. 1.200,00 €**

Lösung zu Lernjob 2

1. Das Beschäftigungsverhältnis, die Dienstleistung oder Handwerkerleistung muss in einem in der EU/EWR liegenden Haushalt erbracht werden.
2. Die Aufwendungen stellen keine Betriebsausgaben, Werbungskosten, Sonderausgaben oder außergewöhnliche Belastungen dar.
3. Nur Arbeitskosten sind absetzbar.
4. Steuerpflichtige hat eine Rechnung erhalten.
5. Die Zahlung erfolgt auf das Konto des Erbringers der Leistungen gemäß Abs. 2 und Abs. 3 EStG.

Lernsituation 2

Lösung zu Lernjob 1

	Gesamtbetrag der Einkünfte		98.500,00 €
-	Sonderausgaben		
	1. Vorsorgeaufwendungen	8.230,00 €	
	2. Sonstige Sonderausgaben		
	► Schulgeld, § 10 Abs 1 Nr. 9 EStG 21.600 € - 7.200 € = 14.400,00 € • 30 % =	4.320,00 €	
	► Kinderbetreuungskosten, § 10 Abs. 1 Nr. 5 EStG 12 Monate • 1.709,96 € (mit Lohnnebenkosten) = 20.519,52 € • 60 % = 12.311,71 € • 80 % = 9.849,37 €, aber max.	4.800,00 €	- 17.350,00 €
-	außergewöhnliche Belastungen		0,00 €
=	Einkommen		81.150,00 €
-	Freibeträge nach § 32 Abs. 6 EStG (Nichtansatz laut Aufgabe)		- 0,00 €
=	**zu versteuerndes Einkommen**		**81.150,00 €**

Lösung zu Lernjob 2

Absatz 1:

Ausgaben für **Beschäftigung einer Raumpflegerin** *(geringfügig Beschäftigte)*

12 Monate • 240,00 € =	2.880,00 €	
zzgl. Abgaben für haushaltsnahe Mini Job, 14,92 % =	429,70 €	
gesamt	3.309,70 €	
20 % von 3.309,70 € = 661,94 €, max.		**510,00 €**

Absatz 2:

► Ausgaben für haushaltsnahe, **sozialversicherungspflichtige Beschäftigung** Frau Ehrlich:		
gesamt (siehe Kinderbetreuungskosten Lernjob 1)	20.519,52 €	
davon 40 % =	8.207,81 €	
► Rechnung **Gärtner Grün**	+ 1.200,00 €	
gesamt	9.407,81 €	
davon 20 % (max. 4.000,00 €) =		**1.881,56 €**

Absatz 3:

► Rechnung **Schornsteinfeger**	145,00 €	
► Rechnung **Malerarbeiten**		
Rechnung, netto: 1.600 € - 650 € Materialkosten		
= Arbeitskosten 950,00 € netto • 1,19 =	+ 1.130,50 €	
► Rechnung **Kellerrenovierung**		
5.500,00 € • 1,19 =	+ 6.545,00 €	
gesamt	= 7.820,50 €	
davon 20 % = 1.564,10 €, max. 1.200 € =		**1.200,00 €**
Steuerermäßigungen nach § 35a EStG, insgesamt		**3.591,56 €**

Lösung zu Lernjob 3

zu versteuerndes Einkommen	81.150,00 €
tarifliche Einkommensteuer 18,5 % von 81.150,00 € (abrunden auf volle €)	**15.012,00 €**
abzgl. Steuerermäßigungen nach § 35a EStG (siehe Lernjob 2)	- 3.591,56 €
festzusetzende Einkommensteuer	**11.420,44 €**

Ergänzende Übungsaufgaben

Lösung zu Übungsaufgabe 1

	Sachverhalt	genau steuerliche Grundlage	Berechnung des anzusetzenden Betrags
(1)	Für das ältere Ehepaar raun hat die Firma Saubermann e. K. in dem selbst genutzten Reihenhaus und den angrenzenden Garten gründliche Reinigungs- und Aufräumarbeiten durchgeführt. Die Rechnung lautet über 530,00 € brutto.	§ 35a Abs. 2 EStG Inanspruchnahme von haushaltsnahen Dienstleistung	Re-Betrag, brutto = 53000 € 20 % = **106,60 €**
(2)	Der allein sthende Steuerpflichtige Raphael Müller hat eine politische Partei 5.600,00 € gespendet.	§ 34g Satz 1 Nr. 1 EStG Zuwendung an poltische Parteien	Spende insg. 5.600,00 € 50 % = 2.800,00 € max. **825,00 €** (Von der Spende werden hierfür 1.650 € verbraucht, gem. § 10b Abs. 2 EStG sind noch max. 1.650 € als Sonderausgaben ansetzbar.)
(3)	Die zusammenveranlagten Eheleute Petra und Peter Weiße haben an eine politische Partei 5.600,00 € gespendet	§ 34g Satz 1 Nr. 1 EStG Zuwendung an politische Parteien	Spende insg. 5.600,00 € 50 % = 2.800,00 € max. **1.650,00 €** (Von der Spende werden hierfür 3.300 € verbraucht, ge. § 10b Abs. 2 EStG sind die restl. 2.300 € als Soderausgaben ansetzbar.)
(4)	Karin Unger hat ein Unternehmen mit Straßenreinigung und Winterdienst beauftragt. Hierfür hat sie eine Rechnung i. H. v. 950,00 € brutto bezahlt. Materialkosten wuden eine ausgewiesen.	§ 35a Abs. 2 EStG Inaspruchahme von haushaltsnahen Dienstleistungen	Re-Betrag brutto = 950,00 € 20 % = **190,00 €**
(5)	Das Ehepaar Reich hat drei Kinder. Sie haben eine Haushälterin seit zwei Jahren eingestellt, die sih sowohl um die Arbeiten im Haushalt als auch für Zubereitung des Mittagessens kümmert. Ehepaar Reich zahlt monatlich 850,00 € zuzgl. 20,375 % an Sozialversicherungen.	§ 35a Abs. 2 Satz 1 EStG haushaltsnahe Beschäftigungsverhältnisse	mtl. Aufwand Gehalt 850,00 € + SV 20,375 % 173,19 € = 1.023,19 € • 12 Monate = 12.278,28 € 20 % = **2.455,66 €**

	Sachverhalt	genau steuerliche Grundlage	Berechnung des anzusetzenden Betrags
(6)	Die zusammenveranlagten Eheleute Petra und Peter Weiße haben an eine politische Partei 3.600,0 € und an eine unabhängige Wählergemeinschaft 1.500,00 € gespendet.	§ 34g Satz 1 Nr. 1 EStG Zuwendung an politische Parteien § 34g Satz 1 Nr. 2 EStG Vereine ohne Parteicharakter Ein Abzug nach Nr. 1 und Nr. 2 kann nebeneinander gewährt werden.	Partei < 3.600,00 € 50 % 1.800,00 € max. **1.650,00 €** (Von der Spende werden hierfür 3.300 € verbraucht, gem. § 10b Abs. 2 EStG sind die restl. 300 € als Sonderausgaben ansetzbar.) Wählergemeinschaft insg. 1.500,00 € 50 % = **750,00 €** insgesamt **2.400,00 €**
(7)	Die Steuerpflichtige Helga Brandt hat sich im Wohnzimmer neues Parkett legen lassen. Sie hat hirfür 8.500,00 € brutto bezahlt. In der Rechnung sind die Arbeitskosten i. H. v. 1.260,00 € netto ausgewiesen.	§ 35a Abs. 3 EStG Handwerkerleistungen	nur Arbeitskosten: lt. Re brutto = 1.499,40 € 20 % = **299,88 €**
(8)	Der Steuerpflichtige besitzt ein Mehrfamilienhaus in Ladenburg, das er komplett vermietet hat. Er beauftragt einen Hausmeisterdienst vor Ort, die Reinigung im Flur und um das Haus herum vorzunehmen. Hierfür erhielt er eine Rechnung i.H. v. 3.120,00 € netto.	Keine Steuerermäßigung möglich (§ 35a Abs. 5 EStG). Diese Ausgaben zählen zu den Werbungskosten im Rahmen der Einkünfte aus Vermietung und Verpachtung.	-
(9)	Die 85-jährige Hildegard Baum lebt seit einigen ahren in einem Seniorenheim. Sie zahlt dort laut Rechnung für Betreuung und Pflege monatlich 1.700 €.	§ 35a Abs. 2 Satz 2 EStG Unterbringung in einem Heim	12 Monate • 1.700 € = 20.400,00 € 20 % = 4.080,00 € max. **4.000,00 €**

Lösung zu Übungsaufgabe 2

a)

	Gesamtbetrag der Einkünfte		42.000,00 €
-	Sonderausgaben		- 4.500,00 €
-	außergewöhnliche Belastungen *agB allgemeiner Art*, § 33 EStG Ausgaben für Pflege und Betreuung von Henry abzgl. zumutbare Eigenbelastung 2 % von 15.340,00 € = 306,80 € 3 % von (42.000 € - 15.340 € =) 26.660,00 € = 799,80 €	 8.500,00 € - 1.106,60 €	 - 7.393,40 €
	Behinderten-Pauschbetrag (GdB 80), § 33b Abs. 3 EStG		- 2.120,00 €
=	Einkommen		27.986,60 €
-	Freibeträge nach § 32 Abs. 6 EStG		- 0,00 €
=	**zu versteuerndes Einkommen**		**27.986,60 €**

b)

tarifliche Einkommensteuer			3.738,00 €
abzgl. Steuerermäßigung für **politische Spenden, § 34 g EStG** Ausgaben 1.000,00 €•50 % =			- 500,00 €
abzgl. Steuerermäßigungen nach **§ 35a EStG**			
► nach Abs. 1: **Raumpflegerin**, geringfügig beschäftigt 8 Monate • 330,00 € = 2.640,00 € • 20 %	 = 528,00 €	 max. 510,00 €	
► nach Abs. 2: **Heimunterbringung des Sohns Henry** 9.500,00 € **Gärtner-Rechnung** (nur Arbeitslohn) 1.890,00 € • 1,19 = 2.249,10 € gesamt davon 20 % =	 9.500,00 € 2.249,10 € 11.749,10 €	 2.349,82 €	 - 2.859,82 €
festzusetzende Einkommensteuer			**378,18 €**

L. Ermittlung der Einkommensteuerschuld

Lösung zu Lernjob 1

Die gesetzliche Grundlage zur Ermittlung des zu versteuernden Einkommens steht in § **2** EStG.

Lösung zu Lernjob 2

	Einkünfte aus nichtselbständiger Arbeit	
=	**Summe der Einkünfte**	
=	Gesamtbetrag der Einkünfte	§ 2 Abs. 3 EStG
-	**Sonderausgaben**	
-	**Außergewöhnliche Belastungen**	
=	**Einkommen**	§ 2 Abs. 4 EStG
-	**Freibeträge für Kinder)**	
=	**zu versteuerndes Einkommen**	§ 2 Abs. 5 EStG
→	Tarifliche Einkommensteuer gem. Grund- oder Splittingtabelle oder Berechnung nach § 32a Abs. 1 EStG	
-	**Steuerermäßigungen**	
+	**Kindergeld**	§ 2 Abs. 6 Satz 3 EStG
=	**Festzusetzende Einkommensteuer**	§ 2 Abs. 6 Satz 1 EStG
-	**Einbehaltene Lohnsteuer laut Lohnsteuerbescheinigung**	
=	**Steuernachzahlung / Steuererstattung**	

Lösung zu Lernjob 3

			Ehemann (EM)	Ehefrau (EF)	
	Einkünfte aus nichtselbstständiger Arbeit (Ehemann):				
	Einnahmen	28.800,00 €			
-	AN-PB	1.230,00 €			
=		27.570,00 €	27.570,00 €		
	Einkünfte aus nichtselbstständiger Arbeit (Ehefrau):				
	Einnahmen	72.866,00 €			
-	WK: (Fahrtkosten: 224 T • 8 km • 0,30 € = 537,60 €) daher AN-PB	- 1.230,00 €			
=		71.636,00 €		71.636,00 €	
=	Summe der Einkünfte		27.570,00 €	71.636,00 €	
=	Gesamtbetrag der Einkünfte		27.570,00 €	71.636,00 €	
=	Gesamtbetrag der Einkünfte (Eheleute)				99.206,00 €

Gesamtbetrag der Einkünfte (Eheleute) Übertrag von vorheriger Seite				99.206,00 €
▸ **Sonderausgaben:**				
1. **Altersvorsorgeaufwendungen**				
EM	5.356,80 €	(AN- und AG-Anteil zur RV)		
EF	13.553,08 €	(AN- und AG-Anteil zur RV)		
gesamt	18.909,88 €	(< 58.688,00 €)		
-	- 9.454,94 €	(AG-Anteil zur RV)		
=	9.454,94 €			- 9.454.94 €
2. **Sonstige Vorsorgeaufwendungen**				
Basisvorsorge:				
KV: 96 % von (2.532,96 € + 5.817,89 €)	= 8.016,82 €			
PV: 518,40 € + 1.190,70 € =	1.709,10 €			
gesamt	9.725,92 €	(> 3.900 €)		- 9.725,92 €
3. **Übrige Sonderausgaben**				
Spenden				- 120,00 €
▸ **außergewöhnliche Belastungen** (allgemeiner Art, § 33 EStG):				
Zahnersatzkosten		8.250,00 €		
zumutbare Belastung				
2 % von 15.340,00 €	306,80 €			
3 % von (51.130,00 € - 15.340,00 €)	1.073,70 €			
4 % von (99.206 - 51.130)	1.923,04 €			
= gesamt zumutbar		- 3.303,54 €		
abziehbar				- 4.946,46 €
= Einkommen				74.958,68 €
- Freibetrag für 1 Kind				- 6.672,00 €
- Freibetrag für Betreuung etc.				- 2.928,00 €
= zu versteuerndes Einkommen				65.358,68 €
Tarifliche Einkommensteuer (15,6 % von 65.358,00 €)				10.195,85 €
auf volle Euro abrunden, gem. § 32a Abs. 1 Satz 6 EStG				**10.195,00 €**
▸ **Steuerermäßigungen:**				
§ 35a Abs. 2 EStG: 20 % v. 1.200,00 €	= 240,00 €			
§ 35a Abs. 3 EStG: 20 % v. 1.910,00 €	= 382,00 €			- 622,00 €
+ ausgezahltes Kindergeld				+ 3.060,00 €
= festzusetzende Einkommensteuer				12.633,00 €
- Lohnsteuerabzug (5.333,00 € + 8.044,00 €)				- 13.377,00 €
= **Einkommensteuer-Erstattung**				**744,00 €**

Lösung zu Lernjob 4

Zu 1.:

Eheleute können zwischen der Einzel- und Zusammenveranlagung wählen, sofern die Voraussetzungen gem. § 26 Abs. 1 EStG vorliegen:
Ehegatten, beide unbeschränkt einkommensteuerpflichtig und nicht dauernd getrennt lebend.

Zu 2.:

Eine Zusammenveranlagung wäre auch dann für den VZ 2025 möglich, da die Voraussetzungen (siehe 1.) im Laufe des Jahres 2025 eingetreten sind.

Ergänzende Übungsaufgaben

Lösung Übungsaufgabe 1

Einkünfte aus nichtselbständiger Arbeit

1.	Aktives Beschäftigungsverhältnis			
	Einnahmen			41.865,00 €
-	Werbungskosten:			
	Fahrtkosten:			
	20 km • 115 Tage • 0,30 €=	690,00 €		
	2 km • 115 Tage • 0,38 € =	87,40 €		
	gesamt	777,40 €	777,40 €	
	Arbeitszimmer: 187 Tage • 6,00 €		1.122,00 €	
	Arbeitsmittel		235,00 €	- 2.134,40 €
=	Einkünfte aktives Beschäftigungsverhältnis			**39.730,60** €
2.	Früheres Beschäftigungsverhältnis (Pension)			
	Versorgungsbezüge			20.895,00 €
-	Versorgungsfreibetrag			
	13,2 % von 50.148,00 = 6.619,54 €			
	max.	990,00 €		
-	Zuschlag zum Versorgungsfreibetrag	297,00 €		
		1.287,00 €		
	zeitanteilig für 5 Monate	536,25 €	- 536,25 €	
-	WK-Pauschbetrag		- 102,00 €	- 638,25 €
=	Einkünfte passives Beschäftigungsverhältnis			**20.256,75 €**
	Einkünfte aus nichtselbständiger Arbeit, gesamt			**59.987,35 €**
=	**Summe der Einkünfte**			**59.987,35 €**
-	**Altersentlastungsbetrag**			
	(64. Lebensjahr in 2022 vollendet)			
	14,0 % von 41.865,00 € = 5.861,10 €, max.			- 665,00 €
-	**Entlastungsbetrag für Alleinerziehende**			- 4.260,00 €
=	**Gesamtbetrag der Einkünfte**			**55.062,35 €**

Übertrag der Vorseite: **Gesamtbetrag der Einkünfte**			**55.062,35 €**
- **Sonderausgaben**			
1. Vorsorgeaufwendungen:			
Basisvorsorge KV:	2.150,00 €		
Pflegeversicherung	315,00 €		
gesamt	2.465,00 €	(> 1.900,00 €)	- 2.465,00 €
2. Übrige Sonderausgaben:			
Kirchensteuer: 789,30 € - 45,00 €			- 744,30 €
= **Einkommen**			**51.853,05 €**
Kein Ansatz von Freibeträgen für Kinder, da Kindergeld günstiger.			
= **zu versteuerndes Einkommen**			**51.853,05 €**

Tarifliche Einkommensteuer (21,9 %) abrunden auf nächsten vollen Euro	11.355,00 €
- **Steuerermäßigung**	
§ 34g EStG: Spende für politische Partei 50 % von 960,00 €	- 480,00 €
= **festzusetzende Einkommensteuer**	10.875,00 €
- Lohnsteuerabzug	- 12.149,00 €
= **Einkommensteuer-Erstattung**	**1.274,00 €**

M. Diverse Belege eines Arbeitnehmers und sich anschließende Fragen

Lösung zu Lernjob 1

Einkünfte aus nichtselbständiger Arbeit:

Stpfl. Einnahmen (Beleg 2)			78.943,50 €
- Werbungskosten:			
Fahrtkosten: (Belege 1 und 10)			
Entfernungspauschale:			
185 • 8 • 0,30 • 2 (GdB 70 und G) =	888,00 €		
Tatsächliche Kosten			
öffentliche Verkehrsmittel 12 • 58 € =	696,00 €		
daher Entfernungspauschale		888,00 €	
abzgl. Fahrtkostenzuschuss AG		- 444,00 €	
als Werbungskosten ansetzbar		444,00 €	
Home-Office: 45 Tage • 6 € (Beleg 1)		270,00 €	- 1.998,39 €
Arbeitsmittel (Schreibtisch u. Stuhl = GWG) (Beleg 9)		1.104,39 €	
Fortbildung, Zeitschrift Rust (Beleg 4)		180,00 €	
= Einkünfte aus nichtselbständiger Arbeit			76.945,11 €

Nichtansätze:

- Rechnung Sporty Berlin (Beleg 5):
  Sportkleidung = Kosten der privaten Lebensführung
- Abonnement „Börse Aktuell" (Beleg 7):
  privates Interesse, kein direkter Bezug zum Beruf
- PC-Brille (Beleg 8):
  gemischter Aufwand, keine direkte Trennung zwischen Beruf und Privat möglich

=	**Summe der Einkünfte**		**76.945,11 €**
=	**Gesamtbetrag der Einkünfte**		**76.945,11 €**
-	**Sonderausgaben**		
	1. Altersvorsorgeaufwendungen: (Beleg 2) Rentenversicherung (< Höchstbetrag)	7.341,75 €	
	2. Sonstige Vorsorgeaufwendungen: (Beleg 2) Basisvorsorge KV: 5.585,17 € (96 %) Pflegeversicherung 1.587,60 € gesamt 7.172,77 €		
	Geleistete Basisvorsorge > 1.900,00 €, daher	7.172,77 €	
	kein weiterer Abzug von Vorsorgeaufwendungen möglich		- 15.790,48 €
	betrifft Kfz- u. Haftpflichtversicherung (Belege 3 u. 11)		
	Nichtansatz der Rechtsschutzversicherung, da Sachversicherung (Beleg 6)		
	3. Übrige Sonderausgaben: (Belege 2, 4 u. 7) Kirchensteuer: 1.408,68 € - 232,72 € =	1.175,96 €	
	Spende Aktion Deutschland hilft	100,00 €	
-	**agB** Behinderten-Pauschbetrag (Beleg 10)		- 1.780,00 €
=	**Einkommen**		**59.374,63 €**
=	**zu versteuerndes Einkommen**		**59.374,63 €**
	Tarifliche Einkommensteuer aus Grundtabelle, siehe Gesetzestexte (Anhang)		14.181,00 €
-	**Steuerermäßigungen** § 34g EStG: Mitgliedsbeitrag pol. Partei 50 % v. 300,00 € (Belege 1, 4 u. 7)		- 150,00 €
	§ 35a EStG: haushaltsnahe Dienstleistung 20 % v. 91,08 € (Belege 11 u. 12)		- 18,22 €
=	**festzusetzende Einkommensteuer**		14.012,78 €
-	**Lohnsteuerabzug**		- 15.652,00 €
=	**Einkommensteuer-Erstattung**		**1.639,22 €**

Lösung zu Lernjob 2

Können Sie die genaue Gesetzesgrundlage finden, die ihre Bedenken klären?

§ 41b Absatz 1 Satz 2 EStG.

a) Durfte die Signario GmbH die Lohnsteuerbescheinigung der Frau Mayer an das Finanzamt übermitteln?

Die Signario GmbH ist zur elektronischen Übermittlung der Lohndaten verpflichtet. Sie verstößt insofern nicht gegen datenschutzrechtl. Bestimmungen.

b) Welche Finanzbehörde erhält die Lohndaten? Lösungshinweis: § 19 AO

Das Wohnsitz-Finanzamt der Frau Mayer, also das Finanzamt Bonn-Innenstadt.

c) Sie hatten bereits an einer anderen Stelle erfahren, dass bestimmte Daten übermittelt werden. Können Sie sich noch daran erinnern?

Die Übertragung der geleisteten Aufwendungen zur Renten- und Krankenversicherung im Rahmen von Sonderausgaben, gem. § 10 Abs. 2a und 2b EStG.

Lösung zu Lernjob 3

Ist Frau Mayer als Arbeitnehmerin grundsätzlich zur Abgabe einer Einkommensteuererklärung verpflichtet?

Frau Mayer ist grundsätzlich nicht zur Abgabe einer Einkommensteuererklärung verpflichtet (§ 46 Abs. 2 Nr. 8 EStG). Ihre Einkommensteuer wäre dann durch den Lohnsteuerabzug des Arbeitgebers abgegolten (§ 46 Abs. 4 EStG).

Wie können Sie Frau Mayer ermuntern, auch zukünftig weiterhin Mandantin Ihrer Kanzlei zu bleiben?

Würde keine Einkommensteuererklärung für Frau Mayer abgegeben, könnte sie auch keine Einkommensteuer-Erstattung i. H. v. 1.639,22 € erhalten. Diese Erstattung ergibt sich aus den die Freibeträge und Pauschbeträge übersteigenden tatsächlichen WK, Sonderausgaben, außergewöhnlichen Belastungen und Steuerermäßigungen.

Ergänzende Übungsaufgaben

Lösung zur Übungsaufgabe 1

Sachverhalt	Veranlagungspflicht	Antragsveranlagung
Die tatsächlichen Werbungskosten und Sonderausgaben übersteigen die Pauschbeträge		X
Bezug von Krankengeld für 3 Monate	X	
Bezug von Arbeitslohn von zwei Arbeitgebern	X	
Gehaltserhöhung innerhalb eines Jahres		X
Ehemann und Ehefrau beziehen beide Arbeitslohn. Bei der Ehefrau erfolgt die Besteuerung nach der Steuerklasse V	X	
Ansatz von Unterhaltsaufwendungen für die 27-jährige noch in Ausbildung befindliche Tochter		X
Ehemann und Ehefrau beziehen beide Arbeitslohn. Bei Beiden erfolgt die Besteuerung nach der Steuerklasse IV unter Anwendung des Faktorverfahrens	X	
Der Arbeitnehmer hat einen Freibetrag gem. § 39a Abs. 1 Satz 1 Nr. 1 EStG aufgrund von sehr hohen Werbungskosten eintragen lassen	X	
Bezug von Kurzarbeitergeld durch die Agentur für Arbeit	X	